吉林人民出版社

新元史

（一）

卷一——卷二九

[民国] 柯劭忞 撰
余大钧 标点

简体字本二十六史

目　录

新元史卷一五三　列传第五〇

新元史卷二三〇　列传第一二七

新元史卷二三七　列传第一三四

新元史卷一

本纪第一

序　纪

蒙古之先,出于突厥。本为忙豁仑,译音之变为蒙兀儿,又为蒙古。金人谓之鞑靼,又谓之达达儿。蒙古衣尚灰暗,故称黑达达。其本非蒙古,而归于蒙古者,为白达达、野达达。详《氏族表》。其国姓曰乞颜特孛儿只斤氏。太祖十世祖孛端察儿之后,称孛儿只斤氏。皇考也速该又称乞颜特孛儿只斤氏。“孛儿只斤”,突厥语译义灰色目睛,蒙古以灰睛为贵种也。

蒙古初无文字,世事远近人相传述。其先世与他族相攻,部族尽为所杀。惟余男女二人,遁入一山,径路险巇,仅通出入,遂居之,名其山曰“阿儿格乃衮”。生二子,长曰恼古,次曰乞颜。“乞颜”义为奔流急瀑,言其勇往迈众似之。乞颜子孙众多,称为乞颜特,又译为计牙特,亦译为却特。“特”者,统类之词也。又译为奇渥温。“温”者,国语之尾音也。后以地狭人稠,欲出山,而涂已塞。有铁矿洞穴深邃,乃篝火洞中,宰七十牛,剖革为筒,而鼓之。铁石既融,径路遂通。蒙古旧俗,元旦锻铁于炉,尊卑次第捶之,其事盖缘起于此。

乞颜之后,有孛儿帖赤那,译义为苍狼。其妻曰豁埃马兰勒,译义为惨白牡鹿。皆取物为名,世俗附会,乃谓狼妻牝鹿,诬莫甚矣。孛儿帖赤那与豁埃马兰勒,同渡腾吉思海,徙于斡难河源不儿罕山之下,生子曰巴塔赤罕。

巴塔赤罕生子曰塔马察。塔马察生子曰豁里察儿蔑儿干。豁里察儿蔑儿干生子曰阿兀站孛罗温勒。阿兀站孛罗温勒生子曰撒里合察兀。撒里合察兀生子曰也客你敦。也客你敦生子曰挦锁赤。挦锁赤生子曰合儿出。合儿出生子曰孛儿只吉歹蔑儿干。其妻曰忙豁勒真豁阿，生子曰脱罗豁勒真伯颜。其妻曰孛罗黑臣豁阿。生二子：长曰都蛙锁豁儿，次曰朵奔蔑儿干。“都蛙”，译义为远视：“锁豁儿”译义为一目；言其一目能远视也。

有豁里秃马敦部长豁里剌儿台蔑儿干率所部至不儿罕山，都蛙锁豁儿见其女美，为弟朵奔蔑儿干娶之。是为阿兰豁阿哈屯，生二子，曰不古讷台，曰别勒古讷台。朵奔蔑儿干卒，阿兰豁阿嫠居有孕，众疑之。阿兰豁阿曰：“夜有白光，自天窗而入，化为黄人，摩挲我腹，斯殆神灵诞降。不信，请汝等伺之。”曰：“诺。”次夜，果见白光出入，群疑乃释。既而，生三子，长曰不忽合塔吉，次曰不合秃撒勒只，次曰勃端察儿蒙合黑。凡三子之支派，蒙古称之曰尼而伦，译义为清洁，以其为神灵之允。别派则谓之塔立斤，译义常人也。

阿兰豁阿尝束箭五枝，谓其诸子曰：“汝兄弟五人，犹五枝箭，分则易折，若合为一束，谁能折之？汝五人一心，则坚强无敌矣！”其后，宣懿皇后犹引此言以教太祖云。

阿兰豁阿幼子勃端察儿蒙合黑沈默寡言，家人谓之痴，独阿兰豁阿曰：“此儿不痴，后世子孙必有大贵者。”及阿兰豁阿卒，诸兄分家资不及勃端察儿蒙合黑。勃端察儿蒙合黑乘一青白马，至巴勒谆阿剌勒，饮食无所得，见黄鹰搏雉，勃端察儿蒙合黑缴而获之，鹰即驯熟，乃臂鹰猎雉兔，以为食。有鄂郭尔察克部游牧于统格黎河，亦时以马乳奉之。后诸兄悔，来视勃端察儿蒙合黑，邀与俱归。勃端察儿蒙合黑曰：“统格黎河之民，无所属，可抚而有也。”诸兄以为然，至家，使勃端察儿蒙合黑率壮士以往，果尽降之。自是，蒙古始有部众。

勃端察儿蒙合黑之妻曰勃端哈屯，生二子。又娶一妻，生子曰把林失亦剌秃合必赤，生子曰蔑年土敦。其妻曰莫挐伦，生七子，而蔑年土敦卒。莫拏伦亦称莫拏伦塔儿衮，译义有力也，徙于诺赛儿吉及黑山之地。是时，札剌亦部强盛，以千车为一库伦，有七十库伦，恃众与契丹相拒。契丹渡克鲁伦河，大破之。札剌亦败，众遁至莫拏伦牧地。其小儿掘速都逊草根，食之，莫拏伦乘车出，见而呵之曰："此我之牧地，何得践踢！"以车辗小儿，有死者。札剌亦人怒，驱其牧马以去。莫拏伦诸子闻之，不及甲而追之。莫拏伦私忧曰："吾儿无甲，何以御敌？"使其子妇，载甲从之。及至，诸子已战没。札剌亦人遂乘胜杀莫拏伦，灭其家。

惟一孙海都尚幼，乳母匿于酒瓮中获免。海都父合赤曲鲁克，蔑年土敦之长子也。先是，蔑年土敦第七子纳臣赘于巴儿忽氏，故不及难。至是归，惟海都及病妪十余人在焉。有其兄所乘之黄马，自札剌亦逸归，纳臣乃乘之。至札剌亦牧地，遇猎者，纳臣给杀之。又遇牧马小儿，方击髀石为戏，纳臣亦杀之，臂鹰驱马而返。遂将海都徙于巴儿忽。海都稍长，纳臣与巴儿忽怯谷诸部共立之蒙古，称罕。自海都，始率众攻札剌亦，虏其部众为奴。后海都又徙于巴儿忽真土窟姆之地，造一桥于巴儿忽真河以通来往，名曰海都赤勒拉姆。纳臣则徙于斡难河。

海都卒，长子伯升豁儿多黑申嗣。伯升豁儿多黑申卒，子屯必乃薛禅嗣。屯必乃薛禅生九子，皆有智勇，部众益强。卒，第六子合不勒罕嗣。海都次子察剌孩领忽生子曰想昆必勒格。"想昆"即契丹之"详衮"，译义办事官也。想昆必勒格生子曰俺巴孩，后嗣合不勒之罕位。

合不勒罕有威望，蒙古诸部莫不降附。金主闻其名，召见，礼遇甚优，合不勒恐饮食中毒，宴会辄托词沐浴出，而吐其食物。一日，酒酣，合不勒拊掌而跃，捋金主之须。左右呵其失礼，合不勒皇恐谢罪。金主释不问，仍厚赐遣之。金之大臣谓："纵去此人，将为边患。"遣使要之返，合不勒不从，语倔强。金人再遣使诘问，合不勒他往，以避之。使者归，遇诸涂，挟以入朝。中道遇其谙达赛亦柱歹，告之故。赛亦柱歹赠以良马，使乘间逸去。至夜，使者以索絷其足。次日，得间，始疾驰而返。使者追及之，合不勒次妻蔑台，火鲁拉思氏，以所居之新帐居使者。合不勒告其部众曰：“不杀此人，我终不免。汝等不助我，则先杀汝等。”众从之。遂袭杀使者。未几，合不勒病卒。

合不勒生七子，不立其子，而立其从弟俺巴孩为罕。先是，合不勒妻呼阿忽豁阿，其弟曰赛因特斤，翁吉拉特人也，延塔塔儿巫者治疾，不效而卒，执巫者杀之。塔塔儿部众怒，与翁吉拉特构兵。合不勒诸子助母党，与塔塔儿部战于贝阑色夷阔端之地。合不勒第四子合丹刺伤塔塔儿酋，疮愈，战于攸剌伊拉克，再战于开儿伊拉克，卒为合丹所杀。故塔塔儿仇蒙古。俺巴孩既立，嫁女于塔塔儿，自往送之。塔塔儿遂执俺巴孩及其弟乌斤巴勒哈里，献于金。金人以蒙古杀其使者，乃制木驴之刑，钉俺巴孩兄弟于驴背。俺巴孩将死，谓从者布勒格赤曰：“汝归，为我告合不勒罕七子中之忽图剌及我合答安太石，言我为一国之主，不忍儿女之爱，以至如此，后人当以我为鉴。若等将五指爪磨秃，纵磨伤十指，亦当为我复仇。”又使告于金主曰：“汝假他人之手以获我，又置我于非刑。我死，则我之伯叔兄弟，必能复仇。”金主曰：“此言可告汝部众，朕不畏也。”纵布勒格赤归。

于是，部众共立合不勒第五子忽图剌为罕。忽图剌罕纠诸部复仇。败金人于境上，大掠而去。是时，金熙宗皇统三年也。其后，金大定间，童谣曰：“达达来，达达去，趁得官家没去处。”金世宗闻之，曰：“此必鞑靼将为国患。”乃下减丁之令，岁岁用兵北边，恣行杀戮。蒙古诸部衔仇刺骨，亦出没为金边患。金丞相完颜襄乃筑长城以限之，而使汪古部守其要隘。至太祖伐金，汪古部反为蒙古向导焉。忽图剌骁勇，力能折人，每食尽一羊，音吐甚洪，隔七岭之远犹闻之。一日，出猎，遇朵儿奔人欺其无从者，欲追而杀之。忽图剌之马陷淖中，自马上跃登于岸，追者骇走。家人闻，遇朵儿奔，以为必死，设筵祭之。其妻独不谓然。及归，忽图剌曰：“我出猎，而徒手返，何以对众？”复入朵儿奔牧群，夺其马。中道获野鸭卵，盛以靴。家人乃撤祭筵，以享其夫妇。忽图剌长子曰拙赤罕，后率所部千人归于太祖；次曰阿勒坛，亦素附太祖，后叛归客烈亦部王罕。初，俺巴该为金人所杀，部众会议立罕，推族人朵答儿主议。朵答儿请使哈答儿秃克主之。哈答儿秃克让于莫图根。莫图根曰："汝等公议立罕，则事可定。否则必有内乱。"言毕而出。部众遂共立忽图剌为罕。及忽图剌卒，布拉火力儿等欲立塔儿忽台为罕，部众不从。于是诸部各立部长，不相统属。

为尼而伦部长者曰也速该，合不勒罕第二子把儿坛之子也，是为太祖皇考，追谥烈祖神元皇帝。自此，塔儿忽台与烈祖有隙。塔儿忽台者，合答安太石之子，为泰亦赤兀部长。故太祖屡为泰亦赤兀部所困。把儿坛娶于巴儿忽氏，曰苏尼吉儿哈屯，生四子，长曰蒙哥秃乞颜，次曰捏坤太石。捏坤太石长子曰火察儿，善射，从太祖攻讨诸部，屡有功，后从攻塔塔儿违军令，太祖夺其所获，遂与阿勒坛奔王罕。王罕败，复奔乃蛮。太祖平乃蛮，俱伏诛。次为烈祖。次曰答力台，亦叛附王罕，后自归于太祖，太祖宥之。烈祖为部长十三年，屡伐金。又讨塔塔儿，获其二酋，曰帖木真兀格，曰库鲁布哈，诸部畏服。客烈亦部王罕为其叔父古儿堪所攻，乞援于烈祖。烈祖逐古儿堪以定客烈亦之乱，王罕德之，与烈祖约为谙达。后烈祖为太祖求婚于翁吉剌氏，中道至扯克扯儿之地，遇塔塔儿人以毒酒饮之。烈祖暴疾，至家召察剌合额不格之子蒙力克，以太祖兄弟托之而崩，时太祖十三岁。

史臣曰：元人数典忘祖，称其国姓曰奇渥温氏，而旧史因之。我高宗纯皇帝既命馆臣改译，复据《蒙古源流》证元之国姓为博尔济锦氏，数百载相沿之谬，至我高宗始为之厘订焉。博尔济锦即孛儿只斤之异译也。今蒙古喀儿喀诸部，非博尔济锦氏不得为台吉，盖犹自别于庶姓云。

新元史卷二

本纪第二

太祖上

太祖法天启运圣武皇帝，讳帖木真，烈祖长子也。母曰宣懿皇后诃额伦。烈祖讨塔塔儿，获其部酋曰帖木真兀格。师还，驻于迭里温孛勒答黑，适宣懿皇后生太祖，烈祖因名曰帖木真，以志武功。太祖生时，右手握凝血如赤石，面目有光。是岁为乙亥，金主亮贞元三年也。

先是，泰亦赤兀部长塔儿忽台等与烈祖有隙，烈祖崩，部众多叛附泰亦赤兀。宗人最长者曰脱端火儿真，亦欲叛去，蒙力克之父察剌合留之。脱端火儿真曰："深池已涸，坚石已裂，留复何为！"卒不顾而去。宣懿皇后自持旄纛追叛众，始还其大半。然察剌合竟以力战，脑中流矢。帝视之，察剌合曰："汝父卒，部众尽叛，我力战邀之，乃为所伤。"帝感泣。察剌合创甚，旋卒。

及帝稍长，泰亦赤兀人忌之。一日，其酋率部众奄至。帝入帖儿古捏山，为逻者所获；乘间逸去。泰亦赤兀部下锁儿干失剌匿之，获免。遂徙帐于合剌只鲁格山之青海子。

帝娶于宏吉剌氏，曰光献翼圣皇后孛儿台，以后之黑貂裘献于客烈亦部王罕。王罕大悦，乃为帝招集旧部，归附渐众。又徙帐于客鲁涟河源不儿吉之地。

已而，蔑儿乞三部酋，曰脱黑脱阿，曰答亦儿兀孙，曰合阿台答儿麻剌，悉众来攻。帝与皇弟别勒古台、阿鲁剌人博尔术、兀良合人者勒蔑奉宣懿皇后入不儿罕山。蔑儿乞人掠孛儿台而去。帝获免，乃椎胸告天："不儿罕山遮护我，他日子孙世祀之，勿敢忘。"已而，帝乞援于王罕及宗人札木合大败蔑儿乞于不兀剌之地，迎孛儿台归。

帝幼与札木合约为谙达，至是交日，密徙帐于豁儿豁纳黑主不儿之地，与札木合连营逾年，复分军而去，仍还合剌只鲁格山。于是，巴鲁剌人忽必来，忙忽人哲台，兀良合人速不台，者勒蔑之弟察兀儿罕，博尔术之弟斡歌连，蒙格秃与其子汪古儿，及撒察别乞、孛图驸马，帝从父答里台，从弟阿勒坛、忽察儿等俱先后来归。阿勒坛、忽察儿、撒察别乞三人首谋推戴，与诸将盟于青海子，请帝称罕，以统蒙古之部众，时为金大定二十九年。己酉，帝以称罕事告于王罕及札木合。札木合使谓阿勒坛、忽察儿曰："吾与帖木真谙达交不终，皆由汝等之离间。今汝等立吾谙达为罕，其忠于所事，勿使疑汝等反复也。"其后，阿勒坛等卒叛附于王罕云。

太祖既称罕，命斡歌连扯儿必、合赤温脱忽剌温、哲台、多豁勒忽扯儿必四人为火儿赤，汪古儿、薛赤兀儿、合答安答勒都儿罕三人为保兀儿赤，迭该为火你赤，古出古儿为抹赤，朵歹扯儿必总管家中奴婢，忽必来、赤勒古台、合剌孩脱忽剌温三人同皇弟合萨儿为兀勒都赤，合剌勒歹脱忽剌温二人与皇弟别勒古台为阿黑答赤，泰亦赤兀忽图、抹里赤、木勒合勒忽三人为阿都兀赤，命阿儿孩合撒儿、塔孩、速客该、察兀儿孩四人巡逻远近，速不台为前锋护卫，以博尔术、者勒蔑归附独早，命为众官之长。是时，官制草创而已。

久之，札木合弟绐察儿牧于斡列该不剌合，与帝之牧地近，夺部将答儿马剌之马；答儿马剌射杀之。札木合大怒，遂纠泰亦赤兀、亦乞列思、兀鲁特、那牙勤、火鲁剌思、巴邻、宏吉剌、合塔斤、撒勒只兀、朵儿边、塔塔儿，共十三部，合兵三万人来攻。

时孛图父捏坤在泰亦赤兀部下，使巴鲁剌思人木勒客脱塔黑等来告变。帝在古连勒古之地，分部众为十三翼以待之。宣懿皇后及斡勒忽讷部为第一翼。帝与子弟及宗人之子弟为第二翼。撒姆哈准之后人曰布拉柱，阿答儿斤将曰木忽儿忽兰，火鲁剌思将曰察鲁哈，与客烈亦之分部为第三翼。苏儿嗄图之子曰得林赤，博歹阿特人曰火力台为第四翼。莎儿合秃主儿乞之子撒察别乞(曰)，泰出与札剌亦部为第五、六翼。乞颜特人渥秃助忽都朵端乞为第七翼，蒙格秃之子曰程克索特，巴牙兀将曰汪古儿为第八翼。答里台、忽察儿及都黑剌特、努古思、火儿罕、撒哈夷特、委神四部为第九翼。忽都剌之子拙赤罕为第十翼。阿勒坛为第十一翼。答忽与晃火攸特部、速客特部为第十二翼。努古思部为第十三翼。与札木合大战于答兰巴泐渚纳，军失利，部将察合安死之。

帝退保斡难河哲捏列之地，兀鲁特人术赤台、忙兀特人畏答儿各率所部来归。顷之，帝与照烈人同猎于乌者儿哲儿们山。照烈人食尽，已归其半，帝要与同宿，分粮给之。明日，再猎，复驱兽向之，使获多。照烈人感悦，中道相谓曰："泰亦赤兀与我兄弟，然薄待我。今帖木真厚我如此，盍归之。"其酋曰乌鲁克，曰塔海答鲁俱请降，谓帝曰："我等为泰亦赤兀所虐，如无主之马，无牧之牛羊，故弃彼而从汝。"帝大悦曰："我方熟寐，幸汝捽我发以醒我，异日汝兵车所至，我必悉力助之。"然其后照烈人复叛去。塔海答鲁为泰亦赤兀所杀，照烈部遂亡。帝宽仁有度量，诸部皆谓："泰亦赤兀无道，帖木真以已衣衣人，以己马乘人，真吾主也。"于是远近相率归附。

甲寅，帝年四十岁，金章宗明昌四年也，塔塔儿酋蔑古真薛兀勒图等为金边患，金丞相完颜襄讨之。帝闻之，欲复世仇，助金人攻塔塔儿。征兵于主儿乞，迟六日，主儿乞部长撒察别乞、泰出俱不至。乃与王罕攻塔塔儿于忽剌秃失秃延之地，获蔑古真薛兀勒图。金人授帝为札兀惕忽里，译言百户长也。

师还，遣六十人赍俘获，遗主儿乞部长。主儿乞杀十人，夺五十人之衣马而归之。帝大怒，引众逾沙碛，攻主儿乞于阔朵额阿剌勒，大破之。撒察别乞、泰出仅以妻孥免。先是，帝奉宣懿皇后以旃车载湩酪，大会诸部于斡难河。撒察别乞从者斫皇弟别勒古台，创甚。

众怒执其二哈敦。故主儿乞人有憾于帝焉。

是年，札剌亦人古温兀阿率其子木华黎来归，董喀亦部、秃别干部来降。

乙卯，王罕弟额儿客合剌以乃蛮兵攻王罕。王罕奔西辽，欲归于帝，中途资用乏绝。

丙辰，王罕至古薛兀儿海子，帝使塔海速客该迎之，振其部众饥，与王罕宴于上兀拉河，重订父子之约。冬，与王罕合兵攻主儿乞于帖列秃阿马撒剌之地，获撒察别乞、泰出，诛之。

丁巳，帝在霍拉思布拉思之地，攻兀都亦特蔑儿乞，战于那莫察山，败之，归其俘于王罕。

戊午，王罕兵势渐振，不谋于帝，自率所部攻蔑儿乞于土兀剌河。蔑儿乞酋脱黑脱阿奔巴儿古真。王罕俘获甚多，而无所遗于帝。帝亦不以为意。

己未，帝与王罕合兵攻乃蛮不亦鲁黑罕，逾阿尔泰山，追至兀陇古河，又至乞失泐巴失海子，获其将也的脱孛鲁。不亦鲁黑奔谦谦州。

冬，复与乃蛮骁将可克薛兀撒卜剌黑战于巴亦答剌黑之地，交绥而退。明日，将复战，札木合构帝于王罕曰："帖木真如野鸟依人，终必飞去。我如白翎雀，栖汝幕上，宁肯去乎？"王罕将兀卜赤儿古邻闻而斥之曰："既为宗人，又为谙达，奈何谗之。"然王罕终信其言，乘夜引众去。帝闻王罕去，怒曰："彼弃我之易如此，直以烧饭待我也。"乃退舍于撒里河。王罕至土兀剌河，其子桑昆为可克薛兀撒卜剌黑所袭，部众溃散。王罕复遣使乞援，且请以博尔术、木华黎、博尔忽、赤老温将援兵。帝许之。博尔术等败乃蛮，返所虏以归王罕。王罕大悦，遣使谓帝曰："曩者衣食乏绝，我子帖木真食之、衣之，今又救我之难，不知何以为报也。"又召博尔术往，赐以衣一袭、金们忽儿十。博尔术还白其事，帝命受之。冬，帝与皇弟合萨儿再伐乃蛮，战于忽兰盏侧山，大败之，封尸以为京观。

庚申，帝会王罕于撒里河之不鲁古崖。时蔑儿乞酋托黑托阿遣泰亦赤兀人忽敦忽儿章，纠合泰亦赤兀诸酋，曰盎库兀库楚，曰忽里儿，曰忽都答儿，曰塔儿忽台，曰哈剌儿秃克等共会于斡难河沙碛中。帝与王罕轻骑袭之，塔儿忽台、忽都答儿败死，盎库兀库楚、忽敦忽儿章奔巴儿古真，忽里儿奔乃蛮，泰亦赤兀部亡。

哈答斤部、撒儿助特部素附泰亦赤兀，乃与朵儿奔、塔塔儿、宏吉剌诸部会于阿雷泉，斩牛马为誓，欲乘我不备，攻之。宏吉剌人特因恐事不就，遣使来告变。帝与王罕自虎图海子，逆战于捕鱼儿海子，诸部皆败走，宏吉剌部来降。

冬，帝幸彻彻儿山，金之边地也，又败塔塔儿酋阿剌兀都儿、合丹太石、察忽斤、帖木儿等于答兰捏木儿格思之地。是役也，合萨儿留后，闻部将者卜客言宏吉剌人有异志，遽率所部攻之。宏吉剌人怒，遂叛附于札木合。

辛酉，宏吉剌、亦乞列思、火鲁拉思、朵儿奔、塔塔儿、哈答斤、撒儿助特诸部会于刊河，议立札木合为古儿罕，以足踢岸土，刀斫林木，而誓曰：“有泄此谋，如土崩、木折。”遂悉众来攻。有火鲁拉思人火力台知其事，与妻弟麦儿吉台言之。麦儿吉台赠以剪耳白马，使驰告于帝。夜至一古阑，其将曰忽兰，曰哈剌蔑儿乞歹，见而执之。然二将亦心附于帝。易以良马，使疾去。火力台来告变，帝得先期戒严。战于海拉儿帖尼河，大败之。札木合遁走，宏吉剌部复降。

壬戌，帝亲征察合安、阿勒赤、都答兀惕、阿鲁孩四部塔塔儿，追至兀鲁回河。其众降，帝悉诛之。阿勒坛、忽察儿、答里台三人违军令，帝命忽必来、哲别夺其所获。三人怒，遂有异志。

秋，乃蛮不亦鲁黑汗、蔑儿乞酋托黑托阿之子忽都、泰亦赤兀酋盎库兀库楚，又合撒儿助特、卫拉持、朵儿奔、哈答斤诸部来攻。帝与王罕会于汪古部哈剌温赤敦之地。桑昆后至，逾山隘。乃蛮兵从之，使神巫投石水中，以致风雪。俄风反，乃蛮众大溃，退至奎腾之地，士马僵冻，坠崖谷死者无算。札木合率部众来应，见不亦鲁黑败，乃大掠诸部而去。帝自追盎库兀库楚，颈中流矢，创甚，卒获盎库兀库楚诛之。遂与王罕同驻于阿剌儿。

冬,帝徙帐于阿儿却宏哥儿之地。帝为皇子术赤求婚于王罕。王罕辞。桑昆子欲尚帝女豁真别乞,帝亦不从。自此与王罕有隙。帝移驻阿不只合阔帖格儿之地。王罕亦西还彻彻尔温都尔。

癸亥,桑昆谋害帝,伪许婚,请帝饮布浑察儿,译言许婚酒也。帝率十骑以往,道过蒙力克帐宿焉。蒙力克谏谓:"王罕父子意叵测,请以马疲道远谢之。"帝从之,使从骑不合台、乞剌台往谢,自率八骑返。

桑昆计不就,欲潜师来袭。其圉人乞失力克知之,密与弟巴歹来告变。帝亟移营于卯温都儿山后,使者勒蔑断后、哨敌。山前多红柳,王罕兵至,蔽于柳林,侦者不之觉。阿勒赤歹从者曰泰赤吉歹,曰牙的儿,方牧马,见之,驰告于帝。帝仓卒戒严,以忙兀特将畏答儿、兀鲁特将术赤台为前锋,大战至晡。术赤台射桑昆中其颊,王罕始敛兵而退。帝以众寡不敌,亟引去。次日,皇子窝阔台,大将博尔术、博尔忽始至。畏答儿受重伤,创发,中道卒。

时部众溃散,帝率左右至巴勒渚纳河,饮水誓众曰:"异日甘苦相同,倘负约,使我如河之水涸。"饮毕,以杯与从者。从者亦誓死相从无贰志。其后称诸臣为巴勒渚纳特,延赏及于子孙焉。既而部众渐集,得四千六百人,分两军。帝自将一军,忙兀特、兀鲁兀特人为一军,循合勒哈河两岸而行,至宏吉拉别部帖儿格阿蔑勒牧地。帝使术赤台告之曰:"我等本为谙达,如从我,则不失旧好。否则以兵相见。"于是,帖儿格阿蔑勒来降。帝遂驻于董嘎淖尔、脱儿哈河。是地水草茂美,可以休息士卒。遣阿儿海者温告于王罕及阿勒坛、忽察儿、脱忽鲁儿等,语详《王罕传》。帝遣使后,复徙帐于巴勒渚纳,以其地险阻可保也。撒哈夷部、呼真部俱来降。

秋,帝将攻王罕,遣合萨儿伪请降。王罕信之,不设备。帝昼夜兼进,袭王罕于彻彻尔温都尔,尽俘其众。王罕父子走死。客烈亦部亡。时王罕诸将皆降,独哈里巴率数十骑驰去,不知所终。

帝既灭王罕,拓地西至乃蛮。乃蛮太阳罕忌帝威名,遣使约汪古部长阿刺忽思的斤忽里夹攻我。阿刺忽思的斤忽里遣使告其事于帝，且请降。

甲子春，猎于帖蔑延河，与诸将会议讨乃蛮。猎毕，驻兵于哈勒哈河建忒垓山。宣布札萨克，以令于众。立千户、百户、牌子头，设六等扯克必官。选宿卫士八十人、散班七十人，又命阿儿孩选护卫千人，临敌则为前锋。

夏四月，祃牙伐乃蛮。师至乃蛮境外客勒忒该哈答，滨哈利河。乃蛮按兵不动，帝引还。

秋，再议进兵，以忽必来、哲别为前锋。时太阳罕已至杭海山之哈儿只兀孙河，与朵儿奔、塔塔儿、合答斤、撒儿助特诸部，及蔑儿乞酋托黑托阿、客烈亦酋纳邻大石、卫拉特酋忽都哈别乞、札只剌酋札木合等连兵而进，阵于纳忽山东崖察儿乞马兀惕之地。帝自临前敌，指挥诸将大破乃蛮兵，擒太阳罕，杀之。乃蛮将火力罕速八赤等犹力战，帝欲降之，不从，皆战死。帝奖叹久之，曰："使我麾下诸将皆如此，我复何忧。"是日，朵儿奔、塔塔儿、哈答斤、撒儿助特诸部皆降，札木合、托黑托阿遁去，太阳罕子古出鲁克奔于不亦鲁黑。乃蛮南部亡。

冬，再伐蔑儿乞，至塔儿河。其别部酋带亦儿兀孙来献女，后复叛去。托黑托阿奔于不亦鲁黑。带亦儿兀孙遁至呼鲁哈察卜，筑垒自守。遣博儿忽、沈伯率右翼兵，讨平之。

乙丑春，袭不亦鲁黑于兀鲁塔山莎合水上，禽之。乃蛮北部亡。

帝以西夏纳我仇人桑昆，自将伐之。围力吉里城，又进攻乞邻古撒城，俱克之，大掠而还。

是年，札木合至唐努岭，其家奴五人执之来降。帝曰："以奴卖主，不忠莫甚焉。"札木合及五人并伏诛。

新元史卷三

本纪第三

太祖下

元年丙寅，帝大会部众于斡难河之源，建九斿白纛，即皇帝位。群臣共上尊号曰成吉思合罕。先是，有巫者阔阔出，蒙力克之子也，自诡闻神语，畀帖木真以天下，其号曰成吉思。群臣以札木合僭号古儿罕，旋败，乃废古儿罕不称，而从阔阔出之言，尊帝为成吉思合罕。国语“成”为气力强固，“吉思”为多数也。

帝大封功臣，以博尔术为右翼万户，木华黎为左翼万户，纳牙阿为中军万户。豁儿赤以言符命，亦封为万户，以博尔忽为第一千户。功臣封万户、千户者共八十五人。以忽都虎为札儿忽，译言断事官也。以也客捏兀邻，领宿卫千人，也孙帖额领箭筒士千人，斡哥连、不合、阿勒赤歹、朵歹、朵豁勒忽、察乃、阿忽台、阿儿孩分领护卫散班八千人，分番入直，是为四怯薛。

是年，命忽必来征合儿鲁，者别追古出鲁克。

二年丁卯秋，帝亲征西夏，入兀剌海城。遣阿勒坛、布剌二人往谕乞儿吉思部。

是年，皇子术赤领右翼军，征和林西北部族。斡亦剌部长忽都哈别乞迎降。进讨秃马、斡亦剌于失黑失特之地，于是斡亦剌、不里牙特、巴儿浑、兀儿速特、哈卜哈纳思、康哈思、秃巴思诸部悉降。乞儿吉思部长也迪亦纳勒、阿勒迪额儿、斡列别克的斤亦望风纳款，献白海青、白马、黑貂等方物。林木中部族失必儿、客思的音、巴亦特、秃哈思、田列克、脱额列思、塔思、巴只吉等亦降。

三年戊辰春，帝至自西夏。

冬十月，金主璟卒，其叔父卫王永济嗣位。帝再讨古出鲁克、托黑托阿，以斡亦剌部长忽都哈别乞为向导，至也儿的石河。托黑托阿中流矢死，蔑儿乞部亡。古出鲁克奔西辽，其后篡西辽主直鲁古而自立。

四年己巳春，畏兀儿部亦都护来降。先是，托黑托阿死，其子忽都等将奔畏兀儿。亦都护不纳，与忽都等战于真河，败之，以蔑儿乞为帝世仇，遣使来告战事，帝命阿惕乞剌黑、答儿伯前后再使其国，且征贡献。亦都护遂遣使贡方物，帝悦，赐大红衣、金带以宠之。

五年，庚午秋，帝再伐西夏。西夏主李安全遣其世子遵顼拒战。败之，获其副元帅高令公。复入兀剌海城，获其太傅鲜卑讹答。至克夷门，又败夏师，获其将嵬名令公。进薄中兴府，引河水灌城。水决坏其堤，乃班师。遣讹答入城谕西夏主，西夏主纳女请和，师还。

遂议伐金。先是，帝贡岁币于金，金主使卫王永济受贡于净州。帝见永济不为礼，永济归，欲请兵会金主，卒不果。及永济嗣位，诏使来传言，当拜受。帝问使者曰："新天子为谁？"曰："卫王也。"帝遽南向唾曰："我谓中原皇帝是天上人作，此等庸懦者亦为之耶！何以拜为？"即乘马北去。永济闻之，益怒，遣兵分屯山后，欲俟帝入贡，就害之，然后引兵深入。会金乣军来降，泄其事。帝遣人伺之，得实，遂与金绝。金边将纳哈买住亦言于永济曰："蒙古已并吞邻部，而修弓矢甲盾不休，行营令男子乘车惜马力，其意非图我而何？"永济以为妄言，囚之，至是始释之。帝复遣使于畏兀儿，征兵助战。

六年辛未春，忽必来招降合儿鲁，其部长阿儿思兰与畏兀儿亦都护俱觐帝于克鲁伦河。亦都护奏曰："蒙陛下恩赐，愿藉衮衣金带之宠，使臣得预四子之末。"帝感其言，遂以亦都护为义子，尚阿勒敦公主。

二月，帝自将伐金，登克鲁伦山，解衣以带置顶，跪祷于天，誓复俺巴孩罕之仇，使脱忽察儿率三千骑巡西边，以防后路。

三月，帝渡漠而南，以者别为前锋。

夏四月，金主遣其西北路招讨使粘合合达求和，帝不许，乃使其将独吉千家奴、完颜胡沙筑乌沙堡以备我。

秋七月，帝奄至，千家奴等败遁，克乌沙堡及乌月营。

八月，帝进克白登城，围西京。自克乌沙堡至此，凡七日。金将纥石烈胡沙虎以麾下突围走，率三千骑追之，败胡沙虎于翠屏口，遂克西京及昌、桓、抚等州。金招讨使纥石烈九斤、监军斡奴等率大兵屯于野狐岭，号四十万，以完颜胡沙为后援。其裨将巴古失、桑臣二人谓九斤曰："闻蒙古破抚州，方纵兵大掠，若掩其不备，必获大胜。"九斤曰："不然，彼之形势不易遽破，宜明日马步俱进，为万全之计。"次日，帝闻金兵至，方食，投匕箸而起，与九斤等战于野狐岭北口之獾儿觜。木华黎先登陷阵，帝率诸军继之。九斤等大败，伏尸遍野。金之精兵、猛将尽没于此。

九月，完颜胡沙遁至宣平，大兵追击之，复败其众于浍河堡，胡沙仅以身免。

闰九月，帝进克宣德州，薄德兴府。军不利，引还。命皇子拖雷、驸马赤苦等尽拔德兴境内诸堡。

冬十月，者别乘胜入居庸关，游兵至中都城外。金主欲南奔。会乣军来援，蒙古问乡民："乣军多少？"乡民绐曰："二十万。"者别乃袭金群牧监，驱其马而还。

是冬，皇子术赤、察合台、窝阔台分徇云内、东胜、武朔、宁、丰、净等州，俱克之。

七年壬申春正月，金耶律留哥聚众于隆安，自称都元帅，遣使来降。

时西京复为金守。秋，帝自将攻之。金将奥屯襄来援，帝诱至密谷口，大败之，尽歼其众。帝攻城，为流矢所中，乃彻围。

冬十二月，者别克东京。先是，者别至东京城下，不攻而退。金人以兵已退，不设备。者别率精骑突至，遂克之。

八年癸酉春，耶律留哥自立为辽王，改元元统。

秋七月，帝自将大军围德兴府，皇子拖雷、驸马赤古先登，克之。

八月，者别、古亦捏克等略地怀来，金将完颜纲、术虎高琪拒战，大败之。追至居庸关北口，又败之。金人严兵守隘，熔铁锢关门，布铁蒺藜百余里，大军不能进。帝遣翁吉剌将哈台、布札留攻北口，自率大军绕出紫荆关。金人以奥屯襄守紫荆。比至，帝已逾隘，败金于五回岭，分遣者别、速不台从间道袭居庸南口，克之，金将讹鲁不儿等以北口降，遂取居庸。帝驻跸龙虎台，遣喀台、哈台二将，率五千骑，断中都援路。

是月，金胡沙虎废其主永济弑之，而立丰王珣，改元贞祐。

冬十月，帝自将大军，攻克涿、易二州。分兵三道：命皇子术赤、察合台、窝阔台为右军，循太行而南，取保、遂、安肃、安、定、邢、洺、磁、相、卫、怀、孟，掠泽、潞、辽、沁、平阳、太原、吉、隰，拔汾、石、欣、代、武等州；皇弟合撒儿、斡陈那颜、布札为左军，循海而东，取平、滦、蓟等州；帝与皇子拖雷为中军，取雄、霸、莫、安、河间、沧、景、献、深、祁、蠡、冀、恩、濮、开、滑、博、济、泰安、济南、滨、棣、益都、淄、潍、登、莱、沂等州。别遣木华黎攻密州。凡克九十余城，两河、山东数千里之地，望风瓦解，惟中都及通、顺、真定、清、沃、大名、东平、德、邳、海州十一城坚守不下。

冬十月，三道兵还，合屯大口，以逼中都。

是月，与金将术虎高琪战于中都城下，大败之。金将胡沙虎为高琪所杀。

九年甲戌春正月，帝驻跸中都北郊。初，金粘罕营中都，于城外筑四子城，楼橹、仓廒、甲仗库各穿地道通于内城，人笑之。粘罕曰：“不及百年，吾言当验。”至是，金人分守四城，大兵攻内城，四城兵迭用炮击之。又开南薰门，橹、仓廒、甲仗库各穿地道通于内城，人笑之。粘罕曰：“不及百年，吾言当验。”至是，金人分守四城，大兵攻内城，四城兵迭用炮击之。又开南薰门，诱兵入，纵火焚之，死伤甚众。

二月，帝欲班师，遣阿剌浅入城诏谕金主。

三月，金主遣其平章完颜承晖来乞和，帝复遣阿剌浅报之，谕金主曰：“山东、河北州县尽为我有，汝所守唯中都耳！天既弱汝，我复迫汝于险，天其谓我何！我今归，汝不能犒军，以弭诸将之怒耶？”金主与廷臣会议，其丞相术虎高琪曰：“彼兵力已疲，再与决战，何如？”完颜承晖曰：“此孤注也，败则不能复振。不如俟其退，再为战守之计。”金主从之，奉卫绍王女岐国公主及金帛、童男女五百人、马三千匹以献。遣承晖送帝出居庸，至野麻池而返。

是月，大兵克岚州。

夏五月，金主迁于南京，留其太子守忠守中都。帝闻之，怒曰：“既和而复迁，是有疑心，特以和议款我耳！遣阿剌浅往诘责之。会金乣军扈金主南迁，至良乡。金主命输铠仗入官，乣军怒，杀其帅详衮，推斫答、比涉耳、札剌儿三人为帅，来请降。时帝避暑于鱼儿泺，遣石抹明安、撒木合入古北口，与斫答等围中都。

秋七月，金主召太子守忠赴南京。

冬十月，木华黎克顺州。

十二月，木华黎徇辽西诸路，克懿州。锦州张鲸，高州卢琮、金朴等，俱以城降。

是年，始置行省于宣平，以撒木合领之，部署降众。

十年乙亥春正月丁丑，金右副元帅蒲察七斤以通州降。以七斤为都元帅。

二月，木华黎围北京。留守奥屯襄先为其部将习烈所杀，推寅答虎为帅，寅答虎以城降。以吾也而权北京兵马都元帅，寅答虎为留守。金兴中府元帅石天应降，以天应为兴中府尹。帝遣阿剌浅谕金主以河北、山东未下诸城来献，及去帝号为河南王，金主不从。

三月，金主遣其将永锡、庆寿、李英等援中都，人负粮三斗，庆寿、英亦负之以率其众。庆寿至涿州旋风寨，英至霸州青戈寨，皆为大军所败。中都援绝，人相食。

夏五月庚申，金右丞相兼都元帅承晖仰药死，众以城降。石抹明安入中都，遣使来献捷。帝驻跸桓州之凉陉，命忽都虎等按视中都帑藏，以石抹明安为太傅，兼管蒙古、汉军都元帅。

秋八月，木华黎遣史天倪克平州，又遣史进道等克广宁府。红罗山贼帅杜秀降，以秀为锦州节度使。

冬十月，金宣抚使蒲鲜万奴据辽东，僭号天王。

十一月，耶律留哥来朝。史天祥克兴州，擒其节度使赵守玉。

十二月，史天倪克大名府及曹州。张鲸总北京十提控兵，从木华黎南伐。鲸谋反伏诛，其弟致据锦州以叛。

是年，取城邑凡八百六十有二。改中都为蓟州，改河间路之深州隶真定路，升鼓城县为晋州，改千湰县为湰阳县。

十一年丙子春，帝自鱼儿泺还卢朐河行宫。脱仑扯儿必克真定府。

夏四月，金将张开复取河间府、沧、献、邢、清等州。

六月，张致陷兴中府。

秋七月，木华黎败张致于神木县，进围锦州。

八月，木华黎克锦州，张致伏诛。进拔苏、复、海等州，获金将完颜众家奴。帝命撒木合率万骑，假途西夏，以趋关中。

冬十月，撒木合攻潼关，间道出禁坑。金兵溃走，获其将尼兰古蒲鲁虎。进略汝州，直抵南京之杏花营。金花帽军入援，撒木合战不利。引还。花帽军者，金蔚州人郭忠所将之义兵也。

十一月，撒木合败金将蒲察阿里不孙于渑池，渡河，围平阳府。金主遣使乞和，帝欲许之，诏撒木合曰：“譬围场中，獐鹿吾已尽取，只余一兔，盍舍之。”撒木合请使金主去帝号，金主不从。

是冬，蒲鲜万奴遣使来降。已而复叛，自称大真国。

十二年丁丑春，木华黎觐帝于土拉河。夏，史天祥击斩武平贼祁和尚及兴州叛将重儿。察罕败金将夹谷监军于霸州。帝闻蔑儿乞余众入乃蛮境，问：“诸将谁能为我讨蔑儿乞者？”速不台请行，帝许之，命脱忽察儿率二千骑同往。速不台至垂河，大败蔑儿乞，尽歼其众。托黑托阿子忽都、赤剌温二人，奔奇卜察克。

秋八月，封木华黎为国王，赐九斿旗，诸将咸听节制。诏曰：“太行以北，朕自制之；太行以南，悉以付卿。”于是木华黎专征河北，连拔遂城、蠡州。

冬，进克大名府，金中山府、赵、邢、威、磁、洺等州守将俱以城降，遂东取淄、潍、登、莱、沂等州。

是年，秃马特叛。秃马特酋歹都秃勒死，其妻脱灰塔儿浑率部众以叛。帝遣博尔忽讨之，战没。帝怒，议亲征。博尔术等谏，乃使朵儿伯朵黑申往。朵儿伯朵黑申槎山通道，一战平之，获脱灰塔儿浑。

是年，帝将征货勒自弥，征兵于西夏，不应，遂伐之。

十三年戊寅春正月，围中兴府，西夏主李遵顼出走西凉，师还。遣者别讨古出鲁克。古出鲁克篡西辽王直鲁古，部众不服。者别至，远近响应，古出鲁克奔巴达克山，者别获而杀之。

三月，木华黎克新城、霸州。

秋八月，石抹明安出紫荆关，获金经略使行元帅事张柔。柔不屈，明安壮而释之。诏还柔旧职，得以便宜行事。木华黎自太和岭徇河东，克代、隰二州。

九月，进克太原府。

冬十月，克平阳府。遂定忻、泽、绛、潞、汾、霍等州。

是年，契丹人耶律喊舍等据高丽江东城，遣元帅哈真、副元帅札剌讨之。高丽王瞰使其仆射赵冲等以兵来会。

十二月，克江东城，喊舍自缢死，斩其伪丞相以下百余人。高丽王瞰来贡方物。

十四年己卯春，帝亲征货勒自弥，以皇弟斡赤斤留守和林。

五月，遣刘仲禄佩金虎符，征道士邱处机于登州。

六月，帝会诸皇子、大将于也儿的失河，议分兵讨货勒自弥。祃牙之日，雪深三尺。

九月，皇子察合台、窝阔台围讹剌脱儿城；术赤西北攻毡的城；诸将阿剌黑等东南攻伯讷特克城；帝与拖雷径渡锡尔河趋布哈尔。帝至赛尔奴克城，遣丹尼世们谕降之；从间道袭努尔城，遣前锋将岱尔巴图谕降之；遂围布哈尔城。

是年，张柔克金雄、昌、保诸州，败贾瑀于孔山台，擒斩之。复败金恒山公武仙于满城，拔完城、曲阳、中山诸州县。于是，深、冀以北，镇定以东三十余城悉降。

冬十一月，木华黎克晋安府居之。金丞相高琪用事，聚精兵于河南，而置河北不问。金主杀高琪。

十五年庚辰春，帝亲攻布哈尔。其酋率所部二万余人突围走，追及于阿母河，尽杀之，城民出降。是时，察合台、窝阔台已拔讹剌脱儿，获其守将伊那克只克，槛送行在诛之。术赤先攻下八儿真等城，阿剌黑等攻下忽毡等城。

夏五月，进至撒马尔干城，术赤等三路之师亦傅城下。货勒自弥苏尔滩先居撒马尔干，闻大兵至，遁走，使其将阿尔泼汗婴城固守。帝遣者别、速不台各率轻骑追苏尔滩，又使脱忽察儿为二将后援。帝自率诸皇子围撒马尔干，阿儿泼汗以波斯兵出战，中伏，大败。康里兵开门出降。阿儿泼汗引亲兵突围走。帝恐康里兵反复，仍尽诛之，以降将巴克曷勒蔑里克、哀密儿阿米守撒马尔干。

夏，帝避暑于渴石。帝以苏尔滩母土而堪哈敦在乌尔鞬赤，遣丹尼世们往谕之。土而堪不答，奔马三德兰，与苏尔滩妻俱为者别、速不台所获。

秋，命术赤、察合台、窝阔台攻乌尔鞬赤。帝自率大军攻忒耳迷城，克之。进至赛蛮，分军略巴达克山，以阿母河北之地悉定，遂渡河，攻克巴而黑城。见其城险固。恐为后路之患，堕之。东入塔里堪山，攻诺司雷脱柯寨。遣塔忽等使于金。

冬十月，复遣蒙古塔忽、讹里剌等使于金。十二月，苏尔滩入嗄比斯海岛，闻其母妻被获，幼子又为帝所杀，心悸而卒。

是年，木华黎略地至真定府，金恒山公武仙降，木华黎承制授史天倪河北都元帅，以仙副之。济南严实籍大名、彰德、磁、洺、恩、博、滑、浚等州户三十万来降。木华黎承制授实金紫光禄大夫、行尚书省事。木华黎留实围东平，分兵徇河北诸州。董俊判官李全以中山叛。

十六年，辛巳春，克诺司雷脱柯寨，屠之。术赤等攻乌尔鞬赤，屡失利。帝驻跸塔里堪，术赤等以军事来告。帝廉知术赤、察合台素不合，改命窝阔台总诸军，并力急攻，克之。召察合台、窝阔台赴塔里堪，使术赤屯兵咸海、里海之间。拖雷渡阿母河，进拔安狄枯、马鲁诸城。进围你沙不儿城，三月，克之。又进拔海拉脱城，旋奉帝命，会师于塔里堪。

夏六月，宋使苟梦玉来聘。

秋七月，金主使乌库里仲端来乞和，帝曰："念汝远来，河朔既为我有，关西未下数城，宜割付于我，封汝主为河南王，勿复违也。"帝以苏尔滩子札剌勒丁据嘎自尼，与阿敏蔑里克兵合，自率三皇子讨之。

八月，逾印度固斯大山，至八米俺，命忽都虎扼喀不尔山之隘。

忽都虎与札剌勒丁战于巴鲁安，失利。

九月，帝亲攻八米俺城，皇孙谟阿图堪中流矢卒。帝怒，城下之后，遇生物悉屠之，改城名曰卯库儿干。帝闻忽都虎失利，疾趋嘎自尼，军中不及爨，掬米食之。帝至巴鲁安，巡视战地，以诸将不知形势，自忽都虎以下皆受谴责。时札剌勒丁已遁，追及于印度河。会日暮，帝命列阵围之，又使乌克儿古儿札、古都斯古儿札濒河设伏，截其登舟之路。黎明，大战，败其右翼兵，获阿敏蔑里克。未几，其右翼亦溃，札剌勒丁以中军七百人突围走。帝欲生致札剌勒丁，令军中毋发矢。札剌勒丁以盖自蔽，策马自峭岸投于印度河，泅水而遁。帝见之，以口龁指，谓诸皇子曰："凡为将者，皆应如此也。"寻遣巴剌土尔台渡河追札剌勒丁，不及而还。

是月，木华黎出河西，克葭、绥德、保安、鄜、坊、丹等州，进围延安府。

十二月，宋京东安抚使张林来降，以林为沧、景、滨、棣等州行都元帅。

是年，帝遣搠儿马罕讨巴里塔部，遣朵儿伯朵黑申讨朵儿别部，遣者别、速不台讨康里、奇卜察克等十一部。者别、速不台与奇卜察克兵战于高喀斯，败之，获其部酋之弟玉儿格及其子塔阿儿。

十七年，壬午春，以札剌勒丁未获，嘎自尼诸城复叛，遣窝阔台讨平之。初，巴鲁安之败，海拉脱亦叛，至是帝遣按只吉歹讨平之。窝阔台既定嘎自尼，请进攻昔义斯单，帝曰："隆暑将至，宜遣别将攻之，汝勿往。"

三月，封昆仑山神为元极王，大盐池神为惠济王。

夏四月，道士邱处机谒帝于行在。帝闻巴里黑复叛，自将讨平之。遂避暑于巴鲁安。以西域大定，设达鲁花赤监治之。

秋，窝阔台来觐于古南柯而干城。配克部酋萨拉尔阿黑默特来降，并献军粮。以地热，令居民每户春黍米百斤，供士卒三人食。帝欲从印度斯单经唐古特而归，行数城，闻唐古特复叛，又以道路险恶,乃改途,渡质浑河,循故道至撒马尔干。或曰:左右见一角兽,形如鹿而马尾,作人言曰:“汝主宜早还。”帝遂决意班师。帝次布哈尔,召天方教士曷世甫等述其教规。帝曰:“麦哈礼拜我不谓然,上帝降鉴无所不周,何为拘拘于一地乎?”命自后祈祷之文,皆书御名,又命免天方教士赋役。

秋九月丙午朔,车驾渡阿母河,中途见邱处机,驻跸于撒马尔干。金平阳公胡天祚以青龙堡降。

冬十月丙子朔,下诏班师。

十一月,金河中府降,以石天应为兵马都元帅守之。

十二月,车驾驻忽毡河,察合台、窝阔台自布哈儿来献猎获,术赤以疾不至。

是年,者别、速不台平奇卜察克,其酋遁入斡罗斯。

十八年癸未春正月甲寅,车驾发忽毡河,驻跸赤儿赤克河。二月庚辰,猎于东山,见大豕射之,马踣,帝易马而还。自此两月不出猎。

三月,国王木华黎卒。

夏,者别、速不台与斡罗斯战于喀勒吉河孩儿桑之地,大败之,获其计掖甫、扯而尼哥等部酋,槛送术赤诛之。诏以马十万匹犒师。

十月,金主珣卒,其太子守绪立。宋复遣苟梦玉来聘。西夏主李遵顼传位于子德旺。

十九年甲申夏,帝避暑额儿的失之地。初,帝遣者别、速不台追苏尔滩,命之曰:“事定之后,由奇卜察克回至蒙兀儿斯单,与我相见,然后全师东返。”至是,者别、速不台来告捷,请遵前命,觐帝于行在。未几,者别中道卒。

秋七月,嗣国王孛鲁伐西夏,克银州。

冬,皇孙忽必烈、旭烈兀来迎,忽必烈射一兔,旭烈兀射一山羊以献。帝进次布哈苏赤忽之地,大犒三军,支金帐以宴之。帝命诸将取石压行帐，以免倾覆，乌布赤不从，会猎，又不从众合围，帝怒，囚乌布赤于营中三日，既而宥之。

二十年乙酉春，帝至和林行宫，分封诸子：以和林之地与拖雷，以叶密尔河边之地与窝阔台，以锡尔河东之地与察合台，以咸海西货勒自弥之地与术赤。

二月，武仙以真定叛，袭杀史天倪。

三月，史天泽复真定，武仙败走。

夏六月，史天泽败宋将彭义斌于赞皇，获之。

秋，帝亲征西夏。初，西夏主伪降，请纳质子，且言愿助兵西讨。及征兵于西夏，其大将阿沙敢卜对使者曰："俟大国兵败，吾师方出。"帝怒，西夏主乃阴结漠北诸部酋，为拒守之计。至是，帝自将伐之，假道于畏兀儿。

冬十月，武仙入真定，史天泽奔藁城。

十一月，帝猎于阿儿不合之地，堕马，遂不豫。驻跸于搠斡儿合惕，遣使责西夏主拒命。

是年，皇子术赤卒。

二十一年丙戌春，帝驻跸汪古答兰呼图克之地，感恶梦。时诸孙在侧者惟亦孙哥。遣使召窝阔台、拖雷至。次日，帝屏诸将及从官，谓窝阔台、拖雷曰："我殆将死矣。我为汝等创业，无论东、西、南、北，皆有一岁程。我遗命无他，汝等欲御敌广土众民，必合众心为一，方能永享国祚。我死，奉窝阔台为主。"又曰："我享此大名，死无所憾，我愿归于故土。察合台虽不在侧，当不至背我遗命。"言毕，麾二子出。

三月，自将诸军，拔西夏黑水等城。败其将阿沙敢卜于贺兰山，获之。

夏，避暑于浑垂山。诏封功臣户口食邑为十投下，以国王孛鲁为首。克西夏、甘、肃等州。

秋七月，西夏主李德旺卒，从子晛立。大军克西凉府及搠罗、河源等县，遂逾沙陀，至黄河九渡，拔应昌等县。

九月，李全执张林以叛。郡王带孙围全于益都。

冬十一月庚申，帝亲攻灵州，西夏主李晛率五十营来援。丙寅，逆击之。时河冰已合，诸将从冰上渡河。西夏主败遁。帝曰："李晛经此败，不能复振矣。"丁丑，五星聚于西南。帝驻跸盐川州。

十二月，国王孛鲁遣李喜孙招谕李全，为全部将所杀。西夏亦集乃路来降。

二十二年丁亥春，帝留兵围中兴府，自率师渡河，攻积石州。

三月，克洮、河二州及西宁县。分遣斡真那颜克信都府。

是月，李全降。

夏四月，帝驻跸隆德县，进拔德顺等州。

五月，克临洮府，遣唐庆等责岁币于金。

闰月，避暑于六盘山。

六月，金遣完颜合周、奥屯阿虎来请和。帝谓群臣曰："朕自去岁五星聚之时，已许不杀略，遽忘下诏耶？今可布告中外，令彼行人亦知朕意。"

是月，西夏主上表乞降，贡黄金佛及童男女、驼马、金银器，备九九之礼。帝允之，赐西夏主名失都儿忽，译言正直也。西夏主乞展期一月后入朝。帝遣脱仑扯而必慰谕之。是时，帝已不豫，密谕左右："我死，勿发丧，俟西夏主来，即杀之。"

秋七月，帝驻跸清水县之西江。壬午，帝疾甚。己丑，崩于灵州。帝临崩，谓左右曰："金精兵在潼关，南据连山，北限大河，难以遽破。若假途于宋，金，宋之世仇也，必许我，则由唐、邓直捣大梁。金虽撤潼关之兵以自救，然千里赴援，士马俱疲，吾破之必矣。"言讫而崩，年七十有三。

西夏主来朝；托言帝有疾，不能见，令于帐外行礼。越三日，诸将遵遗命杀之。西夏亡。

诸皇子奉梓宫还漠北，至萨里川哈老徒之行宫，乃发丧，葬起辇谷。先是，帝道过起辇谷，见一大树，爱之，盘桓树下良久，谓从者曰："异日必葬我于此。"至是有述前命者，遂葬树下焉。

至元三年冬十月，追谥圣武皇帝，庙号太祖。至大二年冬十一月，加谥法天启运圣武皇帝。

史臣曰：天下之势，由分而合，虽阻山限海、异类殊俗，终归于统一。太祖龙兴朔漠，践夏戕金，荡平西域，师行万里，犹出入户闼之内，三代而后未尝有也。天将大九州而一中外，使太祖抉其藩、躏其途，以穷其兵力之所及，虽谓华、夷之大同，肇于博尔济锦氏可也。

新元史卷四

本纪第四

太　宗

太宗英文皇帝，讳窝阔台，太祖第三子也。母曰光献翼圣皇后。太祖长子术赤，次察合台，二人素不相能。太祖十四年，亲征西域，议立嗣而行，察合台请以帝为嗣，太祖从之，事具《术赤传》。十六年，术赤、察合台攻乌尔鞬赤，屡失利，太祖改命帝为统帅。帝调和两兄，兵复振，遂克乌尔鞬赤。十七年春，帝略地印度河下游，请进攻昔义斯单，太祖召帝还，与察合台等从太祖班师。二十一年，从太祖伐西夏。太祖崩，皇弟拖雷监国，帝分地在叶密尔河，留于霍博之地，安辑部众。

元年己丑夏，帝至忽鲁班雪不只之地，皇弟拖雷来迎。

秋八月己未，诸王百官会于怯绿连河阔迭额阿剌勒，请帝遵太祖遗诏即位，共上尊号曰木亦坚合罕。皇兄察合台持帝右手，皇叔斡赤斤持帝左手，皇弟拖雷以金杯进酒赞。帝东向拜日，察合台率皇族及群臣拜于帐下。

先是，太祖崩，金主遣其知开封府完颜麻斤来吊。至是，复遣其御史大夫完颜讷申来归太祖之赗。帝曰："汝主久不降，使先帝劳于兵间，朕岂忘耶？何以赗为！"却之。

敕宿卫等依前番直，宣太祖圣训以谕之。始建仓廪，立驲传。蒙古人有马百者，输牝马一；牛百者，输牸牛一；羊百者，输羒羊一；著为令。中原人以户计出赋调,命耶律楚材主之,西域人以丁计出赋调,命麻合没的牙剌瓦赤主之。凡诸王、驸马朝会,及使者往来,不得科敛百姓。

冬十一月,敕诸王、众官人管辖之地佥军事理有妄分彼此者,罢其达鲁花赤以下等官。

是年,始立三万户,以刘黑马、粘合重山、史天泽为之。赐撒吉思不花金符,安辑山东、河北诸州。木剌夷国王来朝。西域伊思八剌纳酋内附。

二年庚寅春正月,诏自元年以前事勿问。定诸路课税、酒课,验实息,十取一;杂税,三十取一。帝与拖雷猎于斡儿寒河。

夏四月,帝避暑于塔密儿河。朵豁勒围庆阳,与金将完颜彝等战于大昌原,失利。东平行省严实入觐。帝遣斡骨栾使于金,北还。金陕西左副元帅卢鼓椎见使者,有不逊语。帝闻之,大怒。

六月,金主复遣完颜奴申来聘,帝不受。

秋七月,帝自将伐金,命斡赤斤留守,皇弟拖雷及其子蒙哥皆从。

八月,史天泽克卫州。

冬十月,遣速哥使于金。

十一月,始置十路征收课税使:以陈时可、赵昉使燕京,刘中,刘桓使宣德,周立和、王贞使西京,吕振、刘子振使太原,杨简、高廷英使平阳,王晋、贾从使真定,张瑜、王锐使东平,王德亨、侯显使北京,夹谷永、程泰使平州,田木西、李天德使济南。大兵攻潼关、蓝田关,俱不克。

十二月,大兵拔天胜寨及韩城、蒲坂。帝至平阳,以田野不治,问都总管李守贤。对曰:"贫民无耕具,故荒田多。"诏给牛万头,仍徙关中户口,垦河东荒地。

是年,改乾宁军为清宁军,复改隆德府为潞州。遣李邦瑞使于宋,至宝应县不得入。诏行省李全护送邦瑞,宋边将又拒之。乃改道出于蕲、黄，与宋行人定约而还。遣绰儿马罕率精兵三万，讨札剌勒丁，战于合而拉耳之地，大败之。

三年辛卯春正月，李全攻扬州，为宋将赵葵所杀。

二月，大兵克凤翔府，分兵攻宋西和州，获其将强俊。金平凉、庆阳、邠原等府州皆降。速不台与金将完颜彝战于倒回谷，失利。

夏五月，帝避暑于九十九泉，以李全妻杨妙真为山东淮南行省。金降人李国昌言于拖雷，请出宝鸡，自汉中达于唐、邓，从之。遣搠不罕使于宋，假道且请会兵。搠不罕至沔州，宋青野原统制张宣杀之。

秋八月，帝幸西京，始立中书省，改侍从官名，以耶律楚材为中书令，粘合重山为左丞相，镇海为右丞相。耶律楚材奏请州县长吏专理民事，万户府专理军政，课税所专理钱谷，各不相统摄。从之。拖雷入大散关，拔宋凤州、洋州，进围兴元。分军为二：西军由沔州渡嘉陵江，东军趋饶风关，略地而东。初，皇叔斡赤斤遣著古与等使于高丽，高丽人杀之。至是，帝使撒里塔征高丽，讨其杀使者之罪。

九月，帝自将围河中府。命平阳移粟西京，都总管李守贤言：“百姓疲敝，不任输载。”诏罢之。

冬十二月己未，克河中府。戊辰，拖雷渡汉水，与金将布哈战于禹山，布哈引兵还，邀其辎重获之。撒里塔围高丽东京，高丽王瞰请降。是年，大名守将苏椿反，命杨杰只哥讨斩之。绰儿马罕追札拉勒丁至库儿忒山，札拉勒丁败死。货勒自弥亡。绰儿马罕遂取阿尼忒、爱而西楞、梅法而司三部之地。

四年壬辰春正月壬午朔，拖雷败金将完颜两娄室于襄城。丙戌，帝自河清县白坡渡河，三日军毕渡。庚寅，拖雷使者至，奏已渡汉江。诏诸军即日进发。甲午，帝至郑州，金屯军元帅马伯坚以城降。丙申，大雪。丁酉，帝至新郑县。是日，拖雷及金兵战于钧州之三峰山，大败之，获其大将布哈。自是，金兵不能复振。戊戌，帝至三峰山。壬寅，克钧州，获金大将合达及完颜彝等。辛丑，金潼关守将李平以城降。庚戌，金许州兵以城降。是月，撒里塔自高丽班师。帝遣使以玺书谕高丽王瞮。

二月戊午，帝至卢氏县，遇金将徒单兀典等，金兵不战而溃。完颜重喜来降。帝命斩重喜于马前。遂下商、虢、嵩、汝、陕等州。乙丑，分兵攻归德府，许、郑、陈、亳、寿、颍、睢、永等州进。

三月丁亥，克中京，金将强伸复取之。命速不台等围南京。宋人以兵来会。遣使谕金主降。壬寅，金主使其谏议大夫裴满阿虎带、大府监国世荣来乞和，以其弟之子曹王讹可为质。癸卯，速不台攻南京不克。

夏四月丁巳，金主复使其户部侍郎杨仁奉金帛乞和，速不台以城不易下，许之。戊午，金主又使仁赍珍宝来谢。己未，遣没忒入城诏谕金主。是月，车驾北还，留速不台围南京。帝由半渡至真定府。幸中都，出居庸关，避暑于官山。高丽国遣使来贡方物。

五月，敕使臣无牌面文字，始给马之县官及元差官皆罪之。若兵事及送御用物，仍验数应付车牛。帝不豫。

六月，疾甚。拖雷祷于天地请以身代之。未几，帝疾瘳。遣金质子曹王讹可归。高丽复叛，徙都于江华岛。

七月，遣唐庆谕金主降。甲申，金人杀唐庆及从者三十余人。乙酉，国安用叛附于金。

八月辛亥，速不台败金将武仙等于京水。复遣撒里塔征高丽。

九月，帝次阿剌合的思之地。皇弟拖雷卒。

冬十月，高丽国遣使来谢罪。

十一月，帝猎于纳兰赤剌温之地。

十二月，驻跸于太祖大斡尔朵。金主以汴京不能守，议渡河取卫州。撒里塔攻高丽处仁城，中流矢卒，别将铁哥引兵还。

是年，立彰德路总元帅府，改怀州为行怀、孟州事。遣王檝使于宋，议夹攻金人。宋使邹伸之来报命。帝许以成功之后，归宋河南地。

五年癸巳春正月丙午朔，金主渡河。辛亥，金将白撒攻卫州。丁巳，撒吉思不花等败白撒于白公庙。金主奔归德府。戊辰，金京城西面元帅崔立杀留守完颜奴申等，以南京降。

二月帝幸铁列都之地。命皇子贵由及诸王按赤带将左翼兵，讨蒲鲜万奴。

夏四月癸巳，崔立以金太后王氏、皇后徒单氏、梁王从恪、荆王守纯及宗室男女五百余人，至速不台军中。甲午，速不台杀从恪、守纯，送王氏、徒单氏赴行在。忒木艄率诸军围归德。

五月，金将蒲察官奴乘夜来攻，撒吉思不花及都元帅董俊等皆战没。诏谕高丽王悔过来朝，且数其五罪。

六月壬午，速不台克中京，获金中京留守强伸。辛卯，金主自归德奔蔡州。己亥，金主入于蔡州。是月，帝命以孔子五十一世孙元措袭封衍圣公。

秋八月，帝猎于兀必思之地。以阿同葛等充宣差勘事官，括中州民户。

九月，遣王檝使于宋，且征粮。辛亥，塔察儿筑长围以困蔡州。是月，皇子贵由等获万奴，辽东平。

冬十月甲申，金将麻琮以徐州降。高丽人毕贤甫与洪福源杀高丽宣谕使郑毅，以西京降。高丽将崔瑀攻贤甫斩之，福源来奔。

十一月，宋遣其都统制孟珙等来会师，并输粮三十万石。

十二月己卯，拔蔡州外城。己丑，拔其西城。

是冬，帝幸阿鲁兀忽可吾行宫。敕修孔子庙及浑天仪。赵扬据兴州叛，易州达鲁花赤赵瑨讨斩之。金海、沂、莱、潍等州降。

六年甲午春正月戊申，金主传位于宗室子承麟。己酉，大兵克蔡州，金主自缢死，承麟为乱兵所杀。金亡。金息州行省抹撚兀典降于宋，大兵追杀之。

是春，会诸王于斡儿寒河。

夏五月，金将武仙奔泽州，为戍兵所杀。帝幸答兰答八思之地，大会诸王百官，颁大札萨克以令于众曰：

凡当会不赴而私宴者，斩。诸出入宫禁，各有从者，男女止限十人，出入毋得相杂。军中凡十人置甲长一，听其指挥，专擅者罪之。其甲长以事来宫中，置权摄一人、甲外一人，二人不得擅自往来，违者罪之。诸公事非当言而言者，拳其耳；再犯，笞；三犯，杖；四犯，论死。诸千户越万户前行者，以木镞射之。百户、甲长、诸军有犯，其罪同。诸军甲内数不足，于近翼抽补足之。诸人或居室，或在军中，毋敢喧呼。凡来会，用善马五十匹为一羁，守者五人，饲羸马三人，守乞烈思三人。但盗马一、二者，即论死。诸人马不应绊于乞烈思内者，辄没于畜虎豹人。诸妇人制质孙燕服不如法者，及妒者，乘以骣牛徇部中，论罪，即敛财为更娶。

六月，宋将全子才率万余人自合肥趋汴京。崔立为部将李伯渊等所杀。

七月，子才入汴。己卯，宋制置使赵葵陷泗州。乙酉，宋监军徐敏子入洛阳，都元帅塔察儿拒战于龙门北，大败之。以忽都虎为中州断事官，野里术副之。遣大达海绀卜伐宋，取四川诸路。

八月，宋将全子才等以粮尽，引还。帝幸答八思之地，议自将伐宋，国王查剌请行，允之。

冬十二月己卯，遣王檝使于宋，责宋人败盟。檝遣邹伸之、李复礼等来报谢。帝猎于斡儿寒河。

是年，东平行省严实入觐，授实东平路行军万户，偏裨赐金符者八人。改威州为邢洺路。设国子监助教官于燕京，令大臣子弟入学。

七年乙未春，城和林，作万安宫。初，太祖居怯绿连河，又徙于卢朐河。帝即位，亦居怯绿连河及卢朐河，至是始建都于和林，国语曰喀剌科鲁木。春，帝居万安宫一月，居揭揭察哈殿二月；夏，避暑于昔剌斡儿朵；秋，居于阔阔脑儿行宫；冬，大猎于汪吉河；四时临幸，率以为常。帝以钦察、斡罗斯部未定，命诸王拔都、大将速不台讨之，皇子贵由、合丹，皇弟阔列坚及诸王鄂尔达、昔班、唐古忒、贝达尔、不里、蒙哥、拨绰皆从行。帝谕拔都曰：“闻钦察别部酋八赤蛮有胆勇，速不台可胜之。”又以金秦、巩二十余州固守不降，命皇子阔端招谕之。又命皇子曲出、大将忽都虎伐宋，诸王唐古伐高丽。

秋七月，诸王口温不花略唐州，宋将全子才、刘子澄等皆遁。佥宣德、西京、平阳、太原、陕西五路人匠充军，每二十户佥一人。

冬十月，曲出拔枣阳及光化军。

十一月，略襄、邓诸州，败宋制置使赵范于郢州之上闸口。再战，大兵失利，遂引还。阔端至巩昌，承制授金便宜总帅汪世显原官。初，大兵克蔡州，世显即杀金行省粘葛，至是以巩昌来降，从阔端伐宋。

十二月，阔端克沔州，唐古克高丽凤、海、洞、慈及金山、归信等州。中书省臣请契勘《大明历》，从之。

是年，置大兴府版籍。改济宁府为山东路总管府济州，改隶东平府。安次县改隶霸州，林州改行县事。

八年丙申春正月，万安宫成，诸王来会宴，帝手觞赐中书令耶律楚材曰：“朕所以推诚委卿者，先帝之命也。非卿则中原无今日，朕之安枕皆卿力也。”诏印造交钞行之，不得过万锭。

二月，命应州万户郭胜、钧州万户孛术鲁久住、邓州万户赵祥从皇子曲出伐宋。

三月，复修孔子庙及司天台。宋王旻、李伯渊等以襄阳降，命游显守之。

夏四月，曲出克随、郢二州及荆门军。复诏忽都虎括中原户口，得一百一十余万，定税每户出丝一斤，以供官用，五户出丝一斤，以赐贵戚、功臣。上田亩税三升半，中田三升，下田二升半。水田亩五升。商税三十分之一。盐价银一两四十斤。以为永额。

六月,立编修所于燕京,经籍所于平阳,编集经史,以梁陟充长官,王万庆、赵著副之。

秋七月,诏燕京路民户及真定路新籍户,每二十户佥军一人,以答不也儿领之。命陈时可阅刑名、科差、课税等案,赴和林照磨。诏以真定民户奉太后汤沐,诸王、贵戚、斡鲁朵:拔都,平阳府;茶合带,太原府;皇子古与克,大名府;孛鲁台,邢州;果鲁干,河间府;孛鲁古带,广宁府;也苦,益都、济南二府户内拨赐;按赤带,滨、棣二州;斡陈,平凉州;皇子阔端、驸马赤古、公主阿剌海、公主果真、国王查剌、茶合带、锻真、蒙古寒札、按只那颜、折那颜、火斜、术思,并于东平府户内拨赐有差。耶律楚材言其不便,乃命设达鲁花赤,朝廷别置官吏收其租赐之,非奉诏不得征调兵赋。

八月,大兵克枣阳军及德安府。

九月,阔端攻武休关,入兴元,败宋兵于阳平关,斩其将杨云、曹友闻。时金秦、巩二十余州皆降,惟会州都总管郭暇虾蟆坚守不下。

冬十月,按竺迩克会州,郭虾蟆自焚死。丙午,阔端拔文州。按竺迩招抚吐番诸部,略定龙州,与阔端合兵攻成都府,克之,会皇子曲出卒,阔端遂班师。

十一月,口温不花遣察带围真州,不克。

十二月,中书省课绩,以知济南府张荣为第一。

是年,改溢阳军为邢洺路,置邢总管府。升涿州路。速不台讨布而嘎而部,平之。

九年丁酉春,帝猎于揭揭察哈泽。蒙哥等获钦察别部酋八赤蛮,斩之,波尔塔斯、毛而杜因、萨克孙三部来降,里海以北悉定。

夏四月,筑埽邻城,作揭揭察哈殿。

六月,皇叔斡赤斤所部讹言括民女,帝怒,因括之以赐将士,自七岁以上未嫁之女得四千余人。

秋八月,命断事官术虎乃、山西中路课税所长官刘中试诸路儒士，中选者蠲其赋役，令与本处长官同署公事，得东平杨奂等四千三十人。

冬十月，猎于野马川，驻跸行宫。口温不花等克光州，进拔复州。攻蕲州，宋知州徐㮚固守，攻安丰军，宋知军杜杲固守，俱不下，遂引还。

是年，拔都等入斡罗斯，克其勒冶赞城，进拔克罗姆讷城，皇弟阔列坚中流矢卒，遂围物拉的迷尔都城。

十年戊戌春，国王塔斯伐宋，入北峡关，宋将汪统制降。拔都等克物拉的迷尔城，分兵拔廓在尔斯科城。

二月，遣王檝使于宋。

三月己丑，宋通好使周次说来报谢。

夏四月，筑图苏湖城，作迎驾殿。襄阳裨将刘义执游显等，降于宋，宋复取襄、樊。

六月，中书令耶律楚材陈时务十策：曰信赏罚，正名分，给俸禄，官功臣，考殿最，均科差，选工匠，务农桑，定土贡，制漕运。帝悉行之。

秋八月，征收课税使陈时可、高庆良奏诸路旱蝗，诏免今年田租，仍停旧未输纳者。以察罕为马步军都元帅。察罕克天长县及滁、泗等州。

九月，察罕围庐州，宋知州杜杲拒战，兵失利，引还。

冬十月辛未，宋人取光州。杨惟中建太极书院于燕京。

十一月，衍圣公孔元措奏礼乐散失，亡金太常官吏及礼册、乐器尚存者，请降旨收录。从之。

十二月，高丽国遣使贡方物。

是年，改平州为兴平府，立鼓城等处军民万户府。改深州隶真定路。塔海克隆庆府。宋洋州守将以城降。绰儿马罕再入义拉克阿剌伯，败哈里发于佩匿斤城，分兵取角儿只属部之地。

十一年己亥春正月，富民刘廷玉等请以银一百四十万扑买中原课税，中书令耶律楚材奏罢之。宋孟珙复取信阳军，寻又取光化军及息、蔡二州。

是春，猎于揭揭察哈泽，皇子阔端至自西川。

夏四月，赐高丽王瞰玺书，征其入朝。

六月，高丽国遣使奉表谢罪。塔海攻重庆府，不克。

秋七月，以山东诸路灾，免其田租。

冬十一月，蒙哥等围阿速部蔑怯思城。

十二月，塔海与宋兵战于归州大垭寨，失利。宋复取夔州。西域贾人奥都拉合蛮扑买中原银课二万二千锭，以四万四千锭为额，从之。初，奥都拉合蛮，窭人也。国法：春、夏浴水中者死。帝与皇兄察合台出猎，见奥都拉合蛮浴，察合台欲斩之。帝曰："彼遗金没而求之，非浴也。"乃免死，令给事左右。后日见亲信，遂恣为奸利焉。

是年，金降将王荣执怀州达鲁花赤纯只海以叛。纯只海妻善礼伯伦夺纯只海归，讨荣诛之。升顺天军为路，置总管府，以易州、祁州、定州及雄州之三县属之。立太原路总管府。绰儿马罕分兵攻角儿只诸路，角儿只大将阿拔克迎降。

十二年庚子春正月，以奥都拉合蛮充提领诸路课税所官。蒙哥等克蔑怯思城。拔都以斡罗斯诸部悉定，遣使来奏捷。命万户张柔等分道伐宋。

二月，按竺迩败宋舟师于夔门。

夏四月，始令制登歌乐，肄习于曲阜孔子庙。遣王檝使于宋。未几，檝以疾卒，宋人归其丧。

秋八月，宋将余玠以舟师入寇，溯河抵南京而返。

冬十二月，诏皇子贵由班师。敕州县失盗不获者，以官物赏之。

是年，敕代偿官民借回鹘金，计子母七万六千锭；仍敕凡借贷岁久者，惟子本相侔而止，著为令。籍诸王大臣所俘男女，放为良民。以曷思麦里为怀孟、河南二十八处都达鲁花赤。东平行军万户严实卒。角儿只将阿拔克及凯辣脱酋阿释阿甫妻汤姆塔入朝，帝厚抚之，诏绰儿马罕尽返角儿只侵地，又谕角儿只岁贡外，不得任意苛敛。

十三年辛丑春正月，猎于揭揭察哈泽。辛酉，帝疾甚，医言脉绝，耶律楚材请大赦天下，从之，异日而瘳。

三月，都总管万户刘嶷入觐，命嶷巡抚天下，察百姓利病。以刘敏行省事于燕京，赐敏手诏曰：“卿之所行，有司不得与闻。”拔都等败波兰兵于勒基逆赤城。

夏四月，高丽王瞮以族子綧入质。

冬十月，以牙剌瓦赤同行省刘敏主管燕京公事。未几，牙剌瓦赤以流言诬敏，敏出手诏示之。帝闻之，按问得实，罢牙剌瓦赤。

十一月丁亥，帝出猎，耶律楚材谏，不听。庚寅，还至𬬻铁鎋胡兰山，奥都剌合蛮进酒，帝饮醉。辛卯迟明，崩于行宫，年五十六。葬起辇谷。至元三年冬十月，追谥英文皇帝，庙号太宗。

初，帝爱拖雷子蒙哥。一日，召蒙哥抚其首曰：“是可以君天下。”异日，帝用牸牸豹，皇孙失烈门在侧曰：“用牸牸豹，则犊将安养。”帝又曰：“是有仁心，可以君天下。”及帝崩，六皇后乃马真氏召耶律楚材问立君，楚材对曰：“此非外臣所敢与者。”后乃与诸王定议立皇子贵由为嗣。皇后临朝称制，以俟拔都等之至焉。

壬寅春，皇后乃马真氏称制元年，拔都等班师返。

夏五月，大兵攻宋遂宁、庐州，克之。

秋七月，张柔自五河口渡淮，攻扬、滁、和诸州，败宋统制王温等于天长县。

冬十月，张柔克通州。

十二月，大兵攻叙州，获宋都统制杨大全。是年，右丞相镇海罢。

癸卯春正月,高丽国遣使来贡方物。

三月,大兵克资州。汪世显卒,以其子德臣代之。

夏五月,荧惑犯房星。耶律楚材奏:“当有惊扰,然终无事。”未几,皇叔斡赤斤引兵趋和林,皇后欲西迁以避之。楚材曰:“臣观天道,无他变也。”已而,果如其言。

秋,察罕奏以张柔总诸军,屯杞县。

是年,贝住征罗马国,分兵入西里亚,罗马酋开廓苏降。

甲辰春,诸王大会于也只里河。

夏五月,中书令耶律楚材卒。察罕围宋寿春府,不克。宋寿春兵从海道寇胶、密诸州。至是,大兵突至树栅,以遏援师。宋将刘雄飞坚守,不下。

冬十月,高丽国遣使奉表来觐。

是年,并岢岚、宁化、楼烦三县入管州。

乙巳秋,察罕率步骑三万,与张柔再攻寿春,进至扬州,宋制置使赵葵请和,乃班师。

九月,宋裨将刘整陷镇平县。

是年,贝住克凯辣脱城,遵太宗遗命,以其地与汤姆塔。

史臣曰:太宗宽平仁恕,有人君之量。常谓即位之后,有四功、四过:灭金,立站赤,设诸路探马赤,无水处使百姓凿井,朕之四功;饮酒,括叔父斡赤斤部女子,筑围墙妨兄弟之射猎,以私憾杀功臣朵豁勒,朕之四过也。然信任奥都拉合蛮,始终不悟其奸,尤为帝知人之累云。

新元史卷五
本纪第五

定　宗

定宗简平皇帝，讳贵由，太宗长子也。母曰昭慈皇后，乃马真氏。生于太祖元年丙寅。

太宗五年，以皇子与诸王按赤带将左翼军讨蒲鲜万奴获之，辽东平。

七年，诸王拔都讨奇卜察克、斡罗斯诸部，太宗以敌据坚城不易下，命帝与诸王之长子贝达尔、不里、蒙哥等及皇弟阔列坚俱从行，所向克捷。

十一年，帝与蒙哥攻阿速部之蔑怯思都城。城险固，围三月不下，乃选敢死士十人，蹑云梯而上，始克之。帝又与不里等别将一军，与拔都大军会于杜恼河。

十二年冬，拔都渡河，取格兰城，帝驻河东，为拔都后援。

十三年春二月，太宗崩，昭慈皇后与诸王、大臣会议，立帝为嗣。皇后临朝称制，俟帝返然后归政。

明年壬寅，为皇后称制之元年，春三月，太宗凶问至军中，全军东返。拔都至浮而嘎河，散遣诸军。帝先归奔丧。

癸卯夏，诸王斡赤斤以大众趋和林，人心震骇。皇后遣斡赤斤之子往诘其父。斡赤斤闻大军东返，帝已至叶密尔河，乃曰："吾来视丧，非有他也。"遂引众还。

甲辰，帝至和林，皇后屡召拔都。拔都与帝有隙，又以帝之立出皇后意，非太宗遗命，托足疾迁延不至。久之，遣其弟与子来会。

初，帝与拔都等宴军中。拔都自以年长，先饮酒，帝诟之。拔都遣使诉其事于太宗，太宗大怒，欲谪帝为探马赤，置于边远之地。诸王忙该及阿勒赤歹、晃豁儿台、掌吉等谏曰：“成吉思汗有训，内事只家中断，外事只野外断。此外事，请付拔都治之。”太宗从之。事得解，然拔都终与帝有隙焉。

乙巳，皇后以拔都不至，乃召诸王、诺延，会于答兰答八思之地，定议以帝嗣位。

元年丙午秋七月，帝即位于汪吉宿灭秃里之地。斡罗斯、罗姆、角儿只、法儿斯、克而漫、瓦夕斯诸国皆来朝。报达之哈里发、天主教之教王，及木剌夷、阿勒坡诸国，皆遣使来贺。帝锡赍优渥，凡后妃、公主、诸王、大臣及其家之子弟皆有赐，将士赐及其家，朝贺者赐及从人。以车五百乘载金帛，颁赐毕，尚有羡余，使群臣夺取以为笑乐焉。帝谕报达使者法克哀丁：“哈里发遇蒙古人无礼，如不悛将兴兵讨之。”木剌夷使者亦不见礼而归。

帝诘斡赤斤称兵之事，使诸王蒙哥、鄂尔达按之，诛其官属数人，宥斡赤斤不问。命中书令杨惟中宣慰平阳。断事官斜彻横恣不法，惟中按诛之。以耶律铸领中书省事。

冬，猎黄羊于野马川。皇太后乃马真氏崩。太后摄政四年，法令废弛，诸王自以敕令征西域货财，使者络驿于道。呼拉商等处长官阿儿浑入觐，尽取前后诸王敕令奏闻，帝申令禁止之。诸王由是敛戢。

奥都拉合蛮伏诛。复以镇海为中书左丞相，以牙剌瓦赤管财赋，以其子马忽惕为突而基斯单、撒马尔干等处长官，赐金狮符。

以察罕经略江淮，赐貂裘一、镔刀十。察罕使权万户史权等伐宋，克虎头关，进至黄州。军前左右司郎中李桢表言：“襄阳乃吴、蜀之要，宋之襟喉，得之则可以为他日取宋之资。”帝嘉纳之。

是年，拔都与大将兀良合台讨孛烈儿、乃捏迷思诸部，平之。

二年春,以忙哥撒尔为断事官。张柔败宋兵于泗州。柔帐下吏夹谷显祖上变,诬柔。逮柔至和林讯之,得实,显祖伏诛。

夏,避暑于曲律淮黑哈速之地。

秋七月,帝西巡。万户郝和尚朝于行宫,帝赐银万锭,和尚固辞,遂赐其将、校刘天禄等金、银符。

八月,命野里知吉带征西域。抽诸王部众十之二,使野里知吉带领之,属国如罗姆,角儿只、毛夕耳、的牙佩壳耳、阿勒坡等皆辖之,收其贡赋以充军实,帝谕野里知吉带曰:“朕将自往,以汝为前锋耳。”诏蒙古户百选一人,充拔都鲁。

九月,取太宗宿卫之半,以也曲门答儿领之。

冬十月,括诸路户口,敢隐实者诛籍之。

是年,皇弟阔端卒。西域妇法玛特以巫蛊术厌阔端,撒马尔干人希雷发其事,阔端临卒亦遣使告于帝为法玛特所害。诏丞相镇海鞫之,法玛特辞伏,处以极刑。未几,又有人告希雷厌禳皇子忽察,希雷亦伏诛。以高丽不入贡,遣兵讨之。

三年春三月,帝不豫,西巡叶密尔河。帝在潜藩,叶密尔河为汤沐地。帝尝谓此地水土宜于朕体,遂决意西巡。未至别失八里,疾大渐,崩于横相乙儿之地。年四十有三。葬起辇谷。追谥简平皇帝,庙号定宗。

帝严重有威,在位未久,不及设施。昭慈皇后称制时,君权下替。帝既立,政柄复归于上。然好酒色,手足有拘挛疾,尝以疾不视事,委镇海、喀达克二人裁决焉。

是年,大将速不台卒。蒙古诸部大旱,河水尽涸,野草自焚,牛羊十死八、九。万户郝和尚因岁饥,输谷千石以赡国用。

帝既崩,皇后斡兀立海迷失不发丧,先赴于拔都及拖雷妃客烈亦氏,请依乃马真氏故事,临朝称制,以俟立君。拔都许之。与诸王、大臣会于阿勒塔克山。

己酉，皇后称制元年，遣使者八拉等会拔都于阿勒塔克山。拔都欲立宪宗，使者还报。皇后与二子忽察、脑忽皆不悦。

庚戌春，诸王、大将再会于阔帖兀阿兰之地，定议，立宪宗。

是年，宋制置使余玠寇兴元、文州，汪德臣、郑鼎拒之。降将王德新据阶州以叛。以李桢为襄阳兵马万户。

史臣曰：定宗诛奥都拉合蛮，用镇海、耶律铸，赏罚之明，非太宗所及。又乃马真皇后之弊政，皆为帝所铲革。旧史不详考其事，谓前人之业自帝而衰，诬莫甚矣。

新元史卷六
本纪第六

宪　宗

宪宗桓肃皇帝，讳蒙哥，睿宗拖雷之长子也。母曰显懿庄圣皇后，客烈亦氏。生于太祖三年戊辰十二月三日。有晃忽答部人知天象，言帝后必大贵，故以蒙哥名之。蒙哥，译义长生也。太宗在潜邸，养以为子，使昂灰二皇后抚之。睿宗卒，始命帝归藩。

太宗七年，从拔都讨奇卜察克、斡罗思诸部。九年，入奇卜察克，其别部酋八赤蛮败遁，匿于浮而嘎河林中。帝入林搜捕，见空营一病妪在焉。讯之，则八赤蛮已遁于宽田吉思海岛。时北风大作，海之北岸水浅，遂渡水，出其不意擒之。帝命之跪，八赤蛮曰："我一国之主，岂图苟活。且我非驼，何以跪为？"帝囚之。八赤蛮谓守者曰："我窜于海岛，与鱼何异。然卒见擒，天也！今水回期将至，汝等宜早还。"守者白于帝，即日班师，而水已至，后军有浮渡者。八赤蛮请受刃于帝，帝命皇弟拨绰斩之。

与拔都等进攻斡罗斯之勒冶赞城，帝躬自搏战，克之。

十一年春，又与定宗攻拔阿速之蔑怯思城。

十二年，围斡罗斯计掖甫城。帝遣使谕降，城人杀使者，帝怒，昼夜力攻，克之，尽屠其众。

太宗崩，诸军东返。定宗即位，命帝屯六盘山，控制秦陇，为伐蜀之计。

定宗崩，皇后斡兀立海迷失临朝称制，拔都与诸王、大将会于阿勒塔克山，议立君。皇后遣使者帖木儿来会。至者西方诸王忽必烈、阿里不哥、末哥，东方诸王也孙格、塔察儿、帖木迭儿、也速不花及大将兀良合台、速你带、忙哥撒儿数人。时大将野里知吉带自西域至，建议遵太宗之命，立失烈门。皇弟忽必烈作而言曰："太宗既欲立失烈门，而汝等辅立定宗，岂太宗命耶？阿克塔隆为太祖爱女，即有罪，宜会诸王、哈屯定谳，乃不问而杀之，又岂太祖、太宗法耶？今日之事，奈何以太宗之命为辞！"闻者语塞。初，太祖分部众于子弟，睿宗以幼子，所得独多，故诸将多睿宗旧部。睿宗卒，帝兄弟尚幼，事皆决于庄圣皇后。后有才智，能御众，又与拔都善，故众皆属意于帝。时又有建议者，谓拔都最长，当立。拔都不可。众曰："王既不肯自立，请王审择一人，以定大计。"拔都曰："吾国家幅员甚广，非聪明睿智、能效法太祖者，不可为主。我意在蒙哥。"众应曰："然。"帝固让，皇弟末哥曰："众谓拔都言是听，今奈何不从。"拔都曰："末哥言是也。"议遂定。

皇后又遣使告于拔都，会议宜在东，不宜在西，且诸王未集，不能定议。拔都曰："太祖、太宗大业未可轻授，今帝位已定，请屈意相从。明年再会于东方可也。"使其弟伯勒克、脱哈帖木儿将大军卫帝而东，拔都自驻于西，以备非常。

元年辛亥春，诸王、大将再会于阔帖兀阿兰之地。太宗、定宗诸子及察合台子也速蒙哥皆不至。拔都遣使者劝之，仍不纳。于是伯勒克等请于拔都，拔都乃申令于众，有梗议者以国法从事。西方诸王别儿哥、脱哈帖木儿，东方诸王也古、脱忽、也孙格、按只带、塔察儿、也速不花暨西方大将班里赤等皆至，乃诹日奉帝即位焉。

夏六月，帝即位于斡难河、克鲁伦河之间。追尊皇考拖雷为帝，尊客烈亦氏为皇太后。即位日，诸王列于右，诸哈屯、公主列于左，皇弟七人列于前，文臣以孛尔该为班首，武臣以忙哥撒儿为班首。礼成，大宴七日。既而，御者克薛杰上变，言：骡逸，自出追之，遇车马甚众。一车折辕，误以克薛杰为同行者，使助其缚辕。见车中有藏甲，讶而问之。御者曰：尔车亦如此，何问为。更问他车御者，乃知失烈门、忽察、脑忽三王欲乘宴会作乱。帝秘其事，命忙哥撒儿以兵逆之，止三王卫士，使各从二十人，献九白之贡。翌日，帝亲诘失烈门等，皆不承。考讯失烈门从官，始吐实，而自刭以死。复命忙哥撒儿穷治失列门等党羽太祖功臣也孙帖额、掌吉、爪难、合答、曲怜、阿里出等及野里知吉带之二子，皆坐诛，死者七十人。诸王也速蒙哥、不里后期不至，遣大将卜怜吉解屯兵备之。

帝遂更改庶政，命皇弟忽必烈总治漠南诸路军民，开府于金莲川；以忙哥撒儿为断事官；以孛尔该为大必阇赤，掌宣发号令、朝觐贡献及内外闻奏诸事；以晃忽儿留守和林，阿兰答儿副之；以牙刺瓦赤、卜只儿、斡鲁不、睹答儿等充燕京等处行尚书省事，赛典赤、匿昝马丁佐之；以讷怀、塔刺海、麻速忽等充别失八里等处行尚书省事，暗都刺兀尊，阿合马、也的沙佐之；以阿儿浑充阿母河等处行尚书省事，法合鲁丁、匿只马丁佐之。以察罕、也柳干总两淮等处蒙古、汉军，以带答儿统四川等处蒙古、汉军，以和里解统吐番等处蒙古、汉军，皆仍前征讨。封克薛杰为答刺罕。命僧海云掌释教事，道士李真常掌道教事。

颁便益事宜于国中：凡朝廷及诸王滥发牌印，诏命尽收之；诸王驰驲，许乘三马，远行亦不得过四马；诸王不得擅招民户；诸官属不得以朝觐为名赋敛民财；输粮者许于近仓输之。罢筑和林城夫役五千人。依太祖、太宗旧制，免耆民及释、道等教之丁税，惟犹太教不预此例。改定西域税则，牛、马百税一，不及百者免。代偿定宗及皇后、皇子亏欠商货银五十万锭。

秋，察罕入觐，命以都元帅兼领尚书省事。

冬十一月，皇弟忽必烈入觐。帝闻西夏人高智耀名，召见之。从智耀言，免海内儒士徭役，无有所与。

是冬，执野里知吉带于八脱吉斯之地，命拔都诛之。以僧那摩为国师，总领天下释教。

二年春正月，帝幸失灰之地。命皇弟旭烈兀讨木剌夷，以乃蛮人怯的不花为前锋。皇太后客烈亦氏崩。置经略司于汴，以忙哥、史天泽、杨惟中、赵璧等为经略使，屯田唐、邓诸州。

二月，察罕攻宋随、郢、安、复等州，与宋将马荣战于大脊山。

三月，命东平万户严忠济立局，制冠冕、法服、钟磬、仪伏，肄习之。

夏四月，帝驻跸和林。定宗皇后斡兀立海迷失及失烈门母以厌禳事觉，命忙哥撒儿鞫治得实，并赐死。以忽察、脑忽、失烈门三王，皆由其母煽惑，免死。谪忽察于苏里该之地，脑忽、失烈门于没脱赤之地。禁锢和只、纳忽、孙脱等于军中。定太宗子孙分地：合丹居别失八里，蔑里居也儿帖石河，海都居海押立，别里哥居曲儿只，脱脱居叶密立，蒙哥都及太宗皇后乞里吉忽帖尼居阔端太子分地之西。仍以太宗皇后、诸妃资产分赐诸王。遣贝剌至察合台藩地，逮治违命诸臣。乞儿吉思、谦谦州等处，皆遣兵巡察。命察合台孙忽剌旭烈杀也速蒙哥，代其位。忽剌旭烈未至而卒，其妃倭耳干纳杀也速蒙哥，自为监国。以太宗子不里付海都杀之。定宗用事大臣喀达克等并伏诛。

六月，皇弟忽必烈入觐。

秋七月，命忽必烈征大理，塔塔儿台撒里、秃儿花撒征印度。诏谕宋荆南、襄阳、樊城、均州诸守将，使来附。

八月庚申，帝始以冕服拜天于日月山。癸亥，帝用孔元措言，合祭昊天、后土，作神牌，以太祖、睿宗配。是月，忽必烈次临洮，请城利州以为取蜀根本。

冬十月，汪德臣掠宋成都，薄嘉定，为宋将余玠所却。命诸王也古讨高丽。帝猎于月帖古忽兰之地，堕马，伤臂，不视朝百余日。

十二月戊午，大赦天下。以帖哥出、阔阔术等掌帑藏，孛阑合剌孙掌斡脱，阿剌忽掌祭祀、医巫、卜筮，阿剌不花副之，只儿斡带掌驿传。徙工匠五百户修行宫。是年，籍汉地户口。印度遣使入贡。

三年春正月，汪德臣城利州、阆州，分兵屯田，宋人不敢侵轶。帝猎于怯蹇察罕之地。诸王也古以怨袭诸王塔察儿营。帝遂会诸王于斡难河北。罢也古征高丽兵，以札剌儿带为征东元帅。遣必阇赤别儿哥括斡罗思户口。帝大封同姓，命皇弟忽必烈于河南、陕西自择其一，忽必烈愿有陕西，遂受京兆分地。

三月，察罕攻宋海州，败宋将王国昌于城下，获都统一人。

六月，命兀良合台从皇弟忽必烈征大理，皇弟旭烈兀征报达。又命撒里等征印度斯单、克什米尔，受旭烈兀节度。撒里等由克什米尔入印度斯单界，大掠而还。帝幸火儿忽纳要不儿之地，诸王拔都遣使乞买珠银万锭，帝以千锭赐之，仍谕曰："太祖、太宗之财，费用如此，何以给诸王之赐，王宜详审之，此银就充岁赐之数。"

秋八月，帝幸军脑儿，以忙哥撒儿为万户，哈丹为札鲁花赤。

九月，忽必烈次忒剌之地。分兵三道：兀良哈台由西道，诸王抄合、也只烈由东道，忽必烈由中道以进。

冬十月，忽必烈渡金沙江，摩挲蛮酋唆火鲁迎降。

十二月，忽必烈入大理。帝幸汪古部。命诸王也古与洪福源征高丽，攻拔禾山、东州、春州等城。

是年，怯的不花入苦亦斯单，进至塔密干，攻吉儿都苦堡，木剌夷酋遣兵援之。忙哥撒儿卒。忙哥撒儿莅事严，人多怨之，帝为下诏慰谕其子。

四年春二月，宋将余晦城紫金山，汪德臣大败之，夺其城。

三月，释宋使王元善南归。帝猎于怯蹇察罕之地。

夏，帝驻跸于月儿灭怯土。札剌儿带至军中，也古罢归。

秋七月，诏官吏赴朝廷，理算钱粮者许自首不公，仍禁以后浮费。兀良合台攻乌蛮赤押城，拔之。大理酋段智兴降。

秋八月，皇弟忽必烈至自大理，驻于桓、抚二州。

冬十一月，城光化军，帝大猎于也灭干哈理察海之地。是年，会诸王于颗颗脑儿之西，祭天于日月山。初籍新军。帝令大臣，求可以慎固封守、娴于交略者。擢史枢征行万户，配以真定、相、卫、怀、孟之兵，使屯于唐、邓二州。张柔移屯亳州，自亳筑甬道属汴堤，以通商贾之利。诏柔率山前八军城亳州。宋均州总管孙嗣宗遣人赍蜡书请降。诏权万户史权以精兵援之。宋骁将钟显、王梅、杜柔、袁师信各率所部来降。

五年春，定汉民科差包银额征四两，以半输银，半折丝绢、颜料等物。

夏，帝驻跸月儿灭怯土。

秋九月，张柔会都元帅察罕于符离，筑横江堡，兼立水栅，以通陈、蔡、颍、息之路。

是年，史枢败宋舟师于汉水之鸳鸯滩。兀良合台攻鲁鲁厮、阿伯等部，降之。改命札剌儿带、洪福源征高丽。马步军都元帅兼领尚书省事察罕卒。权真定等路万户史天安卒。

六年春正月，帝会诸王、百官于月儿灭怯土，大宴六十余日，赐金帛有差，仍定拟诸王岁赐之数。忽必烈奏请续金内地汉军，从之。

夏四月，驻跸答密儿之地。

五月，幸昔剌斡鲁朵。

六月，大白昼见。幸斛亦儿阿塔之地。诸王也孙格、驸马也速儿等请伐宋，帝亦以宋人囚使者月里麻思，会议讨之。太宗末，月里麻思使于宋，宋人囚之，至是已十六年。

秋七月，诸王塔察儿、驸马帖里该率所部过东平，掠民羊豕。帝闻之，遣使按问其罪。由是诸军敛戢无犯者。冬，帝驻跸阿塔哈帖乞儿蛮之地。以阿母河回回降户分赐诸王、大将。旭烈兀率怯的不花、布帖木儿等分三道进兵，木剌夷酋兀克乃丁请降。帝以木剌夷人凶悍，命旭烈兀悉诛之。兀克乃丁入朝，亦杀之于中途。

十二月，城枣阳军。

是年，大理酋段智兴及素丹诸部长来觐。兀良合台讨乌、白蛮三十七部，悉平之，遂自昔八儿之地还重庆，败宋将张实。赐兀良合台金缕织文衣一袭、银五千两，赉军士彩帛二万四千匹。始建城郭、宫室于桓州东、泺水北之龙冈。

七年春，帝幸忽兰也儿吉之地。诏诸王出师伐宋。命阿蓝答儿行省事于京兆，刘太平佐之，钩考陕西诸路财赋。皇弟忽必烈固请率妃主入觐。董文蔚攻宋襄阳、樊城，与宋将高达战于白河。

夏六月，谒太祖行宫，祭旗鼓，复会诸王于怯绿怜之地，还幸月儿灭怯土。兀良合台奏请依汉故事，以西南夷悉为郡县，从之。以刘时中为宣抚使，加兀良合台大元帅，还镇大理。

秋，驻跸于军脑儿，酾马乳祭天。

九月，以驸马纳陈之子乞觧为达鲁花赤，镇守斡罗斯，仍赐马三百匹、羊五千匹。回鹘献水精盆、珍珠伞等物，值三万余锭。帝曰："方今百姓疲敝，所急者钱耳。朕独有此何为？"命却之。赛典赤以为言，帝稍偿其值，禁勿再献。诸王塔察儿率诸军伐宋，围樊城，会霖雨连月，遂班师。

冬十一月，兀良合台伐安南，入其都城。安南国王陈日煚遁入海岛，遂大享战士而还。

十二月，帝渡漠南，驻跸于玉龙栈赤，皇弟忽必烈、阿里不哥及诸王八里土、玉龙塔失、昔烈吉、出木哈儿，公主脱灭干来迎。帝见忽必烈，相对泣下，不令有所白而止。

是冬，皇弟旭烈兀至报达，克其乞里茫沙杭城。

八年春正月朔，幸也里本朵哈之地，受朝贺。

二月，陈日煚传国于长子光昺，遣其陪臣阮学士来贡方物，兀良合台送诣行在。旭烈兀平报达，获哈里发木司塔辛，杀之，遣使来献捷。帝猎于也里海牙之地，遂自将伐宋，命阿里不哥留守和林，阿兰答儿辅之，命张柔从忽必烈攻鄂州，以趋临安，塔察儿攻荆山以分兵力。又命兀良合台自云南进兵，会于鄂州。纽邻败宋师于灵泉山，进攻云顶山堡，克之。成都府彭、汉、怀安、绵等州及威、茂诸蕃悉降，以纽邻为都元帅。帝自东胜渡河。命参知政事刘太平括兴元户口。高丽质子王綧谮洪福源，帝召福源杀之。

夏四月，帝驻跸六盘山，召见诸路守令，丰州千户郭燧奏请城金州，从之。是时军四万，号十万，分三道而进：帝由陇州入大散关，诸王末哥由洋州入米仓关，孛里察万户由渔关入沔州。以明安答儿为太傅，守京兆。诏征益都行省李璮兵。璮奏益都南北要冲，兵不可撤，从之。

五月，皇子阿速带因猎伤民稼，帝责之，挞近侍数人。士卒有拔民葱者，斩以徇。由是大兵所至，秋毫无犯。

秋七月，留辎重于六盘山。帝自将大军出宝鸡，攻重贵山，所向克捷。

八月辛丑，李璮与宋人战于涟水，大败之。

九月，帝进驻汉中。纽邻率众渡马湖江，获宋将张实，遣实招谕苦竹隘。实入城，与宋将杨立坚守。行北京七路兵马都元帅府事史天祥卒。

冬十月壬午，帝次宝峰。癸未，幸利州，观其城堑浅恶，以汪德臣能守，赐卮酒奖谕之。遂渡嘉陵江，至白水江，命德臣造浮梁以济，进次剑门。戊子，遣史枢攻苦竹隘，裨将赵仲开门出降，诏赐仲衣帽，迁于重庆。己亥，获张实支解之。赐汪德臣玉带，留精兵五百守之。遣使招谕龙州。帝驻跸高峰。庚子，围长宁山，守将王佐等出战，败之。

十一月己酉，帝督诸军，先攻鹅顶堡。壬子，与宋师战于望春门，败之。宋知县王仲出降。是夜，克鹅顶堡，以彭天祥为达鲁花赤守之。诸王末哥、塔察儿等略地还，俱引兵来会。丙辰，进攻大获山，遣王仲招守将杨大渊，大渊杀之。帝怒，督诸军力攻，大渊遂以城降，授大渊为都元帅。庚午，帝驻跸和溪口。是月，宋龙州降。

十二月，杨大渊与汪德臣分攻相如等县。纽邻攻简州不克。乙酉，帝次于运山，宋守将张大悦降。进至青居山，其裨将刘渊等杀都统段文鉴降。丁酉,隆州降。己亥,大良山守将蒲元圭降。诏诸军毋俘掠。癸卯,克雅州。石泉山守将赵顺降。甲辰,遣降人晋国宝招谕合州守将王坚,坚固守不下。

是年,兀良合台徇宋内地,连克静江府、辰、沅等州,进围潭州。皇子辨都卒。

九年春正月乙巳朔,帝驻跸重贵山北,置酒大会,因问群臣曰:“今在敌境,天将暑,汝等谓可居否乎?”脱欢曰:“南土瘴厉,车驾宜早还,新俘户口委官吏治之可也。”八里赤曰:“脱欢怯,臣请居之。”帝称善。戊申,晋国宝还至峡口,王坚追杀之。诸王末哥进攻渠州礼义山,曳刺秃鲁雄攻巴州平梁山。丁卯,杨大渊攻合州,俘男女八万余。是月,大兵克利州。隆庆、顺庆诸府,蓬、阆、广安守将相继降。命浑都海以兵二万守六盘山,乞台不花守青居山,纽邻造浮梁于涪州之蔺市,以杜援兵之路。

二月丙子,帝自鸡爪滩渡江,直抵合州城下。辛巳,攻一字城。癸未,攻镇西门。

三月,攻东新门及奇胜门、镇西门诸堡。

夏四月丙子,大雷雨,凡二十日。乙未,攻护国门。宋将吕文德以艨艟千余,溯嘉陵江而上,命史天泽击败之。六月丁巳,汪德臣选敢死士夜登外城,会大雨,梯冲尽折,后军不克进而止。是日,德臣感疾卒。帝不豫。

秋七月,留兵三千围合州,余众悉攻重庆。癸亥,帝崩于钓鱼山,年五十有二。史天泽等奉梓宫北还,葬起辇谷。庙号宪宗,追谥桓肃皇帝。

帝沈断寡言,不喜侈靡。太宗朝群臣擅权,政出多门。至是,凡诏令皆帝手书,更易数四,然后行之。御群臣甚严,尝谕左右曰:“汝辈得朕奖谕,即志气骄逸,灾祸有不立至者乎?汝辈其戒之。”然酷信巫觋卜筮之术,凡行事必谨叩之无虚日,终不自厌也。

史臣曰：宪宗聪明果毅，内修政事，外辟土地，亲总六师，壁于坚城之下。虽天未厌宋，赍志而殂，抑亦不世之英主矣。然帝天资凉薄，猜嫌骨肉，失烈门诸王既宥之而复诛之。拉施特有言：蒙古之内乱，自此而萌，隳成吉思汗睦族固本之训。呜呼，知言哉！

新元史卷七

本纪第七

世祖一

世祖圣德神功文武皇帝，讳忽必烈，睿宗第四子，宪宗同母弟也。以太祖十年乙亥秋八月乙卯生。

太祖十九年春，自西域班师，至乃蛮境阿拉马克委之地，帝与皇弟旭烈兀来迎，帝射一兔，旭烈兀射一山羊。国俗：童子初猎禽兽，以血染长者拇指。旭烈兀持太祖手，用力重。太祖曰："尔用力如此，吾为尔耻之。"帝则捧太祖之手，轻拭之。太祖甚悦。及长，仁明英睿，事庄圣皇后以孝闻。

在潜邸，征名儒窦默、姚枢、许衡等，询以治道，思大有为于天下。蒙古兴垂六十年，至帝始延揽文学之士，待以殊礼焉。

宪宗即位，诏漠南、汉地军国之事，悉听帝裁决，开府于金莲川得专封拜。邢州为帝分地，后又分二千户为功臣食邑，民不堪命，诣王府诉之。刘秉忠、张文谦言于帝曰："邢州户本万余，军兴以来，不满数百，得良吏抚之，责以成效，使四方取法，则天下皆受王之赐矣。"帝从之，以脱兀脱、张耕为邢州安抚使，刘肃为商榷使，轻徭薄赋，期年户增数倍。自是，帝益以儒者为可用。

二年，帝移驻桓、抚二州，时牙剌洼赤、布智儿等行燕京中书省事，一日杀二十八人。其一人，已杖而释之，有献环刀者，复追还，斩其人以试刃。帝闻其事，召布智儿责之曰："凡死罪宜详谳而后行刑，今一日杀二十八人，必多冤滥；况既杖而后斩之，此何刑也？"布智儿惶恐谢罪。帝请置经略司于汴京以图宋，置都转运司于新卫，以济军储。宪宗并从之。夏六月，觐宪宗于曲先脑儿，奉命征云南。秋七月丙午，祃牙出师。

三年，宪宗大封同姓，敕帝河南、京兆自择其一，帝愿受京兆分地。奏割河东解州盐池供军饷，令民受盐入粟，转漕嘉陵。又奏置宣抚司于京兆，以孛兰奚、杨惟中为使，关、陇大治。

秋八月，帝自六盘山次临洮。

九月壬寅，帝次忒剌，分三道以进：大将兀良合台出西道，诸王抄合、也只烈出东道，帝自将大军出中道，留辎重于满陀城。

冬十月，经西番界至金沙江，乘革囊以济，摩娑二部酋，唆火脱因、塔里马迎降。

十一月辛卯，遣玉律术、王君侯、王鉴等谕大理。辛丑，白蛮酋阿塔剌降。

十二月丙辰，围大理城。初，大理酋段兴智微弱，国事皆决于高祥。是夜，祥率所部遁去。帝入城，谓左右曰："城破，而玉律术等不出，其人必死矣。"诸将以大理杀使者，欲屠城。张文谦言于帝曰："此高祥所为，非民之罪，请宥之。"帝乃使姚枢裂帛为旗，书止杀之令，由是一城获免。辛酉，分兵攻龙首关，次赵脸。癸亥，获高祥。祥不屈，斩之。时白日当午，云起雷震。帝曰："忠臣也。"命以礼葬之。帝承制以刘时中为大理金齿等处宣抚使，留兀良合台讨鲁鲁厮、阿伯诸部，自率诸将班师。

四年夏五月，帝辟暑于六盘山。秋八月，驻桓、抚二州，冬驻金莲川。

五年冬，驻奉圣州。

六年春三月，命刘秉忠建城郭于桓州东、滦水北，后名为开平府。冬，移驻合剌八剌合孙之地。

七年春，宪宗命阿蓝答儿、刘太平钩考京兆、河南财赋，推验经略，宣抚两司官吏。帝闻之，不悦，用姚枢言，率妃主以下入朝。冬十二月，觐宪宗于也可迭烈孙之地，宪宗与帝皆泣下，不令帝有所白而止。遂议分道伐宋。

八年冬十一月戊午，帝祃牙于开平。

九年春二月，会诸王于邢州。

夏五月，次小濮州，征宋子贞、李昶，访问得失。

秋七月甲寅，次汝州，以大将拔都儿为前锋，戒勿妄杀。以杨惟中、郝经宣抚江淮，乌古论贞督饷蔡州。兵有犯法者，贞缚送有司，帝即斩之。由是将士肃然，无敢违命者。

八月丙戌，渡淮。辛卯，入大胜关，分遣张柔入虎头关。壬辰，帝次黄陂。时淮民被俘者众，帝悉宥之。庚子，诸将荼忽解得宋沿江制置司榜，有云：今夏谍者闻北兵会议，取黄陂民船，由阳逻堡济江会于鄂州。帝曰："吾前无此意，能如其言吾所愿也。"辛丑，帝次于江北。

九月壬寅，诸王穆哥自合州遣使，以宪宗凶问告，且请北归。帝曰："吾奉命南征，岂可无功而返。"甲辰，登香炉山，俯大江，江北为阳逻堡，其南岸曰许黄洲，宋人严兵守之，列战船江中，军容甚盛。董文炳率死士鼓棹疾趋，诸将分三道继之，宋兵败遁。文炳麾众登南岸，使其弟文用轻舟报捷。帝问战胜状，因举鞭仰指曰："天也。"丁未，帝济江，驻许黄洲。己酉，次鄂州。庚戌，围城。帝谓张柔曰："吾犹猎者，不能禽圈中豕野猪以供汝食，汝破圈取之可也。"柔作鹅车洞火其城，别遣勇士先登，城垂克。会宋将高达来援，引兵入，复坚守不下。

冬十月辛未朔，帝驻龟山。

十一月丙辰，移驻牛头山。兀良合台至潭州，遣使来告。命也里蒙哥以兵援之，且加劳问。时宪宗用事大臣阿蓝答儿、浑都海、脱火思、脱里赤等惮帝英明，谋立皇弟阿里不哥。阿蓝答儿乘传发兵，去开平百余里，皇后遣使谓之曰："发兵大事也，太祖皇帝曾孙真金在此，何故不令知之？"阿蓝答儿不能对。后又闻脱里赤已至燕京，乃遣脱欢爱莫干驰告于帝，请早还。丁卯，发牛头山，声言以大兵趋临安，留大将拔都儿围城。

闰月庚午朔，还驻青山矶。辛未，张文谦获降民二万北归。宋制置使贾似道遣使求和，请输岁币。帝令赵璧等语之曰："汝以生灵之故，来求和好。其意甚善。然我奉命南征，岂能中止？果有事大之心，请命于朝廷可也。"是日，帝班师。及至襄阳，高丽世子倎来迎。帝曰："唐太宗亲征高丽，不能服。今其世子自来归我，此天意也。"己丑，车驾至燕京。脱里赤方括民兵，帝悉纵之，民大悦。

中统元年春三月戊辰朔，车驾至开平府，哈丹、阿只吉率西路诸王，塔察儿、也先哥、忽刺忽儿、爪都率东路诸王来会，偕文武大臣劝进。帝三让，诸王、大臣固请。辛卯，即皇帝位。遣高丽世子倎归，以兵送之，仍敕高丽境内。

夏四月戊戌朔，八春、廉希宪、商挺为陕西四川等路宣抚使，赵良弼参议司事，粘合南合、张启元为西京等处宣抚使。己亥，诏谕高丽国归其俘与逃户。辛丑，诏曰：

朕惟祖宗肇造区宇，奄有四方，武功迭兴，文治未洽，五十余年于此矣。盖时有先后，事有缓急，天下大业，非一圣一朝所能兼备也。先皇帝即位之初，风飞雷厉，将大有为。忧国爱民之心虽切于己，尊贤使能之道未得其人。方董夔门之师，遽遗鼎湖之泣。岂期遗恨，竟弗克终。

肆予冲人，渡江之后，盖将深入焉。乃闻国中重以佥军之扰，黎民惊骇，若不能一朝居者，予为此惧，驿骑驰归。目前之急虽纾，境外之兵未戢。乃会群议，以济良规。不意宗盟，辄先推戴。咸谓国家之大统不可以久旷，神人之重寄不可以暂虚。求之今日，太祖嫡孙之中，先皇母弟之列，以先以长，止予一人。虽在征伐之间，每存仁爱之念，博施济众，实可为天下主。天道助顺，人谋与能。祖训传国大典，于是乎在，孰敢不从。朕峻辞固让，至于再三，祈恳益坚，誓以死请。于是俯徇舆情，勉登大宝。自惟寡昧，属时多艰，若涉渊冰，罔知攸济。爰当临御之始，宜新宏远之规。祖述变通，正在今日，虽承平未易遽臻，而饥渴所当先务。禁约诸路管军头目人等，凡事一新，毋循旧弊。若军前立功者，速行迁赏，例从优渥。外用进奉军前克敌之物，及斡脱拜见撒花等物，并行禁绝。今后应科敛差发，斟酌民力，期于均平安静，俾吾民共享室家之乐。鳏寡孤独不能自存者，所在官司于官仓内优加赈恤。五岳四渎、名山大川、历代帝王及忠臣烈士载于祀典者，官吏岁时致祭。

呜呼，历数攸归，钦应上天之命，勋亲斯托，敢忘列祖之规？体极建元，与民更始。朕所不逮，更赖我远近宗亲、中外文武，同心协力，献可替否之助也。诞告多方，体予至意。

丁未，遣翰林侍读学士郝经、礼部郎中刘人杰使于宋。丙辰，帖木儿、李舜钦等行部考课各路诸色工匠。乙丑，征诸道兵宿卫京师。置互市于涟水军，禁私商越境，犯者死。是月，阿里不哥僭号于和林。

五月戊辰，命燕帖木儿、忙古带节度黄河以西诸军。丙戌，建元中统，诏曰：

祖宗以神武定四方，淳德御群下。朝廷草创，未遑润色之文；政事变通，渐有纲维之目。朕获缵旧服，载扩丕图，稽列圣之洪规，讲前代之定制。建元表岁，示人君万世之传；纪时书王，见天下一家之义，法《春秋》之正始，体大《易》之乾元。炳焕皇猷，权舆治道。可自庚申年五月十九日，建元为中统元年。

惟即位体元之始，以立纲陈纪为先。朕宵衣旰食，孜孜求治。然天下之大，万事之众，岂能遍知。自今凡政令之未便，人情之未达，朝廷得失，军民利害，有上书陈言者，皆得实封呈献。若言不可采，并无罪责；如其可用，朝廷优加迁赏，以旌忠直。军人临阵而亡，及被伤而死者，仰各管头目用心照管，仍仰各路宣抚使量给衣粮优恤其家。百姓犯死刑者，州府审问狱成，便行处断，则死者不可复生，断者不可复续，万一差误，悔将何及。今后仰所在官司推问得实，具事情始末及断定招款，申宣抚司再行审复无疑，呈省闻奏，待报处决。

甲午，以阿里不哥反，赦天下，诏曰：

> 朕获承丕祚，已降德音。不期同气之中，俄有阋墙之侮。顾其冲幼，敢启兹谋，皆被凶谗，相济以恶。朕惟父子兄弟之亲，宗庙社稷之重，遣使敦谕，至于再三。乱党执迷，曾无少革。以致宗族咸怒，戈甲载兴。重念兵方弭而复征，民甫休而再扰，危疑未释，反侧不安，诖误者至及于无辜，拘囚者或生于不测，非朕本意，衋然伤心。宜推旷荡之恩，普示哀矜之意。於戏，悛心或启，忍加管蔡之刑；内难既平，式续成康之治。

乙未，立十路宣抚司：赛典赤、李德辉为燕京宣抚使，徐世隆副之；宋子贞为益都济南等路宣抚使，王磐副之；河南路经略使史天泽为河南宣抚使；杨果为北京等路宣抚使，赵昞副之；张德辉为平阳太原路宣抚使，谢瑄副之；孛鲁海牙、刘肃并为真定路宣抚使；姚枢为东平路宣抚使，张肃副之；张文谦为大名彰德等路宣抚使，游显副之；粘合南合为西京路宣抚使，崔巨济副之；廉希宪为京兆等路宣抚使。汪惟正为巩昌等处便宜都总帅，虎阑箕为巩昌元帅。敕："科放差发，分三限送纳，其三限宽期展日，务令百姓易输。"

六月，戊戌，李璮为江淮大都督。刘太平等谋反，事觉，伏诛。浑都海举兵反。壬子，诏陕西四川宣抚司八春节制诸军。乙丑，信苴段实为大理国总管。是月，召真定刘郁，邢州郝子明，彰德胡祗遹，燕京冯渭、王光益、杨恕、李彦通、赵和之，东平韩文献、张昉等，乘传至开平府。高丽王倎遣其子僖来贺即位，赐倎国王印及虎符。

秋七月癸酉，立行中书省于燕京，行六部，祃祃为中书丞相，王文统、赵璧为平章政事，张易为参知政事。王鹗为翰林学士承旨兼修国史。河南路宣抚使史天泽兼江淮诸翼军马经略使。丙子，造中统元宝交钞。立互市于颍州、涟水、光化军。帝自将讨阿里不哥。

八月丁未，诏都元帅纽璘所过毋擅捶官吏。己酉，立秦蜀行中书省，廉希宪为中书右丞、行省事。

九月丁卯，帝驻跸转都儿哥。以阿里不哥违命，诏谕中外。己巳，高丽国遣使贺改元。阿蓝答儿举兵反，与浑都海兵合。壬午，诸王合丹、合必赤与汪良臣等合兵讨阿蓝答儿、浑都海。丙戌，阿蓝答儿、浑都海伏诛，陇右悉平。

冬十月癸丑，初行中统宝钞。

十二月丙申，遣礼部郎中孟嘉、礼部员外郎李文俊使安南。乙巳，帝至自和林，驻跸燕京近郊。赐亲王末哥等及先朝皇后帖古伦、兀鲁忽乃妃子银币有差。自是，岁以为常。

二年春正月己丑，李璮败宋兵于涟水。

二月己亥，宋兵复攻涟水，李璮失利。诏阿术等援之。丁酉，诏行中书省丞相祃祃及平章政事王文统等率各路宣抚使赴开平。丙午，车驾幸察罕脑儿。高丽王倎遣其世子愖来朝。减民间差发。陕西借民钱，以今年税赋偿之。丁巳，李璮败宋兵于沙湖堰。己未，车驾至开平府。

三月，壬戌朔，日有食之。

夏四月己亥，祀天于旧桓州之西北郊。丙午，诏军中所俘儒士，听赎为民。金齿蛮来贡方物，遣兵部郎中刘芳赍玺书谕金齿蛮。乙卯，诏十路宣抚使量免民间课程。命宣抚司官劝农桑、抑游惰、礼高年，问民疾苦，举文学才识可以从政及茂才异等，列名上闻，以听擢用，其官职污滥及民之不孝、不悌者，量轻重议罚。丁巳，命平章政事王文统举读史一人，文统以中书详定官周止应其选。辛酉，敕大理、合剌章兵扈从北上者，还其本国。

五月乙丑，崔明道、李全义为详问官，诣宋淮东制置司访问国信使郝经等所在，仍以稽留信使、侵扰疆场诘之。丙寅，命宣抚使姚枢赴省，同议军国调度。戊辰，发浪国来贡方物，赐金币遣之。庚午，封皇弟末哥世子昌童为永宁王。乙亥，东平路管民总管严忠济罢。丙子，东平路经历邢衡坐诬告张易论死。己卯，召见前济南宣抚使宋子贞、真定宣抚使刘肃、河东宣抚使张德辉、北京宣抚使杨果。庚辰，不花、史天泽为中书右丞相，忽鲁不花、耶律铸为左丞相，塔察儿、廉希宪为平章政事，张文谦为右丞，杨果、商挺为参知政事，粘合南合为平章政事、行省北京。庚寅，李祀为翰林侍读学士。壬辰，封诸王木苑为建昌王。

六月癸巳，罢诸路拘孛兰奚。禁诸王擅招民户及征民户私钱。戊戌，诏十路宣抚司并管民官定盐酒税课。己亥，高丽王倎奏请改名禃，遣其世子愖来朝。癸卯，严忠范为东平路行军万户兼管民总管，仍谕达鲁花赤等官并听节制。乙卯，诏："宣圣庙及管内书院，有司岁时致祭，月朔释奠，禁军民侵扰、亵渎，违者罪之。"丙辰，汪良臣同佥巩昌路便宜都总帅，凡军民官并听节制。戊午，诏毋收卫辉、怀孟赋税以偿官借刍粟。庚申，宋泸州安抚使刘整以城降，以整行夔府路中书省兼安抚使，佩虎符。罢金、银、铜、铁、丹粉、锡碌坑冶所役民夫及河南舞阳姜户、藤花户，还之州县。赐大理国总管段实虎符，优诏抚谕之。命李璮领益都路盐课。放工局绣女，听其婚嫁。

秋七月辛酉朔，立军储都转运使司，癸亥，立翰林国史院，王鹗为翰林学士承旨。乙丑，遣使者分祀五岳四渎及后土，凡十有九处，分五道，每岁代祀自此始。万家奴为安抚高丽军民达鲁花赤，赐虎符。丁丑，大司农左三部尚书赛典赤为中书平章政事。壬午，翰林学士阔阔为中书左丞，遣纳速剌丁、孟甲等使安南。乙酉，谕将士大伐宋。诏曰：

朕即位之后，深以戢兵为念，故遣使于宋以通和好。宋人不务远图，伺我小隙，反起边衅，东剽西掠，曾无宁日。诸大臣皆以举兵南伐为请，朕重以两国生灵之故，犹待信使北还，庶有悛心，以成和议。今留而不至者又半载矣。往来之礼遽绝，侵扰之暴不已。彼尝以衣冠礼乐之国自居，当如是乎？曲直之分，灼然可见。今遣王道贞往谕。卿等约会诸将，秋高马肥，水陆分道而进，以为问罪之举。尚赖宗庙社稷之灵，其克有勋。卿等宣布朕心，明谕将士，各当自勉，毋替朕命。

八月丁酉，命开平府官释奠于宣圣庙。庚子，封王禃为高丽国王。辛丑，征李冶为翰林学士。乙巳，颁中统权定条法，诏曰：

事匪前定，无以启臣民视听不惑之心；政岂徒为，必当奉帝王坦白可行之制。我国家开建之始，禁网疏阔，虽见施行，不免阙略。或得于此，而失于彼，或轻于昔，而重于今。以兹奸猾之徒，得以上下其手。朕惟钦恤，期底宽平，乃立九章，用颁十道。据五刑之内，流罪似可删除。除犯死罪者，依条处置外，其余递减一等。决杖不得过一百七。著为令。

初立劝农司：陈邃、崔斌、成仲宽、粘合从中为滨棣、平阳、济南、河间劝农使，李士勉、陈天锡、陈膺武、忙古带为邢洺、河南、东平、涿州劝农使。封万户张柔为安肃公，张荣为济南公。诏陕西四川行省存恤归附军民。诏："自今使臣有矫称上命者，有司不得听受。诸王、后妃、公主、驸马非闻奏，不许擅取官物。"颁斗斛权衡。命刘整招谕夔府、嘉定等处军民。宥宋私商七十五人，还其货，听榷场贸易。仍檄宋边将还北人留南者。

九月丙子，谕诸王、驸马：凡部民词讼，勿擅决，听朝廷处置。癸未，遣阿沙、焦端义抚恤甘肃等路军民。置诸路提举学校官，诏曰：

诸路学校久废，无以作成人才。今拟选博洽多闻之士，以教导之。据王万庆、敬铉等三十人，可充诸路提举学校官。仍选高业儒生教授，严加训诲，务使成材，以备他日选擢之用。

是月，阿里不哥袭败诸王亦孙哥，遂入和林，逾沙漠而南。

冬十月庚寅朔，帝自将讨阿里不哥。庚子，张启元为中书右丞，行中书省于平阳、太原等路。命平章政事赵璧、左三部尚书怯烈门率蒙古、汉军屯燕京近郊。河南屯田万户史权为江汉大都督。壬寅，亳州张柔、归德邸浃、睢州王文干、水军解成、张荣实、东平严忠嗣、济南张宏七万户，各率所部兵赴行在。乙巳，指挥使郑江率千人赴开平。指挥使董文炳率善射者千人由鱼儿泊赴行在。丙辰，平章政事塔察儿率万人由古北口赴行在。

十一月壬戌，诸王合丹等与阿里不哥战于昔木土脑儿，大败之，阿里不哥遁。辛未，复败阿里不哥于阿儿忒之地，其将阿速等降，阿里不哥弃和林西走。癸酉，帝驻跸帖买和来之地。尚书怯烈门、平章政事赵璧兼大都督，率诸军从塔察儿驻北边。罢十路宣抚使,惟存开元一路。丁丑,征诸路宣抚使赴中都。帝移跸速木合打之地。鹰坊阿里沙及其弟阿散坐擅离扈从,论死。

十二月庚寅,封皇子真金为燕王,领中书省事。甲午,帝至开平,放诸路新佥军,中外解严。

三年春正月庚午,罢高丽互市。癸酉,以军兴,敕停公私逋赋毋征。丙戌,江汉大都督史权、鄂州万户张宏彦将兵八千人赴燕京。

二月己丑,李璮举兵反,以涟、海三城献于宋。庚寅,宋兵攻新蔡县。辛卯,始定中外官俸。甲午,李璮陷益都。乙未,诏诸道,以今岁民赋市马。辛丑,李璮寇蒲台。癸卯,平章政事赵璧兼大都督,统诸军讨李璮。甲辰,命水军万户解成、张荣实,大名万户王文干、东平万户严忠范会济南万户张宏、归德万户邸浃、武卫军炮手元帅薛胜,会滨、棣二州。张柔及其子宏范将二千人赴开平。丙午,命诸王合必赤总督诸军,阿只爱不干、赵璧行中书省事于山东,宋子贞参议行省事,中书左丞阔阔、尚书怯烈门、宣抚使游显行宣慰司事于大名。己酉,王文统坐于李璮同谋,伏诛,仍诏谕中外。辛亥,都元帅阿海分兵戍平滦、海口及东京、广宁、懿州。壬子,李璮陷济南府。癸丑,宋兵攻滕州。

三月己未,括木速蛮、畏兀儿、也里可温、答失蛮等为兵。庚申,括北京鹰房等户为兵,以赵炳将之。辛酉,郑鼎、瞻思丁、答里带、三岛行宣慰司事于平阳,祃祃、廉希宪、商挺、麦肖行中书省事于陕西。壬申,撒吉思、柴桢行宣慰司事于北京。癸酉,阿术、史枢等败李璮兵于济南。乙亥,宋将夏贵寇符离。戊寅,韩世安等败李璮兵于高苑。乙酉,宋夏贵寇蕲县。

夏四月丁亥,诏博兴、高苑等处军民为李璮胁从者,并释其罪。丙申,宋兵寇徐、邳二州。癸卯,宋兵寇亳州。乙巳,命诸路详谳冤狱。乙卯,诏史天泽讨李璮,诸将皆受节度。

五月戊午,宋兵陷蕲县,权万户李义、千户张好古死之。甲子,宋兵寇利津。戊辰,右丞相忽鲁不花兼中书省都断事官,赐虎符。平章政事赛典赤兼领工部及诸路工作。丁丑，徐、邳总管李景让坐宋兵前攻邳州以城降，论死。大司农姚枢与左三部尚书刘肃依前商议中书省事。

六月乙酉，宋兵寇沧州。戊子，韩世安败宋兵于滨州丁河口。丙申，高丽国遣使来贡方物。癸卯，太原总管李毅奴哥、达鲁花赤戴曲薛坐受李璮伪檄，伏诛。壬子，申严军官及部卒扰民之禁。

秋七月甲戌，史天泽等克济南，获李璮诛之。戊寅，夔府行省兼安抚使刘整入觐，以整行中书省于成都、潼川两路。

八月戊申，命翰林学士王鹗纂《太祖皇帝实录》。

九月戊午，亳州万户张宏略败宋兵于蕲县，复蕲县、宿州。己未，安南国王陈光昺遣使来贡方物。壬申授陈光昺及达鲁花亦讷剌丁虎符。庚子，中翼千户久住败宋兵于虎脑山。

冬十月壬戌，以刘人杰不附李璮，擢益都路总管。乙丑，分东、西川都元帅府为二，以帖的、刘整等为都元帅。丙寅，赐高丽国新历，且责国王欺慢之罪。戊寅，诏益都路官吏军民为李璮胁从者，并赦其罪勿问。

十一月乙巳，谕左丞相史天泽："朕或乘怒欲有诛杀。卿等宜迟留一二日，复奏行之。"

十二月丙辰，立河南、山东统军司，塔剌浑火儿赤为河南路统军使，卢升副之。茶不花为山东路统军使，武秀副之。丁巳，立十路宣慰司。癸亥，享列祖于中书省，以大礼使摄祀事。壬申，杨大渊为东川都元帅。

四年春正月乙酉，宋贾似道遣杨琳，以蜡书诱杨大渊南归，为大渊部将所执，诏诛之。丙戌，姚枢为中书左丞，改诸路监榷课税所为转运司。甲午，立十路奥鲁总管。癸卯，召商挺、赵良弼入觐。

二月甲子，车驾幸开平，遣王德素、刘公谅使于宋，致书宋主，诘其稽留郝经等之故。

三月癸卯，初建太庙。己酉，高丽王禃遣使入贡，并上表谢恩。

夏四月戊寅，召窦默、许衡赴开平，改沧、清、深三州盐提领所为转运司。

五月乙酉，初立枢密院，以皇子燕王兼判枢密院事。戊子，改开平府为上都，达鲁花赤兀良吉为上都路达鲁花赤，总管董铨为上都路总管兼开平府尹。

六月癸酉，线真为中书右丞相，塔察儿为左丞相。

秋七月乙未，以故东平权万户吕义死事，赐谥忠节。

八月辛亥，置大理金齿等路都元帅府，以淄、莱、登三州为总管府。戊午，阿脱、商挺行枢密院于成都。壬申，车驾至自上都。九月，释宋谍王立、张达等十八人，给衣服遣还。

冬十一月丙戌，享于太庙，合丹、塔察儿、王盘、张文谦为大礼使摄祀事。高丽王禃遣使贡方物，命禃入朝。十二月丁未，四川都元帅钦察戍虎啸山。

新元史卷八

本纪第八

世祖二

至元元年春正月丁丑朔，高丽国遣使贺正旦。戊戌，杨大渊进罗绢三百端，优诏谕之。癸卯，罢宋人互市。

二月辛亥，选儒士译写经书，并纂修国史。丙辰，罢陕西行户部。癸酉，车驾幸上都。诏总管史权等二十三人入觐。

三月己亥，命尚书宋子贞陈时务，子贞条十三策，敕中书省议行之。辛丑，立漕运司。

夏四月己卯，诏高丽国王王禃入朝。丁卯，追治李璮逆党张邦直、姜郁等二十七人之罪。

五月乙亥，唆脱颜、郭守敬行视西夏河渠。己亥，中书右丞粘合南合为平章政事。

六月乙巳，召王鹗、姚枢赴上都。戊申，高丽国遣使贡方物。

秋七月甲戌，彗星出舆鬼。癸未，以西番十八族部立安西州，行安抚司事。庚子，阿里不哥与玉龙答失、阿速带、昔里给来降，诏皆宥之，诛其部将不鲁花等五人。

八月乙巳，立山东行中书省，中书左丞相耶律铸、参知政事张惠等行省事。颁新立条格：省并州县，定官吏员数，分品从，给俸禄，授公田，考殿最；均赋役，招流亡，禁擅用官物及以官物进献、借贷官钱、擅科差役；凡军马不得停住村坊，词讼不得越诉；恤鳏寡，劝农桑，验雨泽，物价以钞为准；具贼盗囚徒起数，申省部。又颁陕西四川、西夏中兴、北京行中书省条格。定诸王使臣驿传、税赋、差发，不得擅招民户，及以银与非投下人为斡赤。禁口传敕旨，及追呼行省官属。癸丑，僧子聪同议枢密院事。诏子聪复姓刘氏，赐名秉忠，拜太保，参领中书省事。乙卯，改燕京为中都。丁巳，以改元，赦天下，诏曰：

应天者惟以至诚，拯民者莫如实惠。朕以菲德，获承庆基，内难未勘，外兵弗戢，夫岂一日，于今五年。赖天地之畀矜，暨祖宗之垂裕，凡我同气，会于上都。虽此日之小康，敢朕心之少肆。

比者星芒示警，雨泽愆期，皆阙政之所由，顾斯民其何罪。宜布维新之令，溥施在宥之仁。据不鲁花、忽察、脱满、阿里察、脱火思等，构祸我家，依成吉思皇帝札撒克正典刑讫。可大赦天下，改中统五年为至元元年。自至元元年八月十六日昧爽以前，除杀祖父母、父母不赦外，其余罪无轻重，咸赦除之。敢以赦前事相告者，以其罪罪之。

九月壬申朔，立翰林国史院。辛巳，车驾至自上都。庚寅。

十月壬寅朔，高丽国王王禃来朝。庚戌，有事于太庙。丁卯，宋理宗殂，其太子禥嗣位。益都千户毛璋、刘成等谋反，伏诛。

冬十一月辛巳，讨骨嵬蛮。壬辰，罢领中书左右部阿合马为平章政事，阿里为中书右丞。十二月庚午，始罢诸万户世守，立迁转法。

二年春正月辛未朔，日有食之。己卯，邓州监战纳怀、新旧军万户董文炳并为河南副统军。甲申，申严越界贩马之禁。癸巳，八东乞儿部牙西来贡方物。丁酉，高丽国王王禃遣其弟琄来贡方物。

二月辛丑朔，都元帅按陈败宋兵于钓鱼山。戊申，封诸王兀鲁带为河间王。丁巳，车驾幸上都。癸亥，并六部为四。麦朮丁为吏礼部尚书，马亨为户部尚书，严忠范为兵刑部尚书，别鲁丁为工部尚书。甲子，以蒙古人充各路达鲁花赤，汉人充总管，回回人充同知，著为令。同知东平路宣慰使宝合丁为中书平章政事，廉访使王晋为参知政事，廉希宪、商挺罢。

三月丁亥，敕边军习水战、屯田。

夏四月庚寅，敕军中犯法者勿擅戮，轻罪断，重罪上闻。诏四川、山东等路边军屯田。

闰五月癸亥，移秦蜀行省于兴元路。丁卯，分河南属州为太宗子孙采地：郑州隶合丹，钧州隶明里，睢州隶孛罗赤，蔡州隶海都。平章政事赵璧行省事于南京、河南府、大名、顺德、洺磁、彰德、怀孟等路，平章政事廉希宪行省事于东平、济南、益都、淄莱等路，中书左丞姚枢行省事于西京、平阳、太原等路。诏诸路府州不满千户者，可并则并之。各投下并于所隶府州。散府州户少者，不更设录事司及司候司。附郭县以府州兼领。括诸路未占户籍任差职者以闻。

六月戊寅，移山东统军司于沂州。万户重喜城十字路及正阳，命秃剌戍之。己卯，高丽国遣使贺圣诞节。参知政事王晋罢。

秋七月癸亥，安南国王遣使贡方物。戊寅，高丽国遣使贡方物。己卯，中书省臣皆罢。安童为中书右丞相，伯颜为中书左丞相。

八月戊子，召许衡于怀孟，杨诚于益都。车驾至自上都。

九月庚子，皇孙铁木儿生。

冬十月己卯，有事于太庙。癸未，敕顺天张柔、东平严忠济、河间马总管、济南张林、太原石抹总管等户改隶民籍。

十一月丙申，召李昶于东平。

十二月癸酉，召张德辉于真定，徒单公履于卫州。丁亥，选诸翼军万人充侍卫亲军。

三年春正月乙未，高丽国遣使贺正旦。丙午，遣朵端、赵璧抚谕四川军民。壬子，立制国用使司，以阿合马为使。

二月丙寅，廉希宪、宋子贞为中书平章政事，张文谦复为中书左丞，史天泽为枢密副使。癸酉，立安抚高丽军民总管府，治沈州。壬午，中书右丞张易为同知制国用使司事，参知政事张惠为副使。

癸未，车驾幸上都。甲申，罢西夏行省，立宣慰司。立东京、广甯、懿州、开元、恤品、合懒、婆婆等路宣抚司。

三月己未，前参知政事王晋及近侍和哲斯、转运使王明坐隐匿盐课，并论死。

夏四月己卯，申严濒海私盐之禁。

五月乙未，遣使者虑囚。丙辰，罢益都行中书省。

六月丁卯，封皇子南木合为北平王。戊寅，申严陕西、河南竹禁。

秋七月丙申，罢息州安抚司。壬寅，诏上都路总管府遇车驾巡幸，行留守司事。

八月丁卯，兵部侍郎黑的、礼部侍郎殷宏使日本，赐玺书曰：

> 皇帝奉书日本国王：朕惟自古小国之君，境土相接，尚务讲信修睦；况我祖宗受天明命，奄有区夏，遐方异域畏威怀德者，不可悉数。朕即位之初，以高丽无辜之民，久罹锋镝，即令罢兵，还其疆场，反其旄倪。高丽君臣感戴来朝。计王君臣，亦已知之。高丽，朕之东藩也。日本密迩高丽，开国以来，时通中国。至于朕躬，而无一乘之使，以通和好。尚恐国王知之未审，故特遣使持书布告朕心。冀自今以往，通问结好，以相亲睦。且圣人以四海为家，不相通好，岂一家之理哉？以至用兵，夫谁所好？王其图之。

又赐高丽王禃玺书曰：

> 今尔国人赵彝来告，日本与尔国为近邻，典章文物有足嘉者。汉、唐而下，亦或通使中国。故今遣黑的等往日本，欲与通和。卿其导去使，以彻彼疆，开悟东方向风慕义。兹事之责，卿宜任之。

戊子，高丽国遣使贺圣诞。

九月戊午，车驾至上都。

冬十月丁丑，徙平阳经籍所于大都。太庙成，平章政事赵璧等集群臣廷议，定太庙为八室。

十一月辛卯，初给府、州、县、司官吏俸及职田。平章政事宋子贞致仕。辛亥，忽都答儿为中书左丞相。禁天文图谶等书。

十二月，改四川行枢密院为行中书省，赛典赤、也速带儿等佥行中书省事。丁亥，张柔判行工部事，与行工部尚书段天祐等城大都。

四年春正月癸卯，修曲阜宣圣庙。乙巳，百济国遣使来朝。辛亥，赵璧为枢密副使。立诸路洞冶都总管府。癸丑，封昔木土山为武定山，其神曰武定公，泉为灵渊，其神曰灵渊侯。乙卯，高丽国遣使来朝。戊午，城大都。析上都隆兴府自为一路。立开元等路转运司。

二月庚申，粘合南合复为中书平章政事，阿里复为中书右丞。丁卯，改经籍所为宏文院，以马天昭知院事。丁亥，车驾幸上都。

三月己丑，耶律铸复为中书右丞相。壬寅，右丞相忽都察儿、史天泽、耶律铸、伯颜俱罢。

五月丁亥朔，日有食之。敕上都重建宣圣庙。丙辰，析东平路博州别为一路。

六月乙丑，史天泽复为中书左丞相，忽都答儿、耶律铸为平章政事，伯颜为中书右丞，廉希宪为中书左丞，阿里、张文谦并参知政事。乙酉，罢宣徽院。黑的、殷宏奏，高丽使者不能导至日本。命仍至高丽，赍玺书，切责高丽国王，使通谕日本，期于必得要领。

秋七月戊戌，大名路达鲁花赤爱鲁、总管张宏范，坐盗用官钱，免官。

八月丙寅，复立宣徽院，以线真为院使。丁丑，封皇子忽哥赤为云南王。壬午，命怯绵讨建都蛮。高丽国遣使贺圣诞。阿朮略地襄阳，败宋兵于牛岭。九月戊申，许衡为国子祭酒。安南国王遣使贡方物。庚戌，遣云南王忽哥赤镇大理、鄯阐、察罕章、赤秃哥儿、金齿等处，立大理等处行六部，阔阔带以尚书兼云南王傅，柴祯以尚书兼府尉，宁源以侍郎兼司马。诏安南国王陈光昺入朝。癸丑，车驾至自上都。

冬十月庚申，宋复陷开州。辛酉，制国用司言："别怯赤山石绒，织为布，火不能然。"诏采之。西番酋阿奴版的哥等率众来降，授喝吾等处总管。庚辰，定品官子孙荫叙格。

十一月乙酉，有事于太庙。甲戌，立夔府路总元帅府。

十二月庚戌，立诸位斡脱总管府。

五年春正月庚子，建上都城隍庙。辛丑，高丽国王王禃遣其弟淐来贺正旦，并奏通使日本。遣北京路总管于也孙脱、礼部郎中孟甲往谕高丽。

二月辛丑，析甘州路之肃州别为一路。

三月甲寅，禁民间兵器，犯者验多寡定罪。甲子，敕怯绵招谕建都。丁丑，罢诸路女直、契丹、汉人为达鲁花赤者，回回、畏兀儿、乃蛮、唐兀特人仍旧。

夏五月癸亥，都元帅百家奴拔宋嘉定府五花、石城、白马三寨。

六月辛巳朔，济南人王保和等妖言惑众，敕诛首恶三人，余勿论。

己酉，蔡国公张柔卒，封诸王昔里吉为河平王。

秋七月辛亥，召高鸣、刘瑜、郝谦、李天辅、韩彦文、李祐赴上都。壬子，罢各路奥鲁官，令管民官兼领之。癸丑，立御史台，右丞相塔察儿为御史大夫。诏曰："台官职在直言，朕或有未当，其极言无隐，毋惮他人，朕为尔主。"仍谕天下知之。戊辰，罢西夏宣抚司。庚午，遣都统领脱朵儿、统领王国昌等点阅高丽兵船。立东西二川统军司，以刘整为都元帅，与阿术同议军事。

八月庚子，忙古带讨西番及建都蛮。

九月丁巳，阿术围樊城。己丑，命黑的、殷宏复赍国书使日本，仍敕高丽人导送。车驾至自上都。史天泽复为枢密副使。

冬十月戊寅朔，日有食之。己卯，敕中书省、枢密院：有事与御史台同奏。庚辰，御史中丞阿里为参知政事。立河南等路行中书省，参知政事阿里行省事。庚寅,敕秃忽思等译《毛诗》、《孟子》、《论语》。乙未,有事于太庙。以和礼霍孙、独胡剌充翰林待制,兼起居注官。

十一月庚申,宋兵自襄阳攻沿山城寨,阿术分遣诸军败之。

十二月戊寅,谕沿边屯戍军士,逃役者处死。

六年春正月癸丑,高丽国王王禃遣使来告诛权臣金俊。立四道提刑按察司。戊午,阿术略宋复州、德安府,俘万人而还。庚申,参知政事杨果罢为怀孟路总管。诏枢密副使史天泽、驸马忽剌出至襄阳视师。

二月己丑,颁新制蒙古字于天下,诏曰:

朕惟字以书言,言以纪事,此古今之通制也。我国家创业朔方,俗尚简古,未遑制作,凡文书皆用汉字及畏兀字,以达本朝之言。今文治寖兴,而字书方阙,其于一代制度,实为未备。特命国师八思巴创为蒙古新字,译写一切文字,期于顺事达言而已。自今以后,凡玺书颁发,并用蒙古新字,仍以汉字副之。其余公式文书,咸仍其旧。

三月壬子,黑的、殷宏至对马岛,为日本人所拒而还。戊午,阿术围樊城,筑堡于鹿门山。辛酉,败宋将张世杰于赤滩浦。

夏四月辛巳,制玉玺大小十纽。

六月辛巳,怯绵讨建都,失利,又擅追唆火儿玺书、金符,论死。丙申,高丽国王王禃遣其世子愖来朝。癸卯,诏董文炳率兵赴襄阳。秋七月己巳,立诸路蒙古字学。癸酉,立国子学,遣使者审理诸路冤滞,诏谕宋国军民,示以不欲用兵之意,复遣脱朵儿、王昌国等至高丽,相视耽罗等处。海道万户解汝楫、李庭等败宋将夏贵于虎尾洲,又败宋将范文虎于罐子滩。

八月己卯,立金州招讨使司。丙申,诏诸路劝课农桑,命中书省采农桑事,列为条目,相土地所宜者,颁行之。高丽权臣林衍废其王禃,立禃弟淐为王。高丽世子愖奏其事。遣斡朵思不花、李谔等至高丽按之。

九月己未，封高丽世子愖为东安公。愖辞，授愖特进上柱国。敕率兵三千，赴其国难。辛未，敕万户宋仲义征高丽。忽剌出、史天泽并为平章政事，阿里为中书右丞，行河南中书省事赛典赤行陕西四川中书省事。车驾至自上都。斡朵思不花、李谔以高丽枢密副使金方庆至，奉王淐表，称禃疾病，令淐权国事。

冬十月己卯，定朝仪服色。丁亥，遣兵部侍郎黑的、判官徐世雄，召王禃、王淐及林衍俱诣阙。命国王头辇哥率大军赴高丽，赵璧行中书省于东京，仍诏谕高丽军民。

十一月癸卯，高丽龟州都领崔坦等以西京内附。庚午，安南国王遣使贡方物。高丽国王王禃遣使从黑的入朝，奏禃已复位。

十二月己丑，析彰德、怀孟、卫辉为三路。

七年春正月辛丑朔，高丽国遣使贺正旦。丙午，耶律铸、廉希宪罢。立尚书省，罢制国用使司。平章政事忽都答儿为中书左丞相，国子祭酒许衡为中书左丞，制国用使司阿合马平章尚书省事，同知制国用使司事张易同平章尚书省事，制国用使司副使张惠、佥制国用使司事李尧咨、麦朮丁并参知尚书省事。己酉，敕诸投下官隶中书省。甲寅，高丽国王王禃奏请从七百人入觐，诏许从四百人。诏高丽西京内附，改为东甯府，画慈悲岭为界。丁巳，蒙哥为高丽安抚使，佩虎符。诏谕高丽臣民曰：

> 朕即位以来，闵尔国久罹兵乱，册定尔王，撤还兵戍。十年之间，其所以保护安全者，无所不至。不图逆臣林衍自作不靖，擅易国王禃，立安庆公淐。诏衍赴阙，复稽延不至，岂可释而不诛。已遣行省率兵东下，惟衍一身是讨，淐本非得已，在所宽宥。自余胁从诖误，一无所问。

二月辛未朔，中书右丞伯颜为枢密副使。丙子，帝御行宫，观刘秉忠、许衡及太常卿徐世隆所起朝仪，大悦，举酒赐之。丁丑，以岁饥，罢筑宫城。壬辰，立司农司，参知政事张文谦为司农卿。设四道巡行劝农司，劝课农桑，兴修水利。乙未，万户张宏范败宋兵于万山堡。高丽国王王禃来朝，求见皇子燕王。诏曰："汝一国主也，见朕足矣。"禃请以子愖见，从之。诏谕禃曰："卿内附在后，故班诸王下。我太祖时亦都护先附，即令班诸王上，阿思兰后附，则班其下。卿宜知之。"未几，命蒙哥、赵良弼送禃还。诏国王头辇哥率兵戍高丽王京，脱脱朵儿、焦天翼为高丽国达鲁花赤。又诏谕高丽臣民曰：

朕惟臣之事君，有死无二。不意尔国权臣，辄敢擅易国主。彼既驱率兵众，将致尔等危扰不安，以尔黎庶之故，特遣兵护送国王愖还国，奠居旧京，命达鲁花赤同往镇抚，以靖尔邦。尔东土之人，咸当无畏，安堵如故。已别敕将帅，严戢兵士，勿令侵犯。尔或妄动，必致俘略，宜审思之。

三月庚子朔，日有食之。改诸路行中书省为行尚书省。甲寅，车驾幸上都。

夏四月壬午，设诸路蒙古字学教授，定达鲁花赤子弟荫叙格。癸未，定军官等级，以军多少为差。己丑，林衍死，衍党裴仲孙等复立王愖疏属承化侯温为王，窜于珍岛。

五月癸卯，也速带儿、严忠范等及宋兵战于嘉定、重庆，皆败之，获其都统牛宣。甲辰，威州番酋降。丁未，同知枢密院事合答为平章政事。丙辰，括天下户口。减诸路课程十分之一，免上都粮税。管民官迁转，以六十月为一考。改宣徽院为光禄司，宣徽使线真为光禄司使。庚申，命枢密院阅实军数。

六月庚戌，敕戍军还，所过州县村坊主者给饮食、医药。丁亥，罢各路洞冶总管府。丙申，立籍田于中都东南郊。禁边民擅入宋境剽掠。

秋七月庚申，初给军官俸。壬戌，佥诸道回回军。乙丑，阅实诸路炮手户。也速带儿败宋兵于金刚台。八月戊辰朔，筑环城以逼襄阳。庚辰，御史大夫塔察儿同知枢密院事，御史中丞帖只为御史大夫。高丽世子愖来贺圣诞。驸马斡罗陈建城于答儿海子，赐名应昌府。

九月丙寅，括河西户口。

冬十月乙亥，宋人寇莒州。乙酉，有事于太庙。己丑，车驾至自上都。

十一月丁巳，忻都、史枢并为高丽金州等处经略使，佩虎符，屯田高丽。安南国遣使贡方物。

闰月丁卯朔，高丽世子椹还。壬辰，申明劝课农桑赏罚之法。设诸路脱脱禾孙。

十二月丙申朔，改司农司为大司农司，御史中丞博罗兼大司农卿。安童奏："博罗以台臣兼领，前无此例。"帝曰："司农非细事，朕深谕此，其令博罗总之。"秘书监赵良弼充国信使，使日本，赐日本玺书曰：

> 盖闻王者无外，高丽与朕既为一家，王国实为邻境。故尝遣信使修好，为疆场之吏抑而弗通。所获二人，敕有司慰抚，赍牒以还。继欲通问，值高丽权臣林衍构乱，坐是弗果。岂王亦因此辍不遣使，或已遣而中道梗塞耶？不然，日本素号秉礼之国，王之君臣宁肯漫为不思之事乎？近已平林衍，高丽安辑，特令秘书监赵良弼充国信使，持书以往。如即发使，与之偕来，亲仁善邻，国之善事。其或犹豫，以至用兵，夫谁所乐为也？王其图之。

敕岁祀大社稷、风师、雨师、雷师。丁亥，金齿、骠部酋阿匿福、勒丁、阿匿爪来降献驯象三、马十九。辛酉，诸王伯忽儿为也可札鲁忽赤。

八年春正月乙丑朔，高丽国遣使贺正旦，兼贡方物。己卯，同佥河南等路行中书省事阿里海牙参知尚书省事。设枢密院断事官。丙戌，高丽安抚使阿海攻珍岛失利。壬辰，敕诸路鳏寡孤独、疾病不能自存者，官给庐舍、薪米。

二月乙未朔，定民间婚娶礼币，贵贱有差。丁酉，发中都、真定、顺天、河间、平滦五路民筑宫城。己亥，罢诸路转运司。以尚书省奏定条画颁天下。移陕西四川行中书省于兴元。癸卯，东京等路行尚书省事赵璧为中书右丞。甲辰,命忽都答儿招论裴仲孙。乙巳,大理等处都元帅宝合丁、云南王傅阔阔带毒杀云南王事觉,伏诛。戊申,以治事日程谕中外官吏。庚戌,申严东川盐井之禁。庚申,奉御九住以梳栉侍太祖,奉所落须发上之,诏藏于太庙夹室。

三月乙丑,置河东山西道按察司,改河东陕西道为陕西四川道,山北东西道为山北辽东道。丙子,改盐课都转运司为都转运盐使司。辛巳,杀滨棣路万户韩世安,籍其家。甲申,车驾幸上都。乙酉,中书左丞许衡罢为集贤大学士、国子祭酒。立国子学,置司业、博士、助教等官。己丑,立西夏中兴等路行尚书省,趁海参知行尚书省事。命尚书省阅实天下户口,颁条画谕天下。敕有司留滞狱讼,以致越诉者,官民皆罪之。忻都、史枢行经略司于凤州等处。

夏四月壬寅,忻都、忽林赤、王国昌分道讨裴仲孙。平滦路昌黎县民生子,中夜有光,诏鞠养之。或谏,帝曰:“何幸生一好人,毋嫉也。”每月命给米四斗。戊午,阿术等与宋将范文虎战于湍滩,大败之,获统制朱胜等百余人。

五月乙丑,以大兵围襄阳。敕赛典赤、郑鼎率所部水陆并进,趋嘉定,汪良臣、彭天祥趋重庆,扎剌不花趋泸州,曲立吉思趋汝州,牵制宋之援兵。佥省也速带儿、郑鼎为军前行尚书省事,赛典赤行省事于兴元,转给军粮。丙寅,云南落羽蛮贡方物。辛未,分金齿、白夷为东西两路安抚使。己卯,史天泽平章军国重事。辛巳,令蒙古官子弟好学者,兼习算术。癸未,史枢、忻都等讨珍岛贼,大破之,斩王温,其党金通精走死,珍岛平。高丽国遣使贡方物。

六月甲午,敕枢密院:凡军事径奏,不必由尚书省。癸卯,宋将范文虎援襄阳,阿术等大败之。己未,山东统军司塔出、董文炳坐城五河口迟,为宋兵所据,决罚有差。

秋七月壬戌朔,佥女直、水达达军。丁卯,国王头辇哥行尚书省于北京、辽东等路。辛未,立左、右十三卫亲军都指挥司。乙酉,阿术败宋将来兴国于湍滩。高丽世子愖入质。

八月壬辰朔,日有食之。己亥,诏招谕宋襄阳守臣吕文焕。壬子，车驾至自上都。迁成都统军司于眉州。己未，圣诞节，初立内外仗及云和署乐位。

九月壬戌朔，敕阿术略地汉南。癸亥，高丽世子谌归。丙寅，罢陕西四川行尚书省，也速带儿行四川尚书省事于兴元、京兆等路。甲戌，佥西夏、回回军。太庙殿柱坏。丙子，敕享太庙毋用牺牛。壬午，宋兵寇胶州，千户蒋德等败之，获宋统制范广。癸未，诏四川民力困弊，免茶盐等课税，仍敕有司有言茶盐之利者以违制论。

冬十月丁酉，有事于太庙。

十一月辛酉朔，遣阿鲁忒儿等抚治大理。壬戌，罢诸路交钞都提举司。乙亥，建国号曰大元，诏曰：

> 诞膺景命，奄四海以宅尊；必有美名，绍百王而纪统。肇从隆古，匪独我家。唐之为言荡也，尧以之而著称；虞之为言乐也，舜因之而作号。驯至禹兴而汤造，互名夏大以殷中。世降以还，事殊非古。虽乘时而有国，不以义而制称。为秦为汉者，盖从初起之地名。日随曰唐者，又即所封之爵邑。是皆徇百姓见闻之狃习，乃一时经制之权宜，概以至公，不无少贬。
>
> 我太祖圣武皇帝握乾符而起朔土，以神武而膺帝图。四震天声，大恢土宇，舆图之广，历古所无。顷者，耆宿诣庭，奏章申请，谓既成于大业，宜早定于鸿名。在古制以当然，于朕心乎何有。可建国号曰大元，盖取《易经》乾元之义。兹大冶流形于庶品，孰名资始之功，予一人底定于万邦，尤切体仁之要。嘉与敷天，共隆大号。咨尔有众，体予至怀。

丙戌，立四川行尚书省于成都。

十二月辛卯，宣徽院请以阑遗、漏籍等户淘金，帝曰："姑止，毋重劳吾民也。"乙巳，减百官俸。召塔出、董文炳入觐。辛亥，省太常寺入翰林院。

九年春正月庚申朔，高丽国遣使贺正旦，兼贡方物。甲子，并尚书省入中书省。平章尚书省事阿合马、同平章尚书省事张易为中书平章政事，参知尚书省事张惠为中书左丞，参知尚书省事李尧咨、麦朮丁为参知中书政事。省六部为四：曰吏礼部、户部、兵刑部、工部。丙寅，遣不花、马璘谕高丽具征耽罗舟粮。敕诸路佥军三万人赴河南。丁丑，皇子西平王奥鲁赤及诸王也速䚟儿、秃鲁率所部讨建都蛮。庚辰，改北京、中兴、四川、河南四路行尚书省，复立京兆中书行省。辛巳，敕军民讼田者，民田有余分之军，军田有余亦分之民。其军驱入民籍者，还正之。壬午，改山东东路都元帅府统军司为行枢密院，也速带儿、塔出并为行枢密院副使。乙酉，诏元帅府统军司、总管万户府阅实军籍。

二月庚寅朔，国信使赵良弼遣书状官张铎同日本十二人至京师请觐，帝不许。辛卯，诏扎鲁忽赤乃太祖开创，所置位百司右，并立左右司。壬辰，高丽国遣使贺建国号。改中都为大都。甲午，命阿术统蒙古军，刘整、阿里海牙统汉军。戊申，始祭先农于东郊。车驾幸上都。

三月甲戌，括民间四教经，焚之。阿术等克樊城外城，筑重围守之。

五月戊午朔，立和林转运司，小云失别为使，兼提举交钞使。辛酉，罢佥回回军。癸亥，敕拔都军屯田于怯鹿难之地。丙寅，佥徐、邳二州军，戍邳州。庚午，罢西番秃鲁千等处金银矿户为民。乙酉，诏安集答里伯所部流民。

六月壬辰，京师大雨，坏墙屋，压死者众。己亥，塔出略地涟州，拔白头河诸堡。

秋七月丁巳朔，禁私鬻回回历。壬午，诏官府文移并用蒙古字，仍遣百官子弟入蒙古学。

八月丙戌朔，日有食之。癸卯，阿术等大败宋襄阳援兵，获其都统张顺。乙巳，车驾至自上都。

九月甲子，阿术等败宋兵于柜门关，获其都统张贵及将士二千余人。癸酉，河南行中书省阿里坐奏军数不实，免官，并杖之。甲戌，罢水军总管府。

冬十月丙戌朔，封皇子忙哥剌为安西王。遣使招谕扮卜、忻都蛮。壬辰，有事于太庙。癸巳，赵璧为平章政事。张易为枢密副使。癸卯，初立会同馆。

十一月壬戌，诸王只必帖木儿、伯特穆尔筑新城成，赐名永昌府。己巳，征高丽兵讨耽罗。辛未，召高平儒者杨恭懿，不至。

十二月乙酉朔，诏诸路达鲁花赤、管民长官，兼管诸军奥鲁。辛丑，诸王忽剌出括逃民高丽界。高丽达鲁花赤上其事，诏："高丽之民犹未安集，禁之。"辛亥，宋将昝万寿寇成都，严忠范失利，遣使逮忠范至京师。癸丑，改拱卫司为拱卫直都指挥使司。

新元史卷九
本纪第九

世祖三

十年春正月乙卯朔，高丽国王王禃遣其世子愖来朝。戊午，忻都、郑温、洪茶邱讨耽罗。宿州万户也先不花请筑堡牛头山，以扼两淮粮运，不允。也先不花因言："前宋人城五河，统军司皆得罪。今不筑，恐宋人先之。"帝曰："汝言虽是，若坐视宋人戍之，罪亦不免也。"己未，禁阴阳图谶等书。癸亥，阿里海牙等克樊城。丁卯，立秘书监。庚午，佥陕西探马赤军。己卯，宋将昝万寿寇成都，佥京兆等路新军援之。命诸王阿不合市药于师子国。壬午，东川统军司合剌乞益兵戍云门山及虎头山，以京兆新佥军益之。

二月丙戌，皇后、皇太子受册、宝，遣太常卿合丹告太庙。丙申，云南落羽蛮酋阿旭叛。遣断事官麦肖勾校四川陕西行省钱谷。遣勘马剌失里、乞带脱因、卜云失等使缅国，赐缅王玺书曰：

> 间者大理鄯阐等路宣慰司都元帅府差乞带脱因导王国使诣京师，且言向至王国，但见臣下，未尝见王，又欲观吾大国舍利。朕矜闵远来，命其觐见。又使纵观舍利，询其所来，乃知王有内附之意。朕一视同仁，今再遣勘马剌失里及礼部郎中、国信使乞带脱因，工部郎中、国信副使卜云失往谕王国。诚能谨事大之礼，遣其子弟若贵臣一来，以彰我国家无外之义，用敦永好，时乃之休。至于用兵，夫谁所好？王其思之。

丁未，宋京西安抚使、知襄阳府吕文焕以城降。

三月甲寅朔，敕大司农司遣使巡行劝课，令农事有成。其探马赤等户，并行入社，一体开兴水利。乙丑，罢宋京湖安抚司，立河南等路行中书省。丙寅，摄太尉、中书右丞相安童授皇后宏吉剌氏册宝，摄太尉、同知枢密院事伯颜授皇太子真金册宝。壬申，前中书左丞相耶律铸平章军国重事，中书左丞张惠为中书右丞。车驾幸上都。罢中兴等处行中书省。

夏四月癸未朔，吕文焕入觐，授文焕侍卫亲军都指挥使、襄汉大都督。罢河南等路行中书省，以平章军国重事史天泽、湖广行中书省平章政事阿术、参知行中书省事阿里海牙行荆湖等路枢密院事，镇襄阳。淮西行中书省左丞相合丹，参知行中书省事刘整，山东都元帅塔出、董文炳行淮西等路枢密院事，守正阳。丁酉，赎江南儒士为人掠卖者。辛丑，罢四川行中书省。以巩昌二十四处便宜总师汪良臣行西川枢密院事，东川阆、蓬、广安、顺庆、夔府、利州等路统军使合剌行东川枢密院事，东川副统军王仲仁同佥行枢密院事。

五月壬子朔，诏狱囚除杀人者待报，余一概疏放，限八月内自至大都。乙亥，免代输佥军户丝银及伐木夫户税。负前朝官钱不能偿者毋征。主守失陷官钱者，杖释之。阵亡军及工匠无丁产者，量加廪给。

六月丁亥，免大都、南京两路赋役。丁酉，立光州等处招讨司。戊申，耽罗平，失里伯为耽罗国招讨使，尹邦宝副之。赵良弼自日本返。

闰月己巳，罢东西两川统军司。丙子，平章政事赛典赤行省云南，统合剌章、鸭赤、赤科、金齿、茶罕章诸蛮。

秋七月戊申，高丽国遣使贺皇后、皇太子受册。国子祭酒许衡谢病归。

八月庚戌朔，前所释狱囚自至大都者二十二人，并赦之。丁丑，高丽国遣使贺圣诞节。

九月辛巳，合伯为中书平章政事。壬午，立河南宣慰司。丙戌，立东宫宫师府。己丑，敕秋猎鹿豕，先荐太庙。丙午，车驾至自上都。

冬十月乙卯，有事于太庙。庚申，有司断死罪五十人，诏审覆宥十三人，余令有司再加审覆以闻。合答带为御史大夫。也速答儿与皇子西平王合兵攻建都，获其酋卜济，建都蛮降。

十一月癸未，命布只儿修起居注。

十二月甲寅，宋夏贵寇正阳，合丹等击败之。壬戌，召阿术同吕文焕入觐。安南国遣使贡方物。

十一年春正月己卯朔，宫阙告成，帝始御正殿受皇太子、诸王、百官朝贺。高丽国遣使贺正旦，兼贡方物。庚寅，初立军官以功升散官格。忙古带等以兵戍建都，立建都宁远都护府，兼互市监。壬辰，立四川屯田经略司。丙午，彰德人赵当道等谋叛，事觉，伏诛。免于阗采玉工差役。诏中书省佥军十万人伐宋。

二月壬申，廉希宪为中书右丞、北京等处行中书省事。车驾幸上都。

三月庚寅，凤州经略使忻都、高丽军民总管洪茶邱等征日本。辛卯，改荆湖、淮西行枢密院为行中书省，伯颜、史天泽并为左丞相，阿术为平章政事，阿里海牙为右丞，吕文焕为参知政事，行中书省于荆湖；合答为左丞相，刘整为左丞，塔出、董文炳为参知政事，行中书省于淮西。癸巳，获嘉县尹常德课最诸县，优诏赏之。遣要速木、咱兴憨失招谕八鲁酋。

夏四月辛亥，分陕西、陇右诸州置提刑按察司，治巩昌。癸丑，初建东宫。乙亥，也速带儿同撒吉思所部戍益都。

五月丙申，皇女忽都鲁揭里迷失公主下嫁高丽世子王椹。辛丑，敕新佥军户银丝均配于民者，并除之。

六月癸丑，敕合答选蒙古军与汉军分戍沿江堡隘，古不来拔都、翟文彬等略地荆南，以缀宋之西兵。丙辰，免上都、隆兴两路佥军。庚申，大举伐宋，诏曰：

自太祖皇帝以来，宋与使介交通，殆非一次。彼此曲直之事，亦所共知，不必历举。逮我宪宗之世，朕奉命南伐，师次鄂

> 渚,贾似道复遣宋京诣我近臣博都欢、前河南路经略使赵璧请罢兵息民,愿奉岁币于我。朕以国之大事,必须入计,用报而还。即位之始,追忆是言,乃命翰林侍讲学士郝经等奉书往聘,盖为生灵计也。古者兵交,使在其间,惟和与战,宜俟报音,其何与于使哉?而乃执之,卒不复命。至如留此一介行李,于此何损,在彼何益?以致师出连年,边境之间,死伤相籍,系累相属,皆彼宋自祸其民也。襄阳被围五年,屡拒王师,义当不贷。朕先有成命,果能出降,许以不死,既降之后,朕不食言,悉全其命,冀宋悔过,或启令图。而乃执迷,罔有悛心,所以问罪之师,有不能已者。
>
> 今遣尔等水陆并进,布告遐迩,使咸知之。夫以天下为事,爰及干戈,自古有之。无辜之民,初无与焉。若彼界军民官吏人等,去逆效顺,与众来附,或别立奇功者,验等第官资迁擢。其所附军民,宜严敕将士毋得妄行杀掠,父母妻孥毋致分散,仍加振给,令得存济。其或固拒不从,及迎敌者,俘戮何疑!

甲子,忙古带、八都、百家奴分率武卫军南征。丙寅,合刺合孙为中书左丞,崔斌参知政事,仍行河南道宣慰司。

秋七月乙亥朔,山北辽东道提刑按察使兀鲁失不花同廉希宪行省北京,国王头辇哥毋署事。癸未,宋度宗殂,其太子显嗣位。癸巳,高丽国王王禃卒。同知上都留守司事张焕册世子愖为高丽国王。

八月甲辰朔,诸路立社稷坛。丁未,复改淮西行中书省为行枢密院。辛未,高丽国王王愖遣使贺圣诞节。是月,都元帅忽敦、右副元帅洪茶邱、左副元帅刘复亨与高丽将金方庆等征日本。太保刘秉忠卒。

九月甲戌朔,伯颜、史天泽视师于襄阳,分三道伐宋。伯颜自率大军趋鄂州。癸巳,车驾至自上都。

冬十月丁未,忽敦等克日木对马岛。己酉,有事于太庙。庚申,长河西千户必刺冲反,副无帅覃澄率所部讨之。帝曰:“澄勿独往,趣益兵三千，付火你赤助澄。”壬戌，忽敦等败日本兵于博多。甲子，引兵还。乙丑，伯颜克沙洋堡。宋新城总制黄顺来降。己巳，克新城。十一月壬午，西川行枢密院也速带儿攻嘉定府。乙酉，宋复州安抚使翟贵以城降。丁亥，诏宋安抚使昝万寿，及凡守城将校纳款来降，与避罪及叛亡者，悉从原免。癸巳，东川元帅杨文安等败宋兵于马湖江。召征日本诸将忽敦、刘复亨等入觐。

十二月丙辰，伯颜克阳逻堡，宋制置使夏贵败遁。己未，宋知鄂州张晏然、权知汉阳军王仪并以城降。都统程鹏飞以本军降。阿里海牙镇鄂州，伯颜、阿术将大军水陆东下。襄阳路总管贾居贞为宣抚使、商议行中书省事。

十二年春正月癸酉朔，高丽国遣使贺正旦，兼贡方物。甲戌，宋知黄州陈奕以城降。乙亥，东川副都元帅张德润拔渠州礼义城，获宋安抚使张资。丁丑，宋蕲州安抚使管景模遣使请降。丙戌，宋知江州钱真孙及知六安军曹明俱以城降。丁亥，宋知南康军叶阊以城降。戊子，知德安府来兴国以城降。己丑，伯术、唐永坚赍玺书招谕郢州。选蒙古、畏兀、汉人十四人赴行中书省，为新附州郡民官。庚寅，左卫指挥副使郑温、唐古、帖木儿率卫军同札失的、囊力带戍黄州。诏谕宋重庆府官吏军民归附。壬辰，宣抚使贾居贞佥书行中书省事，戍鄂州。乙未，兵部尚书廉希贤、工部侍郎严忠范、秘书监丞柴紫芝奉国书使于宋。合剌章舍里威叛。己亥，大理总管信苴日刺杀其酋，合剌章平，置合剌章民官，选廉能者任之。追诸王海都、八剌金银符。

二月癸卯，宋知安庆府范文虎以城降。甲辰，中书右丞博鲁欢为淮南都元帅，中书右丞阿里为左副都元帅，仍命阿里、撒吉思等各部蒙古、汉军会邳州。丙午，宋都统制张林以池州降。罢西夏中兴都转运司。戊申，诏谕江、黄、鄂、岳、汉阳、安庆等处归附官吏军民，令农者就耒，商者就涂，士庶缁黄各安本业，如官吏妄有骚扰，诣行中书省陈告。平章军国重事史天泽卒。庚戌，礼部侍郎杜世忠、兵部郎中何文著、计议官撒鲁都丁等使日本国。辛亥，同知济南府事张汉英赍玺书，招谕宋淮东制置使李庭芝。庚申，召降臣张晏然等赴阙，仍谕之曰："朕省卿所奏云，宋之权臣不践旧约，拘留使者，实非宋主之罪，倘蒙圣慈，止罪擅命之臣，不令赵氏乏祀者。卿言良是。卿既不忘旧主，必能辅翼我家。比卿奏上，已遣伯颜按兵不进，仍遣兵部尚书廉希贤等持书往使，果能悔过来附，既往之愆，朕复何究。至于权臣贾似道，尚无罪之之心，况肯令赵氏乏祀乎？若其执迷罔悛，未然之事，朕将何言，天其鉴之！"辛酉，命阔阔出安辑湖南降附州县。阿失罕、唐永坚、綦公直等赍玺书招谕郢州。伯颜等与宋都督贾似道、淮西制置使夏贵战于鲁港，大败之。甲子，宋知太平州孟之缙、无为军刘权俱以城降。乙丑，遣使赍玺书招谕宋江陵府官吏军民。宋福州团练使、知特摩道事农士贵率州县三十有七、户十万，诣云南行中书省请降。戊辰，宋知和州王善、知安东州孙嗣武俱以城降。己巳，复遣拜术、唐永坚等宣谕郢州官民。庚午，宋都统权兵马司事徐玉荣等以建康府降。宋贾似道送国信使郝经、刘人杰等来归。诏安南国王陈光炳以旧制六事谕之，趣其来朝。车驾幸上都。

三月壬申朔，宋镇江府总管石祖忠以城降。甲戌，宋江阴军佥判李世修以城降。乙亥，安西王忙兀剌、诸王只必帖不儿、驸马昌吉等从西平王奥鲁赤征吐蕃。丙子，国信使廉希贤等至建康。谕诸将毋妄有侵掠。宋知滁州王文虎以城降。庚辰，宋知甯国府颜绍卿以城降。甲申，宋知西海州丁顺以城降。乙酉，知东海州施居文、知平江府潜说友并以城降。江东路得府二、州五、军二、县四十三，户八十三万一千八百五十二，口一百九十一万九千一百六。丙戌，宋常州安抚使戴之泰以城降。廉希贤、严忠范等至独松关，宋将张濡杀忠范，执希贤送临安，创甚卒。辛卯，宋将高世杰据岳州，未几复降，诛之。丙申，侧布番酋税昔、确州番酋庄寮男车甲等率四十三族，诣四川行枢密院降。辛丑，阿术分兵攻扬州。

夏四月乙巳，改西夏中兴道按察司为陇右河西道。丙午，宋知荆门军刘懋以城降。丁未,阿里海牙遣郎中张鼎赍玺书入江陵,宋荆湖制置使朱祀孙、副使高达等出降。知陕州赵真知、归州赵仔权、澧州毛浚、常德府新城总制鲁希文、权知府事周明等先后悉以城降。辛亥,遣使招谕宋镇抚使吕文福。甲寅,立登闻鼓。辛酉,宋郢州安抚使赵孟柱以城降。丁卯,大司农、御史中丞孛罗为御史大夫。罢随路巡行劝农官,以其事隶提刑按察司。庚午,高达为行省参知政事。

五月辛未朔,中书右丞廉希宪、参知政事脱博忽鲁秃花行中书省于江陵府。丁丑,阿术立木栅于扬子桥,断淮东粮道。庚辰,谕参知政事高达曰:"昔我国家出征,所获城邑即委而去之,未尝置兵戍守,以此连年征伐不息。夫争国家者,收其土地、人民而已。得土地而无人民,其谁与居。今欲保守新附城邑,使百姓安业,蒙古人未之知也。尔熟知其事,宜加勉旃。"辛巳,宋知辰州吕文兴、知沅州文用圭、知靖州康玉、知房州李鉴等皆以城降。荆南湖北路得府三、州十一、军四、县五十七,户八十万三千四百一十五,口一百一十四万三千八百六十。丁亥,召伯颜赴阙,蒙古万户阿剌罕权行中书省事。庚寅,宋镇抚使吕文福降。壬辰,宋都统制刘师勇复陷常州。

六月庚子朔,日有食之。宋嘉定安抚使昝万寿以城降,赐名顺。癸卯,范文虎招谕安丰、寿州等处官民。甲辰,万户阿剌罕为行中书省参知政事。敕失里伯、史枢同范文虎招谕安丰军。乙卯,宋知叙州郭汉杰以城降。辛酉,宋潼川安抚使、知江安州梅应春以城降。丙寅,宋扬州都统姜才攻扬子桥木栅,阿术大败之。戊辰,罢山东经略司。

秋七月辛未,阿术率阿塔海、董文炳等大败宋舟师于焦山,宋将张世杰、孙虎臣等皆遁,宋人自是不复能军。壬申,阿塔海败宋将刘师勇、张彦于吕城。己卯,立燕南河北道提刑按察司。癸未,敕左丞相伯颜率诸将直趣临安,右丞阿里海牙取湖南,蒙古万户宋都带,汉军万户武秀、张荣实、李恒,兵部尚书吕师夔行都元帅府,取江西。罢淮西行枢密院,右丞阿塔海、参知政事董文炳同署行中书省事。甲午，遣使招谕宋李庭芝及夏贵。伯颜为河南行中书省右丞相，阿术为左丞相。

八月辛酉，车驾至自上都。丙寅，高丽国遣使贺圣诞节。

九月甲戌，杜世忠等为日本人所杀。壬午，阿术筑湾头堡。乙酉，罢襄阳统军司。甲午，宋扬州都统姜才攻湾头堡，阿术、阿塔海等败之。丙申，玉昔帖木儿为御史大夫。括江南诸郡书版及临安秘书省《乾坤宝典》等书。

冬十月戊戌朔，有事于太庙。

十一月丁卯，阿里海牙围潭州。乙亥，伯颜等分军趣临安。丙子，宋权融、宜、钦三州总管岑从毅，沿边巡检使李维屏等诣云南行省降。丁丑，立诸路都转运司。己卯，宋江西转运使判官刘槃以隆兴府降。江西路得府州六、军四、县五十六，户一百五万一千八百二十九，口二百七万六千四百。壬午，伯颜克常州。改顺天路为保定路。

十二月己亥，宋主显遣柳岳奉书诣军中，请班师修好。辛丑，宋都统制祁安以许浦降。甲辰，伯颜次平江府，都统王世杰以城降。戊申，中书右丞相忽都带儿率内外文武官及缁黄耆庶，请上帝尊号曰宪天述德仁文义武大光孝皇帝，皇后曰贞懿顺圣昭天睿文光应皇后，帝不允。癸丑，宋主再使陆秀夫、夏士材、吕师孟诣军前请和。庚申，宋知随州朱端履以城降。丙寅，宋安抚使赵兴可以吉安州降。

十三年春正月丁卯朔，阿里海牙克潭州。湖南平。得府一、州六、军二、县四十，户五十六万一千一百一十二，口百五十三万七千七百四十。宋主显遣其宗正少卿陆秀夫等至军前求称侄纳币，或称侄孙，伯颜却之。己巳，宋安抚使刘汉杰以嘉兴府降。辛未，宋乍浦镇统制刘英以本军降。辛未，宋澉浦镇统制胡全、福建路马步军总管沈世隆来降。宋主显遣其监察御史刘岊奉表称臣，乞存境土以奉蒸尝。甲戌，宋都带克瑞州。乙亥，敕四川制置使赵定应入觐。甲申，宋主显遣其知临安府事贾余庆等赍传国玺及降表至伯颜军前。

乙酉，宋陈宜中、张世杰等以益、广二王遁。丁亥，云南行省赛典赤以改定云南诸路名来上。戊子，大名路达鲁花赤小钤部坐奸赃论死，没其家。己丑，伯颜遣囊嘉特赍传国玺赴阙。甲午，真定总管昔班为中书右丞。

二月戊子，宋知建德军方回、知婺州刘怡、知卢州梁椅、知台州杨必大皆以城降。丁酉，诏刘颉、程德辉谕淮西制置使夏贵降。己亥，克临江军。庚子，宋主显率文武百僚诣祥曦殿望阙上表，谕各路郡县归附，遣其右丞相兼枢密使贾余庆、枢密使谢堂、端明殿学士签枢密院事家铉翁、端明殿学士同签枢密院事刘岊等充祈请使。辛丑，伯颜入临安，得两浙路府八、州六、军一、县八十一，户二百九十八万三千六百七十二，口五百六十九万二千六百五十。丁未，诏曰：

> 间者，行中书省右丞相伯颜遣使来奏，宋母后、幼主暨诸大臣百官，已于正月十八日赍玺绶奉表降附。朕惟自古降王必有朝觐之礼，已遣使往迎。尔等各守职业，其勿妄生疑畏。凡归附前犯罪，悉从原免。公私逋欠，不得征理。归附州城官吏，非奉朝廷谕敕不得擅自科取差发，骚扰百姓。应抗拒王师及逃亡啸聚者，并赦其罪。百官有司、诸王邸第、三学、寺、监、秘省、史馆及禁卫诸司，各宜安居。所在山林河泊出产，权免征税，许贫民任便采取货卖。秘书省图书，太常司祭器、乐器、法服、乐工、卤簿、仪卫，宗正谱牒，天文地理图册，凡典故文字，并户口版籍，尽仰收拾。前代圣贤之后，高尚儒、医、僧、道、卜筮，通晓天文历算，并山林隐逸名士，仰所在官司，具以名闻。鳏寡孤独，不能自存者，量加赡给。

戊申，立浙东西宣慰司于临安，户部尚书麦归、秘书监焦友直为宣慰使，吏部侍郎杨居宽同知宣慰司事，并兼知临安府事。乙卯，谕宋淮东制置使李庭芝、淮西制置使夏贵归附。丁巳，命焦友直括宋秘书省禁书图籍。戊午，祀先农东郊。宋淮西制置夏贵降，淮西路得府二、州六、军四、县三十四，户五十一万三千八百二十七，口一百二万一千三百四十九。庚申，召伯颜以宋主显入觐。辛酉，车驾幸上都。甲子，董文炳、唆都发三学诸生赴京师，太学生徐应镳与子琦、崧，女元娘同赴井死。

三月丁卯，伯颜籍宋太庙景灵宫礼乐器、册宝、郊天仪仗，秘书省、国子监、国史院、学士院、太常寺图书、祭器、乐器送京师。戊寅，免诸路儒户徭役。置总管万户府于廉州，中书右丞、河南等路宣慰使合剌合孙，襄阳管军万户邸浹并行府事。庚辰，囊家特以宋玉玺来上。乙酉，宋赣、吉、袁三州及南安军俱来降。中书右丞音班罢为户部尚书。

闰月丙申，置宣慰司于济甯路。丁酉，诏阿里海牙、忽都帖木儿入觐，脱拨忽鲁秃儿、崔斌并留后鄂州。辛亥，枢密副使张易以宋降臣吴坚、夏贵等赴上都。甲子，中书省左右司郎中郝祯为参知政事。

夏四月丙子，省东川行枢密院及成都经略司。庚辰，修太庙。乙酉，召昭文馆大学士姚枢、翰林学士王磐、翰林侍讲学士徒单公履赴上都。

五月乙未朔，伯颜以宋主显至上都。丙申，召见显于大安殿，授开府仪同三司、检校大司徒，封瀛国公。以宋平，告天地、祖宗于上都之近郊。己亥，以伯颜同知枢密院事。癸卯，放沂、莒、胶、密、甯海五州防军为民。丁未，宋都统姜才攻湾头堡，千户董士元死之。戊申，昔里罕、阿塔赤败宋兵于瓜洲。改博州为东昌路。乙卯，宋江西制置使黄万石以所部来降。是月，宋陈宜中、张世杰等立益王昰于福州，改元景炎。

六月己巳，置行户部于大名府。壬申，改两浙大都督府为安抚司。设诸路宣慰司，并带相衔。甲戌，以《大明历》浸差，命太子赞善王恂与亡宋日官更造新历，枢密副使张易领之。史弼等败姜才于丁村堡。壬辰，谕陈宜中、张世杰、刘师勇等归附。户部尚书张澍为中书参知政事，行中书省事于北京。

七月乙巳，宋制置使朱焕以扬州降。丁未，谕广西路官民归附。乙卯，宋泰州守将孙良臣以城降，获李庭芝、姜才。通、滁、高邮等州相继来降。得州十六、县三十三，户五十四万二千六百二十四，口一百八万三千二百十七。淮东行省右丞阿里海牙为行省平章政事，佥书枢密院事、淮东行枢密院别乞里迷失为行省右丞，参知政事董文炳为左丞，淮东左副元帅塔失、两浙大都督范文虎、江东江西大都督吕师夔、淮东淮西左副都元帅陈岩并参知政事。

八月己巳，汉军都元帅阔阔带、李庭讨海都、笃哇，诏谕庭曰："汝从平江南，多出死力。男子立功，要在西北。今有违我太祖成宪者，汝往征之。"乙亥，杀宋淮东制置使李庭芝、都统姜才。庚辰，罢襄阳统军司。车驾至自上都。奥鲁赤为荆湖行省参知政事。

九月己亥，有事于太庙。庚子，命姚枢、王磐选宋三学生有实学者留京师，余听还家。癸卯，以宋平，大赦天下。丙午，敕常德府岁贡包茅。丁未，谕西川行枢密院檄重庆官民内附。乙卯，以吐番合答城为甯远府。辛酉，阿术入觐。

冬十月戊子，淮东左副都元帅阿里为平章政事，河南等路宣慰使合剌合孙为中书右丞，兵部尚书王仪、吏部尚书兼临安府安抚使杨镇、河南河北提刑按察使迷里忽辛并参知政事，与参知政事陈岩行中书省事于淮东。

十一月，宋知处州李珏以城降。甲辰，阿剌罕败宋秀王与睪于瑞安，获之。癸丑，宋知福州王刚中以城降。庚申，敕管民及理财官由中书省调，军官由枢密院定议。高丽国王王愖遣使来告更名睶。

十二月甲子，宋益王昰奔惠州，遣使奉表请降。丁卯，置元江府，以羁縻阿僰诸蛮。戊辰，宋泉州提举市舶司蒲寿庚及知泉州田真子以城降。壬申，有告转运使姜毅所言悖妄，指毅妻、子为证，帝曰："妻、子岂为证者耶！"诏勿问。庚寅，诏："管军将校及亡宋官吏有夺民田卢产业者，俾各归其主；无主则分给附近贫民。凡亡宋繁冗科差、圣节上供、经总制钱等百有余件，悉蠲免之。"

十四年春正月，阿剌罕入汀关。癸巳，宋知循州刘兴以城降。壬寅，宋知汀州黄去疾、监军吴浚以城降。癸卯，复立诸道提刑按察司。戊申，宋知潮州马发以城降。丁巳，宋权知梅州钱荣之以城降。

甲寅，敕宋福王赵与芮家赀在杭州者，有司辇至京师付其家。己未，置江淮等路都转运盐使司及江淮榷茶都转运使司。

二月壬戌，宋瑞州安抚使姚文龙以城降。癸亥，彗星出东北。戊辰，祀先农于东郊。甲戌，车驾幸上都。丙戌，宋知连州过元龙已降复叛，塔海将兵讨之，元龙弃城遁。丁亥，宋知南恩州陈尧道、佥判林叔虎以城降。御史大夫孛罗为枢密副使兼宣徽使。

三月庚寅朔，以冬无雨雪，遣使问便民之政于耶律铸、姚枢、王磐、窦默等，对曰："足民之道，唯节浮费。靡谷之多，无喻醪醴曲蘖。祈赛神社，费亦不赀。宜一切禁止。"从之。辛卯，复立行中书省于潭州，立广南西路宣抚司于静江。壬寅，宋肇庆府新封等州来降。癸卯，知寿昌府张之纲坐附叛逆伏诛。庚戌，宋建甯府通判郭缵以城降。四川都掌蛮、罗计蛮及凤凰、中垅、罗韦、高崖等四砦，播州蛮酋杨邦宪、思州蛮酋田景贤皆降。癸丑，广南西路庆远、郁林、昭、贺、藤、梧、融、宾、柳、象、邕、廉、容、贵、浔等府州皆降。浙西宣慰使阿塔海为平章政事，行中书省事于江淮。郡王合答为平章政事，行中书省事于北京。是月，宋文天祥陷梅州。

夏四月癸酉，罢各路转运司。丙戌，禁江南用铜钱。宋张世杰陷潮州。

五月癸巳，淮西民张德兴起兵陷黄州及寿昌军。丁巳，宣慰使郑鼎与德兴战于樊口，兵败，死之。癸卯，改广南路宣抚司为宣慰司。立安抚司于钦州。西番酋阿立丁甯占等来降。丙子，融州安抚使谭昌谋反，伏诛。谕泸州阿永蛮及筠连州蛮归附。

六月辛酉，宋文天祥陷雩都、兴国等县。丙寅，宋涪州安抚使杨立降。丁亥，行省参知政事、行江东道宣慰使奥鲁赤为参知政事、行湖北道宣慰使。

秋七月癸卯，诸王昔里吉执北平王那木罕、右丞相安童以叛，诏伯颜讨之。诸王忽鲁带所部来归。丙午，立行御史台于扬州，都元帅相威为御史大夫。置八道提刑按察司。戊申，立行中书省于江西，参知政事、行江西宣慰使塔出为右丞，参知政事、行江西宣慰使麦朮丁为左丞,淮东宣慰使撒里帖木儿、江东宣慰使张荣实、江西宣慰使李恒、招讨使也的迷失、万户昔里门、荆湖路宣抚使程鹏飞、兵马招讨使蒲寿庚并参知政事、行江西省事。壬子,宋文天祥围赣州。丁巳,湖广行省参知政事、行江东道宣慰使吕文焕为行省左丞。

八月戊午朔,建太庙于大都。不花行西川枢密院事。辛未,常德府总管鲁希文谋反,伏诛。车驾猎于上都之北。己卯,昂吉儿、忻都等获张德兴。甲申,李恒败文天祥于兴国,天祥走循州。

九月丙申,广南东路广、连、韶、德庆、惠、潮、南雄、英德等州府皆降。壬子,福建路宣慰使唆都克建甯府及南剑州。

冬十月丙辰朔,日有食之。己未,有事于太庙。庚寅,塔出围广州,宋制置使张镇孙以城降。壬午,立宣慰司于黄州。甲申,湖广行省参知政事忽都帖木儿、脱搏忽鲁秃花、崔斌并为中书左丞,鄂州总管府达鲁花赤张鼎、湖北道宣慰使贾居贞并参知政事。

十一月庚子,吏部尚书别都鲁丁为中书参知政事。

十二月庚午,宋梁山防御使袁世安以城降。乙亥,都元帅杨文安克咸淳府。参议中书省事耿仁为中书参知政事。

新元史卷一〇

本纪第一〇

世祖四

十五年春正月辛卯，阿老瓦丁率所部戍斡端城。己亥，以诸路州县管民官兼领收括阑遗，若官吏隐匿及擅易马匹、私配妇人者，没其家。禁买卖江南良家子女。丙午，万户秃满答儿、郝札刺不花等克泸州。庚戌，东川副都元帅张德润克涪州。

二月戊午，祀先农，蒙古胄子代耕藉田。癸亥，命淮南行省平章政事阿塔海、阿里选择江南廉能官吏，汰冗员与不胜任者。壬午，福建路宣慰使唆都克潮洲。立太史院。淮南行省参知政事夏贵、范文虎、陈岩并为行省左丞，黄州路宣慰使唐兀带、史弼并行省参知政事。

三月乙酉，忙古带、唆都、蒲寿庚行中书省事于福州。合刺带以舟师讨广南。甲午，西川行枢密院招降重庆路。庚子，都元帅李庭自请讨张世杰，从之。壬寅，以诸路岁比不登，免今岁田租、丝银。癸卯，都元帅杨文安克绍庆府。乙巳，广南西道宣慰司招降雷、化、高三州。宋张世杰以宋主昰奔碙洲。参知政事密立忽辛、张守智并行大司农司事。

夏四月乙卯，都元帅刘国杰以兵戍北边。丙辰，佥军讨云南蛮。戊午，江南行省左丞夏贵等分道检核钱谷，察郡县被旱甚者，吏廉能者举以闻，其贪残不职者罢之。甲子，宋主昰殂于碙洲。庚午，张世杰等立其弟卫王昺。丁丑，云南临安、白衣、和泥城寨一百九，威楚、金齿、落落军民三万二千二百，秃老蛮、高州、筠连州城寨十九俱来降。壬午，立行中书省于建康府。改北京行中书省为宣慰司。

五月癸未朔，诏翰林学士和礼霍孙今后用宰执及将兵重臣，与儒臣年老者同议。乙酉，福建宣慰使史格以兵讨张世杰。己亥，江东道按察使阿八赤诬奏宣慰使吕文焕私匿兵仗，诏行台御史大夫相威按之。事白，免阿八赤官。

六月辛酉，高丽国王王睶来朝。丙寅，选军、民官廉能者各一人，分领江南防拓关隘。甲戌，汰江南冗官，其宣慰司除额设官员外余并罢去，仍削各官旧带相衔。罢茶运司及营田司，以其事隶宣慰司。罢漕运司，以其事隶行中书省。各路总管府依验户数多寡，以上中下三等设官。亡宋官吏人仕者，付吏部录用。罢江淮行中书省参知政事史弼、唐兀带，湖广行中书省参知政事张鼎，无为军达鲁花赤忙古带。己未，宋张世杰等以宋主昺徙于厓山。戊寅，全州洞徭降。己卯，张宏范为蒙古、汉军都元帅，从海道攻厓山。庚辰，处州贼张三八、章焱作乱，宣慰使谒只里讨平之。辛巳，安南国遣使贡方物。

秋七月壬午朔，宋湖南制置使张烈良、提刑刘应龙等起兵，阿里海牙讨获之。甲申，诸王爱牙赤率所部戍建都，立江南湖北道、岭南广西道、福建广东道提刑按察司。丙戌，湖广行省左丞崔斌为江淮行省左丞，参知政事张守智为湖广行省左丞。丁亥，水军万户张荣实率所部防江口。丙申，右丞塔出、吕师夔，参知政事贾居贞行中书省事于赣州。丁酉，江西行省参知政事李恒为都元帅，以蒙古、汉军攻厓山。丙午，改开元宣抚司为宣慰司。定江南官禄职田。禁江南、浙西等处非理征科扰民。

八月壬子朔，礼部尚书柴椿等使安南国，征陈光昞入朝。壬戌，漳州安抚使沈世隆斩受张世杰伪檄者，坐擅杀，籍家赀。帝曰："世隆何罪，其还之。"擢本路管民总管。乙丑，济南总管张宏代输民赋，贷阿里、阿塔赤等银不能偿，诏依例停征。封泉州神女为护国明著灵惠协正善庆显济天妃。己卯，初立提刑按察司于畏兀儿。辛巳，诏行省唆都、蒲寿庚等曰："诸番居东南海岛者，皆有慕义之心，可因番舶商人，宣布朕意。诚能来朝，朕将宠礼之。其往来互市，各从所欲。"福州行省左丞董文炳，佥枢密院事、参知政事唆都、蒲寿庚并为左丞。

九月癸未，省东西川行枢密院，分设宣慰司。

冬十月己未，有事于太庙。庚申，车驾至自上都。丁卯，弛山场樵采之禁。

十一月丁亥，立荆湖北道宣慰司。壬辰，征宋丞相马廷鸾、章鉴赴阙，不至。丁酉，召南淮行省左丞陈岩入觐。丁未，移江南行御史台治杭州。立淮东道宣慰司于扬州。诏沿海通日本国市舶。是月，皇子西安王忙哥剌卒。

闰月庚戌朔，罗氏蛮酋阿榨、西南番酋韦昌盛并来降。甲寅，车驾幸光禄寺。甲子，都元帅张宏范克漳州。壬寅，张宏范获宋丞相文天祥于潮州五坡岭。

十二月己卯朔，大霸都掌蛮降。戊申，叙州秃老蛮杀使臣撒里蛮，四川行省以兵讨之。封伯夷为昭仪清惠公，叔齐为崇让仁惠公。置开成路屯田总管府。

十六年春正月己酉朔，高丽国遣使贺正旦，兼贡方物。癸丑，以琼崖、儋、万诸州俱平，诏阿里海牙入觐。甲寅，移赣州行中书省于隆兴。辛酉，宋合州安抚使王立以城降，诏诛立，籍其家，既而赦之，以为潼川路安抚使、知合州事。壬戌，立成都等路四道宣慰司。丙子，叉巴、散毛等四洞蛮降。中书左丞别乞里迷失同知枢密院事。甲申，张宏范大败宋张世杰于崖山，宋丞相陆秀夫负宋主昺蹈海死，世杰夺港遁去，遇飓风溺死。是月，高丽国王王睶来朝。

二月戊寅朔，祭先农于籍田。壬午，访求通皇极数番阳祝泌子孙，其甥傅立以泌书来上。癸未，置五卫指挥司。甲申，敕江淮、湖南、江西、福建造战船六百艘以征日本。禁诸奥鲁及汉人执弓矢，出征还，甲仗即输之官库。癸卯，遣嘉定新附军屯田脱里伯之地。甲辰，车驾幸上都。乙巳，立四川道提刑按察司。

三月戊申朔，诏："大兵渡江以来，农民失业。今已安集，务宜敦本力田，各管民官以时劝课，如无成效者罪之。"壬子，囊嘉带括两淮造回回炮军匠六百人及各路军匠能造炮者俱至京师。甲戌，顺元、八番蛮降，以其酋龙方零等为安抚使。太常寺纂《至元州县社稷通礼》，上之。

夏四月己卯，立江西榷茶运司及诸路转运盐司。癸巳，以给事中兼起居注掌诸司闻奏事。扬州行省选南军二万人充侍卫军。

五月辛亥，诏漳、泉、汀、邵武等处暨八十四畬官民，若举众来降，官迁擢，军民安堵如故。癸酉，兀里养合带言："赋北京、西京车牛俱至，可运军粮。"帝曰："民之艰苦，汝等不问，但知役民。若今年尽取之，来岁禾稼何由得种。其止之。"甲申，宋张世杰所部将校百五十八人诣雷、琼等州降。命高丽国造战船以征日本。壬辰，参知政事、行河南等路宣慰使忽辛为中书左丞、行中书省事。癸巳，不花行西川枢密院事，以兵讨未降城寨。云南都元帅爱鲁、纳速剌丁分定亦乞不薛及忙木、巨木秃等三百寨，军还，献驯象十二。

六月甲辰，免四川今年差税。参知政事、行中书省事别都鲁丁为河南等路宣慰使，忽辛为湖南行省左丞。占城、马八儿诸国遣使贡方物及犀、象各一。

秋七月戊申，甯国路新军百户詹福谋反，伏诛。罢西川行枢密院。丁巳，安南国遣使贡驯象。癸酉，八番、罗氏诸蛮降。

八月丁丑，车驾至自上都。庚寅，沅州路蒙古军总管乞答合以兵讨桐木笼、犵狫、伯诸蛮。

九月乙巳朔，范文虎荐可为守令者三十人。诏曰："今后所荐，朕自择之。有不勤于官守者，勿问汉人、回回皆论死，且没其家。"女直、水达达军不出征者，隶民籍输赋。戊午，遣使谕西南蛮酋，能率所部归附者，官不失职，民不失业。乙丑，忽必来、别速台为都元帅，率所部戍斡端城。己巳，麻阳县达鲁花赤武伯不花导军官唐兀带劫掠辰溪、沅等州，并伏诛。

冬十月己卯，有事于太庙。丁酉，诏皇太子参预朝政。

十一月壬子，礼部尚书柴椿偕安南国使杜中赞赍玺书谕安南世子陈日烜来朝。乙卯，西安王相赵炳劾运使郭琮、郎中令郭叔云盗用官钱，命尚书秃速忽、侍御史郭佑按之。

十二月庚辰，安南国遣使贡药材。甲申，诏谕占城国王来朝。

十七年春正月癸卯朔，高丽国遣使贺正旦兼贡方物。丙午，万户綦公直率所部戍别失八里。丙辰，定迁转官员法及诸路差税课程。辛酉，廉州海贼霍公明等伏诛。丁卯，畋于近效。戊辰，释宋俘三万余人为民。立行中书省于福州。都元帅张宏范卒。

二月乙亥，中书右丞张易言高和尚有秘术，能役鬼为兵；命和礼和孙与高和尚同赴北边。丁丑，答里不罕平罗罗斯，获蛮酋谷纳。诏答里不罕还，以阿答代之。纳速剌丁以兵征缅国。己丑，杀宋制置使张珏。辛丑，以广东民不聊生，召行省右丞塔出、左丞吕师夔廷诘之，也的迷失、贾居贞行宣慰司，往抚其民。

三月甲辰，车驾幸上都。己未，阿里海牙等以兵讨罗氏鬼国。辛未，陕西运使郭琮等杀西安王相赵炳，诏械琮等至京师廷鞫之，并伏诛。

夏四月癸酉，南康贼杜可用伪称万乘元年，伏诛。庚子，权停百官俸。

五月甲辰，作行宫于察罕诺尔。癸丑，药剌海以四川兵与纳速剌丁同征缅国。移福州行省于泉州。甲寅，汀州贼廖得胜等作乱伏诛。

六月辛未朔，忽都带儿括兰遗户垦江北田。壬申，招谕占城国。丁丑，招谕罗氏鬼国。戊戌，高丽国遣使贡方物。敕江淮等处行钞法，废宋铜钱。《授时历》成，诏曰：

自古有国牧民之君，必以钦天授时为立治之本。黄帝、尧、舜以至三代，莫不皆然。为日官者，皆世守其业，随时考验，以与天合。故历法无数更之弊。及秦灭先圣之术，每置闰于岁终，古法盖殚废矣。由两汉而下,立积年日法以为推步之准,因仍沿袭以迄于今。夫天运流行不息,而欲以一定之法拘之,未有久而不差之理。差而必改,其势有不得不然者。太史院作灵台,制仪象,日测月验,以考其度数之真。积年日法皆所不取,庶几吻合天运,而永终无弊。乃者新历告成,赐名《授时历》,自至元十八年正月一日颁行。布告遐迩,咸使闻知。

秋七月己酉,立行中书省于安西府,李德辉为行省参知政事,兼领钱谷事。徙泉州行省于隆兴。戊午,中书参知政事郝祯、耿仁并为左丞。开胶莱河。甲子,遣安南国王子陈倪还。乙丑,罢江南财赋总管府。己巳,中使咬难至江南访求高士。

八月乙卯,改蒙古侍卫总管为亲军都指挥使司。戊寅,占城、马八儿国皆遣使奉表贡方物。唆都请招谕三佛齐等八国,不从。丁亥,集贤大学士兼国子祭酒许衡致仕。戊戌,高丽国王王睶来朝。范文虎、忻都、洪茶邱为中书右丞,李庭、张拔突为参知政事,并行中书省事。

九月壬子,车驾至自上都。壬戌,也罕的斤率所部戍斡端。丁卯,罗氏酋阿察等降。癸酉,高丽国王王睶加开府仪同三司、中书左丞相、行中书省事。丁丑,命湖南行省讨亦奚不薛。壬午,立陕西四川等处行中书省,不花为右丞,李德辉、汪惟正并为左丞。己丑,命招讨使都实穷河源。壬辰,亦奚不薛酋遣从子入朝,帝曰:"亦奚不薛不禀命,辄以官授其从子,无人臣礼。俟其酋出,乃罢兵。"丙申,招谕爪哇国。

十一月己亥朔,俱蓝、马八儿、阇婆等国俱遣使来朝。丁卯,复遣教化、孟庆元等赍书谕占城国。

十二月庚午,杀江淮行省平章政事阿里伯、右丞崔斌。辛未,高丽国王王睶率所部水军征日本。谕诸将征日本取道高丽,毋扰其民。以高丽藩臣金方庆为征日本都元帅,朴球、金周鼎为管高丽国征日本军万户,并赐虎符。癸酉,高丽国王王睶为行省中书右丞相。丁亥,复诏管民官兼管诸军奥鲁。戊子,征亦奚不薛军戍罗葡甸。壬辰，陈桂龙据漳州叛。甲午，新建太庙成，自旧庙奉迁神主于祏室，行大享礼。改畏兀儿断事官为北庭都护府。丙申，辽东路新军以妻子易马，敕以今年所输赋税赎之。安南国来贡驯象。是月，左丞相阿术卒于别失八里军中。

十八年春正月戊戌朔，颁《授时历》。高丽国遣使贺正旦兼贡方物。辛丑，召阿剌罕、范文虎、囊家带入觐。丁未，畋于近郊。敕江南州县官兼用蒙古、回回人。命忻都、洪茶邱率所部由高丽泛海至日本，范文虎率所部由庆元路泛海至日本，以张珪、李庭留后。丙辰，车驾幸漷州。

二月辛未，车驾幸柳林。乙亥，立上都留守司。移荆湖行省于鄂州，湖南宣慰司于潭州。己丑，诏谕乌琐纳等毋侵罗氏蛮，违者许罗氏酋阿利奏闻。乙未，皇后宏吉剌氏崩。丙申，车驾至自柳林。中书右丞、行江东道宣慰使阿剌罕为中书左丞相、行中书省事，江西道宣慰使兼招讨使也的迷失为参知政事、行中书省事。

三月戊戌，国子祭酒致仕许衡卒。丙午，车驾幸上都。辛酉，立登闻鼓院。

夏四月辛未，命云南行省讨哈喇章。癸酉，复中外官吏俸。

五月戊申，罢畏兀儿提刑按察使司。

六月丙寅，谦州织工贫，鬻妻、子，敕官与赎还，赐粟赈之。己巳，忻都、洪茶邱等与日本兵战于鹿岛，失利。庚寅，阿剌罕有疾，以阿塔海代之。中书左丞忽都帖木儿为中书右丞、行中书省事，御史中丞、行御史台事忽剌出为中书左丞、行尚书省事。

秋七月丁酉，分置安西行中书省于河西。己亥，阿剌罕卒。辛酉，赐唆都驼蓬以辟瘴毒。占城国来贡象、犀。

八月庚午，忙古带为中书右丞、行中书省事。申严大都总管府兵马司、左右警巡院敛民之禁。庚寅，高丽国遣使贺圣诞。壬辰，范文虎等遇飓风败舟，弃其全军而返，左副都元帅阿剌帖木儿等皆溺死。

闰月丙午，车驾至自上都。丁巳，改思州宣抚司为宣慰司，兼管内安抚使。汰中书省及诸司冗员。括江南户口税课。庚申，安南国遣使贡方物。

九月癸亥朔，畋于近郊。壬辰，占城国遣使贡方物。

冬十月乙未，有事于太庙，祔贞懿昭圣顺天睿文光应皇后。己亥，立陈日烜叔父遗爱为安南国王。庚子，镇安州蛮酋岑从毅杀知州李显，召从毅入朝。丁未，置安南国宣慰司，以孛颜帖木儿为参知政事，行安南国宣慰使，都元帅柴椿、忽哥儿副之。壬子，集百官于悯忠寺，焚《道藏》伪经，有隐匿者罪之。封失里咱牙信合八剌麻合迭瓦为占城国王，立行中书省于占城，唆都为右丞，刘深为左丞，也里迷失为参知政事。庚戌，纳陈遗爱于安南。招谕干不昔国。壬子，改大都、南阳等处屯田孛兰奚总管府为农政院。癸丑，皇太子至自北边。辛酉，邵武贼高日新降。

十一月癸亥朔，招谕探马礼蛮酋。甲子，漳州贼陈吊眼伏诛。壬午，召瓜哇国王入觐。

十二月甲午，瓮吉剌岱为中书右丞相。己亥，罢日本行中书省。癸丑，免益都、淄莱等路开河夫今年租赋，仍给佣直。丙辰，福州贼林天成伏诛。

新元史卷一一

本纪第一一

世祖五

十九年春正月壬戌朔,高丽国遣使贺正旦。丙寅,罢征东行中书省。撒里蛮执叛王昔里吉等以献,皇子北平王遣诸王札剌忽奏闻。丁卯,札剌忽入觐。立太仆院。丙子,畋于近郊。丁丑,高丽国贡细布。

二月辛卯朔,车驾幸柳林。修太庙及司天台。甲午,诸王相吾答儿、行中书省右丞太卜、参知政事也罕的斤征缅国。壬寅,命军官阵亡者其子袭职,以疾卒降一等授官,著为令。乙巳,立广东道提刑按察司。戊申,车驾至自柳林。己酉,汰省部冗官。徙浙东宣慰司于温州。佥都掌、阿永等部军,征答马剌。都掌酋乞免佥军,以牛马运饷,允之。庚戌,以参知政事唐兀带等分屯建康、江陵、池州等路。壬子,佥亦奚不薛及播、思、叙三州军征缅国,亦奚不薛酋阿峻不从命。

三月辛酉朔,乌蒙蛮叛,那海、火鲁思迷同讨之。戊寅,益都千户王著与妖僧高和尚杀阿合马、郝祯。壬午,王著、高和尚伏诛。杀枢密副使张易。戊子,领北庭都护府阿必失哈为御史大夫、行御史台事。

夏四月辛卯,敕和礼霍孙集中书省、御史台、枢密院、翰林院等官,议阿合马所管财赋。丁酉,和礼霍孙为中书右丞相。降右丞相瓮吉剌带为大都留守,仍同佥枢密院事。壬寅,敕滦州造官车,勿赋于民。乙巳，汰仓库官，考核诸路平淮库。丙午，收诸王别帖木儿总军银印。庚戌，以用兵海外，供亿繁重，诏慰谕军民，应有逋欠钱粮及官吏侵盗，并权停罢。括江南隐匿逃军。壬子，定民间贷钱取息法，以三分为准。定内外官三年考满法。

五月己未朔，黜省、部官党附阿合马者七百十四人。泸州管军总管李从受贿，纵军士私还，致贼杀万户爪难等，伏诛。追治阿合马罪。戮其尸于通元门外。罢南京宣慰司。戊辰，并江西、福建行中书省为一。壬申，逮参知政事耿仁至大都，命中书鞫之。中书右丞张惠罢。甘肃行省左丞麦术丁为中书右丞，行御史台御史中丞张雄飞为参知政事。

六月甲午，诏阿合马滥设官府二百四，留三十三，余悉罢之。戊戌，占城复叛，行省平章政事唆都以兵讨之。己亥，管军万户何子志使暹国。壬子，敕中外官立限决事。癸丑，罢大司徒及农政院。丁巳，亦奚不薛降。

秋七月戊午朔，日有食之。分立行枢密院于扬州、岳州。辛酉，追治郝祯罪。戮其尸。壬申，敕百官奏事同御史台奏闻。癸酉，赐高丽王王睶金印。丁丑，巩昌总帅汪札剌儿带罢，以别速帖木儿代之。乙酉，阇婆国献金佛塔。

八月癸巳，佥罗罗斯等军征缅国。辛亥，车驾驻龙虎台。甲寅，圣诞节，是日还宫。乙卯，御正殿受贺。

九月丁巳朔，敕中书省穷治阿合马党与。戊午，阿合马子阿散伏诛。庚申，罢涟、海州屯田。游显为平章政事，行省扬州。辛酉，耿仁、撒都鲁丁及阿合马子忻都俱伏诛。俱蓝国、苏木都速国及也里可温教主并遣使奉表贡方物。壬戌，敕："官吏受贿及仓库官侵盗，御史知而不纠者，罪之。"乙丑，佥亦奚不薛军。丁卯，安南国世子陈日烜遣使贡方物。己巳，罢云南宣慰司。壬申，蛮洞向世雄兄弟及散毛诸洞叛，敕四川行省招抚之。辛巳，厘正选法，定诸路岁贡儒吏额。

冬十月丁亥朔，整治钞法。辛卯，平章军国重事耶律铸为中书左丞相。壬辰，有事于太庙。罢西京宣慰司。丙申，立詹事院。甲辰，占城国降。乙巳，招谕法里郎、阿鲁、乾伯等国。罢屯田总管府。丁未，女直人六十，自请造船运粮，赴鬼国赡军，从之。庚戌，移成都宣慰司于碉门。罢广元路及顺庆府宣慰司。诏两广、福建五品以下官，从行省铨注。乙卯，阿合马子忽辛、秣速忽俱伏诛于扬州。

十一月戊午，宋衍圣公孔洙为国子祭酒兼提举浙东道学校事。颁示阿合马罪状。甲戌，敕天下重囚，除谋反大逆，杀祖父母、父母，妻杀夫，奴杀主外，其余犯死罪者赦之，充军征日本、占城、缅国。丙子，大盘洞酋向臭友等来朝。戊寅，马八儿国遣使贡金叶书及方物。

十二月壬辰，昭文馆大学士张文谦为枢密副使。乙未，徙瀛国公赵显于上都。杀宋丞相文天祥。癸卯，定御史台选择台臣格。征处士刘因为右赞善大夫，因以母老辞归。中书右丞扎萨克为平章政事。罢南京屯田总管府。

二十年春正月丙辰朔，高丽国遣使贺正旦。己未，立皇后宏吉剌氏。癸亥，药剌海以兵讨亦奚不薛。乙丑，高丽国遣使贡方物。阿塔海复为征东行中书省左丞相。丙寅，发五卫军征日本。以去岁河北、山东诸路旱，权停租税勿征。仍谕管民官，水旱逾时不报，及按察司不随时检察，皆罪之。壬申，移巩昌按察司治甘州。行省右丞阇里帖木儿率三十五万户征日本。丁丑，杨廷璧为宣慰使，招谕俱蓝等国。壬午，畋于近郊。改广东提刑按察司为海北广东道，广西按察司为海北广西道，福建按察司为福建闽海道，巩昌按察司为河西陇北道。

二月戊子，赐俱蓝国王瓦你金符。癸巳，敕斡脱钱仍其旧。亦奚不薛降。庚子，省西川东西北三道宣慰司及潼川等路镇守万户府，新军总管府，威、灌、茂等州安抚司。辛丑，定军官选格及官吏赃罪法。癸丑，谕中书省大事奏闻，小事便宜行之，毋稽缓。

三月丁巳，罢河西行御史台。立巩昌等处行工部。罢泉州行中书省及福建市舶总管府。己未，罢安西行中书省，立行工部。乙丑，兀奴忽鲁带鲁扬州罪囚。立云南道提刑按察司。丙寅，车驾幸上都。丁卯，新会县民林桂芳等作乱，伪号罗平国，伏诛。乙亥，阿塔海戍曲先，汉都鲁迷失戍斡端。壬午，罢福建道宣慰司，复立行中书省于漳州。中书右丞张惠为平章政事，御史中丞也先帖木儿为中书左丞，并行中书省事。

夏四月丙戌，立别失八里、和林等处宣慰司。庚寅，药剌海戍亦奚不薛。召也速答儿还成都。壬辰，都元帅张林、招讨使张瑄、总管朱清等从征日本。高丽国王王睶领征东行省，规画日本事宜。癸卯，王睶为征东行中书省左丞相。庚戌，也速带讨独山都掌蛮，平之，获其酋得兰纽。辛亥，麦术丁等检核万亿库，请使蒙古人鞠其获罪者。诏曰："蒙古人为利所汩，亦异往日矣。其择可任者使之。"

五月己未，罢五卫军征日本。庚申，定江南民官及转运司公田。丙寅，免江南租税三之二。辛未，唆都等入占城，其王孛由补剌者吾遁，降玺书招谕之。甲戌，并江淮、云南州县。耶律老哥为中书参知政事。颁行宋文思院小口斛。立海西辽东道提刑按察司。己卯，宣慰使朱国宝率阿里海牙旧部讨占城。

六月丙戌，甘州行省参知政事王椅为中书参知政事。己丑，增官吏俸。庚寅，定市舶抽分法。丙申，修大都城。辛亥，四川行省参知政事曲立吉思等讨平九溪十八洞，以其酋长入朝。

秋七月丙辰，免骨嵬军赋役。丙寅，立亦奚不薛宣慰司。壬申，亦奚不薛军民千户宋添富及顺元路军民总管阿里等降，立亦奚不薛总管府，以阿里为总管。丁丑，立铺军，捕淮西盗贼。

八月癸未，以明里察平章军国重事。甲午，安南国遣使贡方物。济州新开河成。立都漕运司。戊午，象山县海贼尤宗祖降。丙寅，古答奴国因商人阿剌畏等内附。罢占城行中书省。辛未，广东盗起。

冬十月壬辰，车驾至自上都。甲午，平章政事扎散为枢密副使。乙未，有事于太庙。庚子，建宁路总管黄华叛，伪称宋祥兴五年，卜邻吉带、史弼等合讨之。耶律铸罢。癸卯，造船于新开河，以分海运。己酉，佥河西质子充军。癸丑，总管陈义自备海船三十艘征日本，授义万户，佩虎符。壬戌，复立南京宣慰司。戊寅，禁云南军官没良民为奴及黥其面。

十二月壬辰，以中书参知政事温迪罕、中书参议秃鲁花廉贫，赐钞旌之。丙午，罢云南都元帅府。敕大官质子赴京师，著为令。北胜州洞蛮叛，云南行省阿合八失讨平之。

二十一年春正月乙卯，右丞相和礼霍孙率百官上尊号曰宪天述道仁文义武大光孝皇帝，诸王百官朝贺如朔旦仪。诏曰：

惟我祖宗创业垂统，区宇之广，众所悉知。其御下也为善，而有功者必赏，为恶而有罪者必罚，此我祖宗之定制也。比者，公卿耆旧诣阙拜章，谓朕寿祉方隆，请上尊号。属兹大庆，宜布宽条。兹用播告中外，凡尔有众，自今以始，各务维新，无替朕命。

己未，罢云南都元帅府。甲子，罢扬州等处理算官。丁卯，建都蛮及金齿诸蛮俱降。庚午，立江淮、荆湖、江西、四川行枢密院及耽罗国安抚司。甲戌，王积翁赍玺书使日本，未至，为舟人所杀。己卯，马八儿国遣使贡方物。

二月辛巳，管如德为行省参知政事，征缅国。丁亥，翰林学士承旨撒里蛮祀先农于藉田。壬辰，邕、宾、梧、韶、衡等州盗并起，湖南宣慰使撒里蛮讨平之。丁未，阿塔海以水军征占城。戊申，徙江淮行省于杭州，浙西宣慰司于平江，省黄州宣慰司。漳州盗起，江浙行省讨平之。秦州总管刘发谋反，事觉伏诛。

三月丁巳，皇子北平王诺木罕及安童至自北边。唆都攻占城不克，引兵还。丙寅，车驾幸上都。丁卯，太庙正殿成。乙亥，高丽国王王睶遣使贺上尊号。

夏四月乙酉，置大都留守司及大都路总管府。戊申，高丽国王王睶及公主以其世子谌来朝。发思、播二州蛮军征缅国。

五月癸丑，敕收集唆都及江淮、江西两省溃军，凡至者给粮，舟楫损坏者修之。戊午，敕中书省奏目及文书皆不用畏兀儿字。己未，占城国王请降，遣其孙路司理勒蛰等奉表来朝。庚午，鄂州达鲁花赤赵翥等赍玺书谕安南国。括天下私藏天文图谶《太乙雷公式》、《七曜历》、《推背图》、《苗太监历》，有私习及收匿者罪之。丁丑，以征占城兵溃，追忽都虎、乌马儿、刘君庆等敕命、虎符，以孛鲁合答儿等代之，仍听阿里海牙节制。

闰月己卯，封怯里剌王为郡王，罢西南番安抚司四总管府。丙戌，迁扬州行御史台于杭州。庚寅，赐归附蛮酋十八人冠带。理算江南造船隐弊，诏按察司毋得沮挠。癸巳，改封皇子北平王那木罕为北安王。甲辰，安南国世子陈日烜遣使贡方物。

六月壬子，增官吏俸。甲寅，封皇子托欢为镇南王，镇扬州。庚申，改蒙古都元帅府为都万户府，炮手元帅府为万户府，炮手都元帅府为回回炮手军匠万户府。甲子，移阿剌带和林屯田军与憨答孙所部合屯五河。

秋七月丁丑朔，荆湖、四川合兵讨义巴、散毛洞蛮。诏军官勿带相衔。丁亥，江淮行省以占城使者大半达连扎入朝，及其地图来上。戊子，镇南王托欢以兵征占城，假道安南。安南国世子陈日烜遣使贡方物。释安南国前使黎英等还。

八月丁未，华帖、白水江、盐井三部蛮叛，云南行省讨平之。占城国王乞岁修职贡，遣使献三象。庚午，车驾至自上都。甲戌，建都女子沙智有功，授建昌路总管，佩虎符。

九月甲申，京师地震。置福建盐课市舶都转运司。并福建、江淮两行省为一，中书右丞、行省事忙兀带为江淮等处行中书省平章政事，左丞呼剌出、蒲寿庚参知政事，管如德分省泉州。

冬十月丁未，有事于太庙。戊申，药剌海率探马赤讨金齿蛮。己酉，敕管军万户为行省宣慰使者，毋兼管军事；仍为万户者，毋兼管民政。辛酉，征东招讨司征骨嵬夷。定处断军人逃亡例，为首起意者处死。张万为征缅招讨使，佩三珠虎符。戊辰，立常平仓。甲戌，诏行中书省，凡征日本船并增价募之。

十一月甲申，封南木里、忙哥赤为郡王。己丑，海盗黎德伏诛。

庚寅，占城国王遣使贺圣诞，献礼币及二象。占城旧州酋宝嘉娄亦奉表内附。庚子，范文虎为中书左丞，商量枢密院事。辛丑，和礼霍孙、麦术丁、张雄飞、温迪罕皆罢。前右丞相安童复为右丞相，卢世荣为中书右丞，史枢为中书左丞，不鲁迷失海牙、撒的迷失并参知政事，拜降参议中书省事。壬寅，敕中书省整钞法。南巫里、别里刺、理伦、大力等国各遣使奉表贡方物。

十二月甲辰，置常平盐局。乙巳，御史中丞崔彧罢。丙寅，八番酋龙昌宁、龙延万等入朝。置八番宣慰司，招抚西南诸番。乙酉，镇南王至安南境，陈日烜拒命，分六道攻之。

二十二年春正月戊寅，遣使虑诸路狱囚。壬午，置上都等路群牧都转运司、诸常平盐铁坑冶都转运司。戊子，封驸马唆都哥为甯昌郡王。蜀人赵和尚冒称宋广王，伏诛。移五条河屯田军于兀失蛮、扎失蛮之地。乙未，罢江南行御史台。改提刑按察司为提刑转运司。立江西行枢密院。罢福建行中书省，置宣慰司。丙申，畋于近郊。阿必赤合为中书平章政事。荆湖占城行省平叛蛮百六十六洞。辛丑，扬兀鲁带为征骨嵬招讨使。丙戌，乌马儿败陈日烜于富良江，日烜遁，镇南王入安南都城。

二月乙巳，帝驻畔柳林。改江淮、江西元帅招讨司为上、中、下三万户府。辛亥，广东宣慰使月的迷失讨潮、惠二州盗郭逢贵等，平之。丙辰，罢开胶、莱新河。壬戌，诏大都旧城居民迁新城者，以赀高及居官者为先，定制以八亩为一分，其地过八亩及贫不能作室者，皆不得冒据。收天下铜钱。戊辰，车驾幸上都。复立江南行御史台，徙治江州。置真定、济南、太原、甘肃、江西、江淮、湖广等处宣慰司兼都转运使司。瓮吉剌带为中书左丞相。己巳，复立提刑按察使司。忽都鲁为中书平章政事。诏各道提刑按察司，能遵奉条画、莅事有成者，任满升职；赃污不称任者，除名。罢融州总管府。

三月丙子，张公礼、彭质等往占城测候日晷。癸未，罢甘州行中书省，立宣慰司。

夏四月癸卯，立行枢密院都镇抚司。庚戌，监察御史陈天祥劾中书右丞卢世荣，诏世荣、天祚俱赴上都。癸丑，诏追捕宋广王及陈宜中。中书省、枢密院、御史台官虑大都及诸路罪囚。壬戌，御史中丞阿剌帖木儿、郭佑，侍御史白秃帖木儿等以卢世荣等罪状奏，阿剌帖木儿等与世荣质于帝前，世荣款服下狱。癸亥，敕麦术丁与安童治中书省事。

五月甲戌，御史中丞郭佑为中书参知政事。壬午，忻都为踢里玉诏讨使。诏近地不服者讨之，毋兴兵远攻。右巴等洞蛮平。丁亥，汰六部冗官，择廉洁有干局者存之。戊子，复徙行御史台于杭州。戊戌，镇南王引大军北还，大将唆都、李恒俱战殁。庚戌，高丽国遣使贡方物。

秋七月戊寅，分甘州屯田新军屯于亦集乃路。壬午，陕西四川行省左丞汪惟正入觐。以降酋郭逢贵等至京师。庚寅，唐兀带复为荆湖占城行省左丞。

八月丙辰，车驾至自上都。

九月戊辰，并哈喇章、金齿二宣抚司为一，置临安广西道宣抚司。罢榷酤，听民自造。乙亥，听民自实两淮荒地，免税三年。敕贡物惟地所产，非所产者，毋辄上。丙子，真腊、占城二国遣使贡方物及乐工十人。丙戌，速木都剌、马答二国遣使贡朝。癸巳，乌蒙蛮叛，也速带儿以兵讨之。

冬十月己亥，合撒儿海牙使安南国。庚子，有事于太庙。乙巳，征东招讨使朵儿台、杨兀鲁克台征骨嵬，赐杨兀鲁克台三珠虎符，为征东宣慰使都元帅。癸丑，哈塔海为征东行省左丞相，刘国杰、陈岩并为左丞，洪茶邱为右丞，同征日本。赐脱里安、答即古阿散等印，考覆中书省，其制如三品。丙辰，中书参议帖木儿为参知政事，位郭佑上，且命之曰："自今之事，皆责于汝。"马法国遣使贡方物。戊午，江淮行省平章忙古岱为江浙行省左丞相。复置叙州宣抚司。癸亥，答即古阿散理算江南钱谷。丁卯，乌蒙宣抚司使阿蒙叛，云南行省以征罗必丹兵讨之。壬申，以讨日本，遣阿八剌督江淮军需，察忽督辽东军需。戊寅，征高丽兵万人、船六百五十艘征日本。癸巳，漕江淮米百万石，贮于高丽合浦，征东行省及高丽各贮米十万石，以备军需。乙未，秃鲁欢为参知政事。卢世荣伏诛。

十二月己亥，减天下罪囚。丁未，皇太子卒。己未，丹太庙楹。辛酉，立集贤院。甲子，罢哈喇章都元帅，命哈喇酋长子入质京师，千户、百户子留质云南。丙寅，停迁转工匠官。

是岁，占城行省参知政事亦里迷失等引军还。

二十三年春正月戊辰朔，以皇太子哀，罢朝贺。庚辰，马八儿国来献铜盾。丁亥，禁阴阳伪书《显明历》。丁酉，畋于近郊。

二月甲辰，雪雪的斤为缅中行省左丞相，阿台董阿参知政事，兀都迷失佥行中书省事；阿海牙为安南行省左丞相，奥鲁赤平章政事，乌马儿、亦里迷失、阿里、昝顺、樊楫并参知政事。乙巳，罢山北辽东道宣慰司，立东京等处行中书省，阔阔你敦为左丞相，塔出行省右丞，扬仁风、亦而撒合并参知政事。戊午，罢江南行枢密院。荆湖占城行省以兵征安南。封陈益稷为安南国王，陈秀爰为辅义公。甲子，立甘州行中书省。

三月乙亥，麦术丁复为中书右丞。立钦察卫亲军都指挥使。丙子，车驾幸上都。丁丑，徙东京行中书省于咸平府。

夏四月庚子，立燕南、河东、山东等路宣慰司。甲辰，徙江南行御史台于建康路。己未，遣要束木钩考荆湖行省钱谷。

五月己巳，以阿里海牙言，遣参知政事秃鲁欢等按治要束木赃罪。甲戌，徙江东道按察司于宣州。辛卯，安南国遣使贡方物。湖广行省左丞相阿里海涯自杀于京师。

六月乙巳，立大司农司。辛亥，亦马剌丹忒忽里使安南。丁巳，薛阇干为中书平章政事。辛酉，高丽国遣使贡方物。

秋七月丙寅朔，必速蛮等使爪哇国。己巳，罢辽阳行中书省，复置三道宣慰司。壬申，拜答儿以兵讨阿蒙，斩之。壬午，铁木儿为中书左丞。癸巳，铨定中书省、行省、枢密院、御史台、行台、六部官，诏谕中外。

八月丙申，敕枢密院选侍卫军千人扈从北征。罢淮东、蕲黄宣慰司。辛酉，永康县民陈巽四等谋反，伏诛。

九月乙丑朔，马八儿、须门那、僧急里、南巫力、马兰丹、那旺、丁呵儿、来来、急阑亦带、苏木都剌十国，各遣子弟上表贡方物。壬辰，高丽国来献日本俘。

冬十月丁酉，有事于太庙。己亥，车驾至自上都。己酉，塔塔儿、杨兀鲁带以兵征骨嵬。辛亥，河决开封路祥符、陈留等州县十五处。壬戌，马八儿国来献鞍勒、毡甲。

十一月乙丑，张瑄、来阿八赤为海道运粮万户，佩虎符。丁丑，塔察儿、忽难使于诸王阿儿浑。

十二月癸卯，籍阿里海牙赀产。

是岁，大都饥。

二十四年春正月癸酉，俱蓝国遣使来朝。丙戌，程鹏飞为中书右丞，阿里为中书左丞。丁亥，不颜里海牙为中书参知政事。复改江浙行省为江淮行省。辛卯，发江淮、江西、湖广三行省蒙古及汉券军、云南行省军及海外黎兵，分道讨安南。立征交趾行尚书省。

二月甲午，畋于近郊。乙未，麦术丁为中书平章政事。庚子，范文虎为中书右丞、商议枢密院事。壬子，封驸马昌吉为甯濮郡王。丙辰，马八儿国来贡方物。

闰月乙丑，畋于近郊。立尚书省，桑哥、铁木儿为尚书省平章政事，阿鲁浑撒里为尚书右丞，叶李为左丞，马绍为参知政事。甲申，镇南王脱欢徙镇南京。范文虎改尚书右丞、商议枢密院事。改行中书省为行尚书省。吏部尚书忻都为尚书省参知政事。庚寅，车驾幸上都。

三月甲午，造至元宝钞。乙卯，车驾驻凉陉。丙辰，马八儿国来献异兽。河决汴梁。

夏四月，诸王乃颜反。

五月庚子，高丽国王王晧授行尚书省平章政事。是月，车驾亲征乃颜。

六月，车驾次撒儿都鲁之地。前军获乃颜，诛之。乙亥，车驾驻于大利斡鲁脱之地。尽得乃颜辎重。

秋七月癸巳，皇子爱牙赤等败叛王失都儿于咸平。

八月乙丑，车驾还京师。李海剌孙为征东行省参知政事，脱满答儿为都元帅，分道讨缅国。己巳，谪从逆诸王从军自效。癸酉，朵儿朵海获叛王阿赤思，赦之。甲申，女国来贡方物。

九月辛卯，安南国遣使贡方物。壬子，高丽国王王晧来朝。

冬十月朔，日有食之。甲子，有事于太庙。丙子，杀中书参知政事郭佑、杨居宽。乙酉，罗葡甸蛮酋火者、阿禾等来降。丙戌，立辽阳行尚书省，薛阇干、阇里帖木儿并为行省平章政事，洪茶邱为右丞，亦儿撒合为左丞，杨仁风、阿老瓦丁并为参知政事。

十一月壬辰，云南行省右丞爱鲁败安南兵于木兀门。桑哥为尚书省右丞相，帖木儿为左丞相，阿里浑撒里为平章政事，叶李为右丞，马绍为左丞。丙午，镇南王脱欢败安南兵于界河。己酉，封驸马帖木儿为济宁郡王。

十二月癸亥，金竹寨蛮酋搔驴等来降。乙酉，镇南王脱欢以诸军入安南，陈日烜奔敢喃堡。

新元史卷一二

本纪第一二

世祖六

二十五年春正月辛卯，忙古带为江淮行尚书省右丞相。戊戌，大赦。壬寅，高丽国遣使贡方物。癸卯，海都寇北边，诸王术伯、驸马昌吉等以兵讨之。丙午，畋于近郊。癸丑，立江南行大司农司及淮东、西两道劝农营田司。

二月丁巳，改济州漕运司为都漕运司，领南北漕运。戊午，诸王哈丹秃鲁干叛，李庭等以兵讨之。庚申，大司徒撒里蛮等进读祖宗《实录》，帝曰："太宗事则然，睿宗少有可易者，定宗固日不暇给。宪宗事汝不能忆之，犹当询知者。"壬戌，罢辽东海西道提刑按察司。改南京路为汴梁路，北京路为武平路，西京路为大同路，东京路为辽阳路，中兴府为宁夏府路。己卯，高丽国王王睶为征东行尚书省左丞相。壬午，皇孙云南王也先铁木儿出镇大理。

三月丁亥，松江民曹梦炎岁以米万石输官，遥授梦炎浙东道宣慰副使。改曲靖路总管府为宣抚司。庚寅，车驾幸上都。李庭为征东行省左丞、商议枢密院事。辛卯，镇南王自安南班师。丁酉，车驾驻野狐岭。阿束、塔不带总京师禁卫诸军。己亥，陈日烜遣使进金人代罪。

夏四月乙丑，循州贼钟明亮作乱，江淮行省左丞相忙古带、行枢密院副使也的迷失以兵讨之。庚辰，安南国遣使贡方物。甲申，皇孙铁木儿率诸军讨叛王火鲁火孙、哈丹秃鲁干。

五月戊子，诸王察合子阔阔带叛应哈丹，床兀儿讨获之。己丑，河决襄邑。丁酉，改云南乌撒宣抚司为宣慰司，兼管军万户府。戊戌，汪家奴、火鲁忽带、察罕等复叛。壬寅，浑天仪成。癸丑，移四川行中书省于重庆。高丽国遣使贡方物。河决开封。

六月辛酉，定御史任满，验所言事大小、多寡为升降。乙丑，诏蒙古人总汉军，习水战。戊辰，管军元帅阿里带败海都兵于业里干脑儿。癸未，处州贼柳世英作乱，宣慰副使史耀讨平之。

秋七月戊戌，车驾幸许泥百牙之地。乙巳，保定路唐县野蚕成茧，可为帛。

八月丙辰，安童率本部怯薛蒙古军巡北边。庚辰，车驾次孛罗孩脑儿。

九月壬辰，车驾至大都。乙未，笃哇入寇。庚子，鬼国及建都蛮贡方物。癸卯，置征理司，专治合追钱谷，秃烈羊阿、吴诚并为征理使。江南行台御史中丞刘宣自杀。

冬十月己未，有事于太庙。庚申，参知政事忻都等十二人理算江淮、江西、福建、四川、甘肃、陕西六行省钱谷。丙寅，大同民李伯祥、苏永福谋反，伏诛。庚午，海都入寇。丙子，瀛国公赵显学佛法于土蕃。己卯，也不干入寇，不都马失等败之。免儒户杂徭。高丽国遣使贡方物。是月，用寿张县尹韩仲晖议，自安山开河至临清以济运。

十一月丁亥，金齿蛮来贡方物。山东东西道提刑按察使何荣祖为中书参知政事。柳州贼黄德清、潮州贼蔡猛等作乱，俱伏诛。庚寅，床哥里合寇建州。癸巳，也速带儿、牙林海剌孙执叛王捏坤、忽都答儿来降。己亥，礼部侍郎李思衍等使安南国，谕陈日烜入朝。辛丑，马八儿国遣使来朝。叛王帖列涅入寇。

十二月丁巳，海都入寇，诸王阔阔出等败之。丙子，也速不花以昔烈门叛，诸王八八、拜答罕，驸马昌吉等以兵讨之。也速不花降，昔烈门遁至朵郎不带之地，获之。庚辰，高丽国遣使贡方物。

二十六年春正月丙戌，京师地震。辛卯，哈丹入寇。戊戌，蒙古都万户按的忽都合、荆湖行省左丞唐兀带与月的迷失等讨江西群盗。立武卫亲军都指挥司。癸卯，罢胶莱海道运粮万户府。高丽国遣使贡方物。钟明亮寇赣州。畲民卯大老等作乱，伏诛。戊申，湖广行省参知政事张守智、翰林直学士李天英征粮运于高丽。移广州按察司于韶州。

二月辛亥朔，籍江南户口。癸亥，移江淮行尚书省于杭州。改浙西道宣慰司为淮东道，治扬州。丙寅，福建行省拜降、江西行院月的迷失、江淮行省忙古带合兵讨江西群盗。丁卯，车驾幸上都。伯颜知枢密院事，总北边诸军。伯答儿为中书平章政事。哈丹入寇开元路，治中兀颜牙兀格败之。己巳，立左右翼屯田万户府。甲戌，巩昌总帅汪惟和率所部北征，敕入都受命。

三月庚辰朔，日有食之。台州贼杨镇龙僭称大兴国，宣慰使史弼讨斩之。癸巳，金齿蛮酋赛完降。

夏四月己酉朔，福建行省参知政事魏天佑执宋江西提刑谢枋得送京师，枋得不食卒。戊辰，安南国遣使贡方物。甲戌，御史大夫玉鲁吕为太傅，加开府仪同三司。召江淮行省参知政事忻都至京师，户部尚书王巨济理算江淮钱谷，左丞相忙古带总之。丁丑，徙乃颜降众于江南充水军。

五月丙申，钟明亮降。复徙行御史台于杭州，浙西按察司于平江。参知政事忻都为尚书左丞，中书参知政事何荣祖为尚书参知政事，参议尚书省事张天佑为中书参知政事。己亥，置回回国子学。辛丑，青山猺降。

六月辛亥，安山渠成，赐名会通河。庚申诸王乃蛮台败哈丹于托吾儿河。丙寅，要忽儿入寇。辛巳，尚书省断事官秃烈羊阿理算云南钱谷。复立云南提刑按察司。海都寇和林，宣慰使怯伯、同知乃蛮台、副使八黑铁儿并叛降海都。宣慰使刘哈剌拔都脱归，赐名察斡脱赤。甲戌，云南中下烂土洞蛮酋忽带等降。乙亥，乃颜余党金刚奴寇折连怯儿。

秋七月戊寅朔，海都入寇，帝下诏亲征。辛卯，敕和林屯田乞儿吉思等军讨海都。戊戌，信州贼鲍惠日等作乱，伏诛。李庭等率所部北征。壬寅，赋百官家，制军人衣袄。

九月丁亥，罢斡端宣慰使元帅府。

冬十月甲子，有事于太庙。

闰月戊寅，车驾至自上都。庚辰，月的迷失获贼首邱应祥、董贤举送京师。乙酉，命自今所授宣敕并付尚书省。丙戌，四川生番心楞等来降。钟明亮复叛，寇梅州，月的迷失与福建、江西行省合兵讨之。丁亥，安南国遣使贡方物。己丑，籍江南、四川户口。婺州贼叶万文作乱，江淮行省平章政事不怜吉歹讨平之。庚子，取泗滨石为磬，以补宫悬之乐。辛丑，罗斛国、女国俱来贡方物。乙巳，缅国来贡方物。壬子，漳州贼陈机容、邱大老、张顺等降。癸丑，建宁贼黄福等谋反，伏诛。

十二月丁丑，诸王小薛与哈丹秃鲁干通谋，伏诛。丁亥，封皇子阔阔出为宁远王。甲午，管军万户汪惟能为征西都元帅，屯漠北。

是岁，马八儿国来献花驴。

二十七年春正月戊申，改大都路总管府为都总管府。庚戌，河东山西道宣慰使阿里火者为尚书右丞，宣慰使如故。癸丑，安南国遣使贡方物。乙卯，制祀天幄殿。高丽国遣使贡方物。己未，掌吉寇甘木里，诸王术伯、拜答罕、亦怜真等败之。乙丑，伸思、八儿等谋作乱，事觉伏诛。丙寅，敕高丽国发耽罗戍兵，讨哈丹。辛未，高丽国王王睶来朝。

二月乙亥朔，立全罗道万户府。癸未，泉州地震。己丑，钟明亮降。癸巳，江西贼华大老等作乱，伏诛。

三月己未，立云南蒙怜、蒙莱二路军民总管府。放福建猎户、沙鱼皮户为民。庚申，罢行大司农司及各道劝农营田司。复移四川行中书省于成都。诏风宪之选仍归御史台，如旧制。癸亥，建昌县贼邱大老等作乱，伏诛。辛未，太平县贼叶大五等作乱，伏诛。

夏四月癸酉朔，车驾幸上都。癸未，罢海道运粮万户府，置临清漕河运粮上万户府。庚子，哈丹寇海阳。

五月乙巳，哈丹寇开元。戊申，钟明亮叛，江西行省左丞管如德、行枢密副使也的迷失合兵讨之。罢江西行枢密院。戊午，移江西行中书省于吉州。癸亥，绩溪县贼胡发等作乱，伏诛。己巳，立云南行御史台。庚午，婺州贼吕重二、泉州贼陈七师作乱，并伏诛。

六月壬申朔，河决太康。甲戌，桑州蛮酋黄布蓬等来降。庚辰，杭州贼唐珍等作乱，伏诛。丁酉，大司徒撒里蛮等进《定宗实录》。

秋七月癸丑，罢缅中行尚书省。江淮行省平章政事沙不丁以仓库吏欺盗，请依宋法黥面、断腕，帝曰："此回回法也。"不允。高丽国遣使贺圣诞。戊午，建平贼王静照作乱，伏诛。壬午，车驾驻老鼠山西。乙丑，芜湖贼徐汝安等作乱，伏诛。丙寅，云南阇力白衣甸等蛮酋来降。

八月辛未朔，日有食之。丁亥，复移四川南道宣慰司于重庆。癸巳，武平路地大震，压死官民七千二百二十人。己亥，中书平章政事帖木儿等以兵赴武平路。

九月乙巳，辽东行省平章政事阇里帖木儿败哈丹于瓦法。戊申，武平地复震。丙辰，大赦。

冬十月壬申，封皇孙甘剌麻为梁王，出镇云南。癸酉，有事于太庙。己卯，佥甘肃民兵。乙酉，梁洞吴汤暖等二十四洞蛮来降。己丑，新作太庙登歌、宫悬乐。罢成都路岁贡鸬鹚。

十一月戊申，立扬州、建康、镇江七万户府，杭州四万户府。壬戌，大司徒撒里蛮等进《太宗实录》。癸亥，河决祥符义唐湾。甲子，移河北河南道提刑按察司于许州。

十二月丙戌，兴化县贼朱三十五作乱，伏诛。乙未，诸王乃蛮台、辽阳行省平章政事薛阇干、右丞洪察忽分屯双城及婆娑府诸城，以御哈丹。己亥，青田贼刘甲乙等寇温州。

二十八年春正月癸丑，高丽国遣使贡方物。甲寅，有虎入于南城。辛酉,复行海运,置都粮运万户府,以督岁运。壬戌,尚书右丞相桑哥有罪免。

二月癸酉,罢福建行中书省,立宣慰司。丙子,罢征理司。丁丑,太子右詹事完泽为尚书右丞相,翰林学士承旨不忽木为平章政事。己卯,立金齿等处宣慰司都元帅府、曲靖等处宣慰司管军万户府。壬午,以桑哥答监察御史,命御史大夫月儿鲁与桑哥廷辩。癸未,车驾幸上都,驻跸大口。召御史台及中书、尚书两省官议桑哥罪。乙酉,立江淮、湖广、江西、四川等处行枢密院。丙戌,改提刑按察司为肃政廉访司。集贤大学士何荣祖为尚书右丞,集贤学士贺胜为尚书参知政事。皇子镇南王脱欢出镇扬州。丁亥,逮湖广行省平章政事要束木,籍其家。辛卯,封诸王帖木儿不花为肃远王。癸巳,籍桑哥家。

三月乙卯,乃颜余党牙儿马赤等作乱,塔海讨平之。壬戌,中书右丞崔彧罢为御史中丞。南丹州蛮酋莫国麟入觐,授安抚使,赐三珠虎符。

夏四月乙未,徙湖广行枢密院于鄂州。

五月丁酉朔,薛阇干等及高丽兵与哈丹战,大败之。戊戌,脱脱、塔剌海等至杭州,鞫僧官杨琏真伽赃罪。参知政事廉希恕为湖广行省右丞,与海北海南宣慰使都元帅陈仲达合讨琼州黎蛮。立左右两江宣慰司都元帅府。移江淮行枢密院于建康。甲辰,要束木伏诛。辛亥,征前太子赞善刘因为集贤学士,不至。癸丑,罢尚书省,尚书右丞相完泽为中书右丞相,平章政事麦朮丁、不忽木并中书平章政事,尚书右丞何荣祖为中书右丞,左丞马绍为中书左丞,参知政事贺胜、高翥并参知中书政事。征东行尚书省左丞相、驸马高丽国王王睶为行中书省左丞相。丁巳,颁《至元新格》。己未,门答占为御史大夫,行御史台事。

六月乙酉,郴州、桂阳、宝庆、武冈盗起,江淮行枢密院以兵讨之。

七月丙申朔,高丽国遣使贺圣诞。己亥,尚州蛮降。庚子,移江西行枢密院于赣州。戊申，扬州学正李淦劾尚书右丞叶李妄举桑哥，请斩李以谢天下，驿召淦至京师。丁巳，桑哥伏诛。

八月乙丑朔，平阳地震。丙寅，马八儿国来贡方物。己卯，谕思州溪洞官杨都要招抚叛蛮。戊子，咀喃番遣使进金书宝塔及黑狮子。

九月辛丑，平章政事麦术丁商议中书省事，咱喜鲁丁为中书平章政事。丙午，立行宣政院于杭州。辛亥，安南国世子陈日烜遣使贡方物，且谢不朝之罪。壬子，宣抚使杨祥等赍玺书谕流求国。乙卯，复置四川行枢密院，治成都。庚申，礼部尚书铁里，礼部侍郎阿老瓦丁、不剌同使俱蓝，礼部侍郎别帖木儿、亦列失金同使马八儿，礼部侍郎脱西使于马都。

冬十月己巳，修真定路玉华宫孝思殿。癸酉，有事于太庙。辛巳，塔剌海、张忽辛等坐理算钱谷受赃，并伏诛。召高丽王王睶及忽都鲁揭里迷失公主入朝。癸未，罗斛国来进金字表及方物。罢行枢密院。己丑，召诸路转运司至京师议税法。癸巳，礼部尚书张立道使安南。免卫辉路种仙茅户徭役。

十一月壬寅，左吉使新合剌的音。丁亥，耽罗国来贡方物。乙卯，新添葛蛮酋来贡方物。增中外官吏俸。戊午，金齿蛮酋阿腮入觐。

十二月己巳，立新添葛蛮安抚司。辛未，兵部尚书帖灭、兵部侍郎明思昔答思使于罗孛卜儿。壬申，立河南江北行中书省。甲戌，罗钩考钱谷。庚辰，改江淮行中书省为江浙行中书省。癸未，别都儿丁为中书左丞。丙戌，八番洞蛮来贡方物。戊子，赦罪囚非杀人抵死者，悉释之。

二十九年春正月甲午朔，日有食之。免朝贺。己亥，太史令郭守敬兼领都水监事。丙午，敕用蒙古语谕河南官吏，用汉语谕江浙官吏，著为令。罢河南道宣慰司。谕平伐、木甏眼等蛮酋归附。癸丑，立陈蒙、烂土军民安抚司。

二月甲子朔，金竹蛮来贡方物，减所部贡马，赐衣袄遣还。丁卯，畋于近郊。己巳，敕罪人勿鞭背。庚午，谕百眼、左阿、吉谷、各当、各迪等蛮酋归附。壬申，遣使分行诸路，释死罪以下囚。乙亥，复立福建行中书省，亦黑迷失、史弼、高兴并为福建行省平章政事，征爪哇。戊寅，立征行左右军都元帅府。加高丽王睶太保，赐号推忠宣力定远功臣。诏诸王叛附合丹者纳答儿从镇南王，聂怯来从合剌合孙，阿秃从云南王，朵列秃从阿里，八里带从月的迷失自效。丁亥，乞台不花等使缅国。

三月甲午，脱忽思等至合敦奴孙之地，与驸马阔里吉思议屯田。己亥，以讨女直纳里哥，立征东招讨司。丁未，桑哥党纳速剌丁灭里、忻都、王巨济并伏诛。定赃罪十三等，枉法者五，不枉者七，罪入死者以闻。己酉，同知宣徽院事帖哥、通政院使剌真并为中书平章政事，兼领旧职。阿里为中书右丞，梁谙都剌为参知政事，麦术丁、何荣祖并参议中书省事。罢八番、罗甸宣慰司，改顺元等处宣慰司为八番、顺元等宣慰司，兼都元帅府。遥授安南国王陈益稷湖广行省平章政事，居鄂州。庚戌，车驾幸上都。赐蛮酋五十六人绫绢及鞍辔弓矢。

夏四月辛卯，立云南诸路庙学。

五月丁未，雪杨居宽、郭佑冤，给还家赀。

六月己巳，察昔折乙烈番酋率其部众来降。

闰月壬寅，罢福建岁造象齿鞶带。回回人献大珠，却之。辛亥，上思州蛮酋黄胜许作乱，行枢密副使刘国杰以兵讨之。高丽饥，来请粟，赐米十万石以赈之。戊寅，岑从毅降。乙卯，张立道以安南使者入觐，奉陈日烜表贡方物。

秋七月庚申朔，高丽国王遣其世子謜来贺圣诞。辛酉，移河北河南道廉访司于汴梁。壬申，建社稷坛。戊寅，黎兵百户邓志愿谋反，伏诛。

八月壬寅，括唐兀秃鲁花所部阔象赤及河西逃户。甲辰，车驾幸上都。丙午，开新河，自通州至大都，以郭守敬董其役。诏丞相以下皆操畚锸，听守敬指㧑。壬子，都元帅塔剌赤、行枢密副使程鹏飞以兵讨黄胜许，胜许遁人安南。戊午，移燕南河北廉访司于真定。不敦、忙兀鲁迷失以兵征八百媳妇蛮。

九月辛酉，吏部尚书梁曾、礼部郎中陈孚使安南，谕陈日烜入朝。丁丑，罢云南行御史台。丁亥，立乌斯藏纳里速古儿孙三路宣慰使司。

冬十月戊子朔，日本人至四明，求互市。丙申，四川行省以蛮酋向思聪等入觐。甲辰，信合纳帖音国遣使来朝。广东道宣慰使进暹国所上金字表。乙卯，诸王明里帖木儿叛附海都。

十一月丙子，思州蛮酋杨秀朝等来贡方物。

十二月庚寅，改封皇孙梁王甘剌麻为晋王，镇北边。己酉，金齿蛮酋忽鲁马使其子阿鲁来贡方物。

三十年春正月壬戌，谕漆头、金齿蛮归附。乙丑，省内外官司二百五十五，汰冗官六百六十九员。庚午，验洞蛮酋杨总国等来朝。乙亥，谥皇太子真金曰明孝太子。丙子，西番一旬酉来朝。是月，前右丞相安童卒。

二月己丑，高丽王王睶奏易名曰昛。丙申，江淮行枢密院不怜吉歹进鹰，却之。敕军官勿从禽扰民。丁酉，回鹘人献答纳珠，直钞数万锭，帝曰："珠何用，宜留吾钞以周贫者。"却之。丁未，车驾幸上都。辛亥，敕巩昌便宜总帅汪惟和以兵讨土番，行枢密院明安答儿以兵讨西番。复立云南行御史台。

三月庚申，同知枢密院事札散知枢密院事。己巳，复立行大司农司。

夏四月己亥，移江南行大司农司于扬州。甲寅，授光州、邦压、金竹府、大龙番、师壁散毛洞诸酋军民长官，赐以玺书。

五月壬戌，定云洞蛮酋来降。以江南民怨杨琏真珈，罢其子江浙行省左丞暗普。

六月丙戌，选河西质子军从皇孙阿南达讨西番。乙巳，授皇孙帖木儿皇太子宝，抚军北边。

秋七月，免福建贡沙鱼皮及泉州织作纻丝。壬申，月失察儿知枢密院事。丁丑，新河成，赐名通惠河。庚寅，梁曾、陈孚以安南使者陶子奇、梁文藻入觐。

九月癸丑朔，车驾至自上都。

冬十月癸未朔，祔明孝太子于太庙。安置陶子奇等江陵，赐以冬衣。己丑，兵部侍郎秃鲁秃花等使阇蓝、可儿纳答、信合纳帖音三国。庚寅，有事于太庙。彗星见。甲辰，大赦天下。

十一月丁巳，立海北海南道肃政廉访司。己卯，河南行省平章政事伯颜为中书平章政事，位帖哥、剌真、不忽木上。

十二月壬辰，中书左丞马绍以病免，詹事丞张九思为中书左丞。庚子，亦里迷失、史弼坐纵爪哇酋，师还，各杖七十，没家资三之一。辛丑，高丽国王王昛及鲁国公主来朝。

三十一年春正月壬子朔，帝不豫，免朝贺。癸亥，知枢密院事伯颜至自北边。庚午，帝大渐。癸酉，崩于紫檀殿。在位三十五年，年八十。乙亥，葬起辇谷。

夏五月戊午，上尊谥曰圣德神功文武皇帝，庙号世祖，国语曰薛禅皇帝。

史臣曰：唐太宗承隋季之乱，魏徵劝以行王道、敦教化。封德彝驳之曰："书生不知时务，听其虚论，必误国家。"太宗黜德彝而用徵，卒致贞观之治。蒙古之兴，无异于匈奴、突厥。至世祖独崇儒向学，召姚枢、许衡、窦默等敷陈仁义道德之说，岂非所谓书生之虚论者哉？然践阼之后，混壹南北，纪纲法度灿然明备，致治之隆，庶几贞观。由此言之，时无今古，治无夷夏，未有舍先王之道，而能保世长民者也。至于日本之役，弃师十万犹图再举；阿合马已败，复用桑哥；以世祖之仁明，而吝于改过。如此，不能不为之叹息焉。

新元史卷一三
本纪第一三

成宗上

成宗钦明广孝皇帝，讳铁木耳，明孝太子真金第三子也。母为太子元妃宏吉剌氏。至元二年九月庚子生。二十五年，诸王哈丹等叛，世祖遣帝率诸将讨平之。命帝抚军北边。三十年六月乙巳，受皇太子宝。

三十一年春正月癸酉，世祖崩，诸王大臣遣使赴于北边。

夏四月壬午，帝至上都。先是，御史中丞崔彧得传国玉玺上之。元妃遣中书右丞张九思赍至上都授于帝。晋王甘剌麻率诸王劝进。甲午，即皇帝位于上都之大安阁。知枢密院事伯颜宣扬顾命诏曰：

朕惟太祖圣武皇帝受天明命，肇造区夏，圣圣相承，光昭兹绪。迨我先皇帝体元居正以来，然后典章文物大备。临御三十五年，薄海内外，罔不臣属。宏规远略，厚泽深仁，有以衍皇元万世无疆之祚。

我昭考早正储位，德盛功隆，天不假年，四海觖望。顾惟眇质，仰荷先皇帝殊眷，亲授皇太子宝，副以抚军之任。今春宫车远驭，奄弃臣民，乃有宗藩昆弟之贤，戚畹官僚之旧，谓祖训不可以违，神器不可以旷，合词推戴，诚切意坚。朕勉徇所请，于四月十四日即皇帝位。

可大赦天下。除杀祖父母、父母，妻妾杀夫，奴杀主，不赦外，其余一切罪犯，咸赦除之。议行贡举法，无学田处量拔闲田以赡生徒。劝课农桑，停罢一切不急之役。军官奥鲁官抚养军人，不得妄行科配，阵亡及病死者依例优恤。江淮以南夏税特免一年，已纳者准充来年数目。各处酒税等课，定额三十分取一，若额外办出增余，额自作额，增自作增。禁诸人扑买。名山大川、圣帝明王、贤臣烈士载于祀典者，除常礼外，择日遣官致祭。其不尽事件，仰中书省续议奏闻。

是日，追尊皇考明孝太子曰皇帝，尊太子元妃曰皇太后。庚子，忽笃海、明哥颁即位诏于高丽，李衎、萧泰登颁即位诏于安南。丁未，湖广盗起，刘国杰等以兵讨之。己酉，金齿蛮酋阿鲁为孟定路总管，赐虎符。

五月戊午，上大行皇帝尊谥曰圣德神功文武皇帝，庙号世祖，皇后尊谥曰昭睿顺圣皇后，皇考尊谥曰文惠明孝皇帝，庙号裕宗。庚申，云南蛮酋适习、四川散毛洞蛮酋覃顺等来献方物。壬申，议增官吏俸。乙亥，札珊知枢密院事。戊寅，封皇姑高丽王妃为安平公主。加御史大夫月鲁吕太师，知枢密院事伯颜太傅，月赤察儿太保。赐月鲁吕上方玉带宝服，还镇北边。

六月庚辰朔，日有食之。壬辰，帖木儿复为中书平章政事。乙未，以上世祖、裕宗尊谥，诏天下，免本年包银、俸钞及中原地税、江淮以南夏税之半。辛丑，赐宋使签书枢密院事家铉翁号处士，放还田里。癸卯，封驸马阔里吉思为高唐王。甲辰，修《世祖实录》。

秋七月壬子，诏御史大夫月鲁吕振台纲。壬戌，诏曰：

孔子之道，垂宪万世。有国家者，所当崇奉。诸路应设庙学、书院，禁官民亵渎。学田勿得侵夺。作养后进，严加训诲。若文行可观者，有司保举，肃政廉访司体覆，以备擢用。

癸亥，省肇州宣慰司入辽东道。癸酉，陕西行省平章政事不忽木为中书平章政事。甲戌，诏谕暹国王敢木丁来朝。

八月戊子，初祀社稷，用堂上乐。己丑，大都留守段贞、平章政事范文虎监浚通惠河。

九月壬子，驻跸三部落，受诸王百官贺圣诞。辛未，秃古帖木耳使阇蓝国。

冬十月戊寅，车驾至自上都。乙未，金齿孟爱甸蛮酋遣其子来朝，立孟爱甸军民总管府。壬寅，缅国来贡驯象。乙巳，遣南巫里、速木答剌等国使者还，赐三珠虎符及金币有差。

十一月丁未朔，朝皇太后于隆福宫。上玉册、玉宝。壬子，罢湖广、江西行枢密院。丁巳，伯颜察儿参议中书省事，其兄平章政事伯颜奏曰："兄弟宜相嫌避。"辞职。帝曰："兄平章于上，弟参议于下，何所嫌耶？"不允。甲子，湖南道宣慰使何玮为中书参知政事。癸酉诏改明年为元贞元年。

十二月庚子，孛罗曷答儿将禁卫兵戍和林。从帝师请，释京师死囚三十人、杖以下百人。曲靖、澄江等路蛮酋来献方物。太傅、知枢密院事伯颜卒。

元贞元年春正月戊申，诸王阿失罕来朝。癸丑，太仆卿只而合朗为御史大夫。癸亥，云南行省左丞杨炎龙为中书左丞。庚午，江浙行省平章政事阿老瓦丁为中书参知政事。壬申，立北庭都元帅府，中书平章政事合伯为都元帅，江浙行省右丞撒里蛮副之，皆佩虎符。立曲先塔林都元帅府，衅都察为都元帅，佩虎符。甲戌，有飞书告朱清、张瑄谋反，诏慰勉之。乙亥，封皇姑囊家真公主为鲁国大长公主，驸马蛮子台为济宁王。

二月丁丑，合伯、撒里蛮、孛来将探马赤军万人戍北边。壬午，罢江南茶税。戊子，思州蛮酋田哈剌不花等来朝。缅国阿剌札高微班的来献舍利。丁酉，车驾幸上都。癸卯，工部尚书吕天麟为中书参知政事。罢河西军，听各还所属。

三月己巳朔，安南国世子陈日燇遣使来慰国哀，并谢罪。丙辰，金齿蛮酋来朝。

夏四月辛巳，妖人蒙虫僭拟乘舆，伏诛。癸巳，牙那木假兵部尚书，佩虎符，使马答儿的音国。敕官吏不得擅离职任。

闰月甲寅，立梭厘招讨使司，塔儿忽带为招讨使，佩虎符。壬戌，塔即古阿散坐不法伏诛。戊辰，遣爱牙赤核实高丽储粮，是月，兰州上下三百余里河清三日。

五月戊寅，命麦术丁、何荣祖厘正选法。己卯，流别阇于江西，从月的迷失讨贼自效。辛巳，罢行大司农司。平章政事麦术丁加平章军国重事。中书左丞、商议中书省事何荣祖罢为昭文馆大学士，与中书省事。丙申，前太傅伯颜子买的为佥书枢密院事。

六月甲寅，翰林学士承旨董文用等进《世祖实录》。乙卯，省左右两江宣慰司都元师府、宣抚司为广西两江道宣慰司都元帅府。敕上封事者，命中书省检视再闻奏。癸亥，立蒙古都元帅府于西川，阿拉帖木儿、岳乐罕并为都元帅，佩虎符。

秋七月己卯，诏诸路有儒知吏事、吏通经术者，廉访使岁贡二人，委省台官考试，中程者用之，所举非人，罪坐选举官。壬午，立肇州屯田万户府，以辽阳行省左丞阿散领之。戊戌，管军万户朱永福、边珍裕坐妖言惑从伏诛。

八月辛酉，缅国进驯象。己巳，驸马阿海知枢密院事。

九月甲戌，帝至自上都。乙亥，从帝师请，释死罪三人、杖以下四十七人。己卯，罢四川淘金户，还其原籍，追论建言者之罪。庚辰，罢宁夏路行中书省。丁亥，爪哇国来贡方物。

冬十月癸卯，有事于大庙。帝曰："亲享之礼，祖宗未行，今玉册、玉宝成，朕其躬莅之。"癸丑，平章军国重事答失蛮以兵讨西北叛王。戊辰，遣安南贡使还，仍诏谕陈日燇来朝。

十一月丙戌，毯阳佐、法儿剌、阿鲁等国，各遣使奉金字表来朝。戊戌，诏江浙行省括隐漏官田及检劾避役户。是月，戒饬御史台、廉访司，凡纠察官吏不公，及不知百姓疾苦者，罪之。敕各投下及影占户计者，均当杂泛差徭。

十二月甲子，徙缙山乞里乞思等部众于山东。

二年春正月丙子，蠲两都站户和雇、和市。己丑，御史中丞秃赤为御史大夫。乙未，禁诸王、公主、驸马擅罪官吏。

二月丙午，禁军官擅以家奴代役。括蒙古渐丁充行伍。庚戌，诏军人擅更代，及逃归者死。庚申，自六盘山至黄河置屯田。丙寅，大都留守司达鲁花赤段贞为中书平章政事。

三月壬申，中书平章政事不忽木罢为昭文馆大学士、平章军国事。癸酉，忻都劾晋王甘刺麻，朵罗台劾太师月鲁吕，皆有异志。诏枢密院鞫之，事不实。忻都论死，朵罗台谪从军自效。丙子，车驾幸上都。

夏四月己亥朔，命撒的迷失招集忙古歹部流民。

五月戊辰朔，免两都徭役。甲戌，诏蒙古马牛羊百取一，羊不满百者亦取之，色目人羊满百，乃取其一，著为令。庚辰，土番寇阶州，诸王帖木儿不花、只列等以兵讨之。庚寅，罢四川马湖进独本葱。是月，野蚕成茧。

六月丙午，上思州叛蛮黄胜许遁入安南。

秋七月庚午，肇州万户府置屯田。壬午，括伯颜、阿术、阿里海牙等占江南民田，及权豪隐匿者，令输租。增江西、河南行省参知政事各一员，朱清为河南行省参知政事，张瑄为江西行省参知政事。授高丽世子王謜为仪同三司，领都佥议司事。丙戌，岳乐也奴等使马八儿国。己丑，广西贼陈飞等寇昭、梧、藤、容等州，湖广行省左丞八都马辛讨平之。

八月丁酉朔，禁舶商以金银渡海。

九月辛未，车驾幸安同泊，受诸王、百官贺圣诞。戊寅，临安路舍资蛮叛，梁王松山讨降之。甲申，也先不花讨乞蓝蛮，其别部酋答刺率诸蛮降，以其地为云远路军民总管府。是月，河决杞、封邱、祥符、宁陵、襄邑五县。

冬十月丁酉，有事于太庙。壬子，车驾至自上都。赣州贼刘六十作乱，江西行省左丞董士选讨平之。

十一月丁卯，答马刺国来进驯象。己巳，兀都带等进所译太宗、宪宗、世祖《实录》，帝曰："忽都鲁迷失非昭睿顺圣皇后所生，何为称公主？顺圣太后崩时，裕宗已还自军中，所纪日月先后差错。又别马里思丹炮手亦思马音及泉府司皆小事，不足书也。”辛未，遣枢密院官整饬江南镇戍诸军，列将校勤惰以闻。壬辰，缅王遣其子僧伽巴叔撒邦巴来贡方物。

十二月戊戌，立彻里军民总管府。癸亥，释大都狱囚百人。金齿、罗斛蛮酋来朝。

大德元年春正月辛未，诸王亦怜真来朝，卒于道，赐币、帛五百匹。己丑，分和林汉军屯田于五条河。辛卯，张斯立为中书参知政事。

二月丙申，蒙阳甸蛮酋缅吉遣其弟阿不剌等来献方物，以其地立通西军民总管府。戊午，罗罗斯蛮酋来朝。己未，改福建行省为福建平海等处行中书省，徙治泉州。封的立普哇拿阿迪提牙为缅国王。庚申，行徽政院副使王庆端为中书右丞。改元贞三年为大德元年，赦天下，免上都、隆兴差税三年，诏曰：

朕荷天地之洪禧，承祖宗之丕祚，仰遵成宪，庶务和平。比者，药木忽儿、兀鲁速不花、朵儿朵怀等去逆效顺，率众来附。毕会宗亲，释其罪戾。适星芒之垂象，岂天意之儆予。宜推一视之仁，诞布更新之化。可改元贞三年为大德元年。

于戏！侧身修行，咸摅奉若之诚，革故鼎新，幸底雍熙之治。咨尔臣庶，体予至怀。

是月，敕自正月一日至七月二十日，禁捕打禽兽，著为令。

三月庚午，陕西行省平章政事也先帖木儿为中书平章政事，中书左丞梁德珪为中书右丞。癸酉，畋于柳林。甲戌，西番寇阶州，陕西行省平章政事脱列伯讨平之。丙子，车驾幸上都。丁丑，封诸王帖木儿不花为镇西武靖王，江西行省左丞八都马辛为中书左丞。庚辰，札忽鲁赤脱而速坐受赂，为奴所告，毒杀其奴，论死。庚寅，立江淮等处财赋总管府。

夏四月癸巳朔，日有食之。壬寅，赐暹国及罗斛蛮来朝者，衣币有差。诏优恤江南茶户。

五月丙寅，河决开封。戊辰，安南国遣使来朝。庚寅，平伐蛮酋来降，乞隶于亦奚不薛，从之。上思州叛蛮黄胜许遣其子来降。

六月甲午，湖广行省参知政事崔良知廉贫，赐盐课钞千锭旌之。戊戌，平伐九寨蛮来降。甲寅，罢亦奚不薛岁贡马及毡衣。是月，和州历阳县江涨，漂没民居一万八千余家。诏江浙、湖广、江西秋粮折轻赏钞。

秋七月辛未，省蒙古军万户府入曲先塔林都元帅府。丁亥，河决杞县蒲口。衡州路酃县大水山崩。

八月丁巳，妖星出于奎。

九月甲子，八百媳妇蛮寇彻里，也先不花以兵讨之。丙寅，罢括两淮民田。壬午，车驾至自上都。己丑，罢南丹州安抚司，立庆远南丹溪洞等处军民安抚司。平珠六洞蛮及十部蛮皆来降。

冬十月丁酉，有事于太庙。辛丑，温州妖人陈空崖伪称罗平国正治元年，伏诛。乙卯，爪哇国遣使奉表来降。

十一月癸亥，高丽国王王昛告老，乞以爵传其子謜。丁丑，以謜为征东行中书省左丞相、高丽国王，仍封昛逸寿王，赐号推忠宣力定远保节功臣。

十二月戊戌，禁诸王、驸马夺民田，其献田者罪之。壬寅，朝洞蛮来降。丁未，旌表烈妇漳州万户府知事阚文兴妻王氏。

闰月甲子，福建行省平章政事高兴奏，漳浦县产水晶，乞采之。帝曰："不劳民，则可；劳民勿取。"己卯，播州宣抚使杨汉英请讨平伐叛蛮，命湖广行省平章政事哈剌哈孙从宜收抚。

二年春正月壬辰，以水旱，免郡县田粮十之三，灾甚者尽免之。老病单弱免差税三年。己酉，释流求俘归。谕其国王效顺。省土番碉门安抚司、运司，立碉门、鱼通、黎、雅、长河西、宁远安抚司。

二月壬戌，徙重庆宣慰司都元帅府于成都。立福建军民宣慰司都元帅府。乙丑，中书右丞张九思为平章政事，与中书省事。己巳，畋于漷州。丙子，罢中外土木之役。乙酉，车驾幸上都。诏民播种，怠惰及有司劝课不至者，各道廉访司治之。丙戌，梁德珪为中书平章政事。

三月戊子，诏僧人犯罪，听有司专决，轻者与僧官约断，不至者罪之。壬子，封东镇沂山为元德东安王，南镇会稽山为昭德顺应王，西镇吴山为成德永靖王，北镇医巫闾山为贞德广宁王，与岳渎同祀。著为令。

夏四月庚申，也速带儿擅调甘州戍军，遣伯颜等笞之。

五月辛卯，罢海南黎兵万户府及屯田万户府。壬辰，昭文馆大学士何荣祖加平章政事，与中书省事。中书左丞八都马辛为中书右丞。己酉，耽罗国来贡方物。

六月庚申，罢江南门摊，复行两税法。

秋七月癸巳，河复决蒲口，遣尚书阿海、御史刘赓等塞之。壬寅，诏高丽国王王謜入侍，复以其父昛为国王。

九月己丑，车驾幸阻妫之地，受诸王、百官贺圣诞。安南、爪哇及金齿蛮各来贡方物。丙申，帝至自上都。癸卯，命御史台鞫枢密副使塔剌忽带赃罪。庚戌，汰中外冗员。

冬十月壬戌，立蒙古万户府于凤翔路。

十一月庚寅，安南国来贡方物。丙申，罢云南行御史台，置肃政廉访司。壬寅，中书右丞王庆端为中书平章政事。

十二月庚午，湖广行省平章政事哈剌哈孙为江浙行省左丞相。甲戌，彗星见。

新元史卷一四

本纪第一四

成宗下

三年春正月癸未朔，暹国、罗斛国及没剌由诸番来贡方物。赐暹世子虎符。庚寅，遣使问民疾苦。除本年内郡包银、俸钞。免江南夏税十之三。增小吏俸。置各路惠民局。封药木忽儿为定远王。辛卯，命御史台鞫浙西廉访使王遇赃罪。壬辰，杖流高丽藩臣赵仁规于安西，崔冲绍于巩昌。工部尚书也先帖木儿、翰林待制贾汝舟赍诏谕高丽王王昛，自今命官有罪，毋辄行杀戮。癸巳，哈剌哈孙为中书左丞相。是月，诏中外军官奥鲁官抚养军人，不得妄有科配。置各路管民官，招诱新附军人逃窜者，限百日内出首免罪。

二月癸丑朔，车驾幸柳林。丁巳，罢四川、福建等处行中书省，陕西行御史台，江东、荆南、淮西三道宣慰司，立四川、福建宣慰司都元帅府，陕西汉中道肃政廉访司。壬申，加号解州盐池神惠康王曰广济，资宝王曰永泽，泉州海神曰护国庇民明著天妃，盐官州海神曰灵感宏祐公，吴大夫伍员曰忠孝威惠显圣王。金齿蛮来贡方物。庚辰，车驾幸上都。

三月癸巳，缅国世子信合八的奉表来谢，赐衣遣之。补陀僧一山赍诏使日本，谕以通好息民之意。日本人不报。甲午，命何荣祖等更定律令。

夏四月庚午，申严江浙、两淮私盐之禁。己卯，礼部尚书月古不花为中书左丞。

五月丙申，海南速古台诸番来贡方物。庚子，复立征东行中书省，阔里吉思为平章政事，耶律希逸为左丞。

六月癸丑，罢大名路黄河故道田租。

秋七月丙申，淮安等县蝗，在地者为鹙啄食，飞者鹙击杀之。诏禁捕鹙，著为令。

八月己酉朔，日应食，不食。

九月癸未，车驾幸古栅，受诸王、百官贺圣诞。癸巳，罢括江南手号军。己亥，车驾至自上都。

冬十月戊申朔，有事于太庙。壬子，册立伯牙吾氏为皇后。甲寅，复立海北海南道肃政廉访司。

十一月戊子，释罪囚二十人。

十二月癸酉，禁捕天鹅、鹘鸹。

四年春正月辛丑，诏蒙古都元帅也速带儿勿擅决重刑。癸卯，复淮东漕渠。

二月丁未朔，日有食之。丙辰，皇太后崩。甲戌，罢称海屯田，改置于阿札之地。乙亥，车驾幸上都。置西京太和岭屯田。丙子，命李庭提调诸卫屯田。

夏四月丙辰，置五条河屯田。丁巳，缅国遣使进白象。戊午，中书省断事官不兰奚为中书平章政事。

五月癸未，谕集贤大学士阿鲁浑撒里等曰："集贤、翰林乃养老之地，自今满秩者迁官，勿令辄去。"

六月己酉，立缅国王子窟麻剌哥撒八为缅国王。壬子，高丽国王王昛来朝。丙辰，太傅月赤察儿为太师，中书右丞相完泽为太傅。丁巳，御史中丞不忽木卒，贫无以葬，赐银五百锭。甲子，立耽罗总管府。暹、爪哇、吊吉而、蘸八等国遣使来朝。

秋七月甲戌朔，上皇太后尊谥曰徽仁裕圣皇后。乙酉，缅国阿散哥也遣其弟者苏等九十一人来贡方物。诏者苏赴上都，余留安庆。

八月癸卯朔，阿鲁浑萨里为中书平章政事。

闰月庚子，车驾至自上都，中书右丞贺仁杰为平章政事。

九月甲子，改中御府为中政院。

冬十月癸酉朔，有事于太庙。

十一月壬寅朔，诏免两都、隆兴路大德五年丝银、税粮，附近养驼马诸郡免税粮十之三，其余免十之二，徒罪减半，杖以下释之，江北荒田，耕种者收税展限一年，著为令。敕中书省定盐法条画。

十二月癸巳，刘深、合剌带等将兵三万讨八百媳妇蛮。

五年春正月壬子，罢檀、景两州採金铁冶提举司。

二月己卯，刘深、合剌带并为湖广行省中书右丞，郑祐为参知政事，皆佩虎符。丁亥，立征八百媳妇二万户府。丁酉，车驾幸上都。敕云南行省汰冗官千五百一十四员。己亥，永宁路阿永蛮酋雄挫来朝，赐币帛有差。

三月戊午，马来忽等国遣使来朝。己巳，戒饬中外官吏。己未，也速忽都为湖广行省参知政事，与刘国杰等讨四川叛蛮。是月，征东行省平章政事阔里吉思以不能和辑高丽，召还。薛超兀儿、忙兀都鲁迷失等自缅国阿占城班师。

夏四月壬午，调云南军讨八百媳妇。癸巳，宣慰使塔察儿、刑部尚书王为亨使高丽，诏谕高丽王曰：

向以尔国自作不靖，遣平章政事阔里吉思等与王镇抚之，非欲久任于彼。今已召远。然闻尔国越礼滥罚、官冗民弊，王其勉思累朝覆育之恩，以本国生灵为念。威福予夺，当自己出。事体有未便，民情有未安者，其审图之。

五月辛亥，怯烈亦带脱脱以兵讨土番。丙辰，曲靖等路宣慰使忽林失入觐。壬戌，雍真葛蛮宋隆济叛。

六月丙戌，宋隆济陷杨黄寨，雍真总管府连鲁花赤也里干遁。己丑，缅国遣使贡驯象九。壬辰，宋隆济寇贵州，知州张怀德战败，死之。

秋七月丁未，命御史大夫秃忽赤整饬台纲。军官受赃者，与民官同例，量罪殿黜。戊申，立耽罗军民万户府。癸亥，叛王哈丹孙脱欢来降。暗伯、阿忽台并知枢密院事。河南妖人段丑厮等诈称神异诳众，伏诛。

八月甲戌，云南行省平章政事薛超兀儿等以兵讨金齿蛮。水西土官妻蛇节叛应宋隆济。

九月庚辰，彗星出东井。征缅万户曳剌福山等进驯象六。河南行省平章政事二哥等赴云南讯诸王阔阔，平章政事薛超兀儿、忙兀都鲁迷失，左丞刘得禄，参知政事高阿康受赂旋师之罪。

冬十月丙寅朔，以畿内饥，增明年海运粮为百二十万石。己巳，缅国遣使来贡方物。戊寅，云南武定路蛮酋群则来贡方物。壬午，车驾至自上都。丙戌，以岁饥禁酿酒。弛山泽之禁。

十一月丁未，刘国杰、也先忽都将万人，八剌、阿塔赤将五千人，讨宋国济、蛇节、罗儿酋阿女等。戊申，徭人蓝赖率丹阳三十六洞来降。

十二月甲戌，定强窃盗条格。

六年春正月乙巳，晋王甘剌麻卒。丁未，命江浙行省平章政事阿里专领江浙财赋。庚戌，江南僧石祖进告朱清、张瑄不法十事，命御史台鞫之。帝问台臣曰：“朕闻江南富民侵占民田，致贫者流离转徙，卿等闻之否？”对曰：“富民乞护持玺书，依倚以欺贫民，官府不能诘治，宜悉追之。”帝即命行之，毋越三日。己未，诸王真童坐诬告济南王也里只，谪刘国杰军中自效。

二月庚午，谪诸王孛罗于四川从军自效。丙戌，陕西行省平章政事也速带而、参知政事汪维勤，湖广行省平章政事刘国杰同讨亦奚不薛，一切听也速带而、刘国杰节制。罢讨八百媳妇，免右丞刘深等官。癸巳，帝不豫，释京师重囚三十八人。是月，遣乾讨虏军征亦奚不薛，依例给军械粮饷。

三月丁酉，以水旱灾，大赦天下。甲寅，合祭昊天上帝、皇地祇于南郊，中书左丞相哈剌哈孙摄祭事。

夏四月丁卯，曲赦云南诸部蛮夷。释大都轻重囚三十八人。庚辰，上都大水。戊子，车驾幸上都。

五月戊申，太庙寝殿灾。

六月癸亥朔，日有食之，太史院失于推验，诏中书省议罪以闻。甲子，建孔子庙于京师。辛未，有事于太庙。乙亥，安南国遣使贡方物及驯象二。

秋七月辛酉，江浙行省参知政事忽都不丁为中书右丞。

九月己酉，龙兴路讹言括民间童男女，至有杀其子者，命诛为首者三人。

冬十月甲子，改浙东宣慰司为宣慰司都元帅府，徙治庆元。罢军储所，立屯储军民总管万户府。浙西人林都邻告廉访使张珪藏禁书及推算帝五行，运使合只亦劾珪沮挠盐法，敕台省官同鞫之。丙子，车驾至自上都。

十一月甲午，刘国杰裨将宋光与蛇节等战，大败之。辛亥，同知枢密院事合答知枢密院事。

十二月庚申朔，云南地震。戊辰，又震。甲子，衡州贼袁舜一等伏诛。高丽国王王昛来朝。

七年春正月乙卯，籍朱清、张瑄家资。戊午，定民官阵亡子孙，降祖父秩二等荫叙格。

二月壬戌，诏中书省汰诸司冗员。辛未，平章政事、行上都留守木八剌沙，陕西行省平章政事阿老瓦丁并为中书平章政事；江南行台御史中丞尚文为中书左丞；江浙行省参知政事董士珍为中书参知政事。丁丑，定中书省自左、右丞相以下，平章政事二员，左、右丞各一员，参知政事二员，为八府。己卯，侍御史朵台为中书参知政事。庚辰，监察御史杜肯构等劾太傅完泽受朱清、张瑄贿，不报。壬午，谕中书省曰："比有以岁课增羡希求爵赏者，此非掊克于民，何从而出？自今除元额外，勿以增羡为正数。"罢江南财赋总管府及都水庸田司、行通政院。

三月庚寅，遣郝天挺、塔出等十四人宣抚循行诸道，仍下诏戒饬之。都城火。徙甘肃肃政廉访司治甘州。乙未，中书平章政事伯颜、梁德珪、段贞、阿里浑萨里，右丞八都马辛，左丞月古不花，参知政事迷而火者、张斯立并坐受朱清、张瑄贿免官，洪君祥为中书右丞。甲辰，诏曰：

> 庆赏刑罚，国之大柄，二者不可偏废。朕自即位以来，恪遵圣祖成宪，优遇臣下。品爵以荣其身，禄赐以厚其家。期于履正奉公，有裨国政，百姓乂安，以称朕怀，不务出此。若平章伯颜、暗都剌，右丞八都马辛等，营私网贿，蒙蔽上下，以致政失其平，民受其弊。今已籍没家资，投戍边远，明正其罪。用是更张，以清庶务。遣使巡行郡邑，问民疾苦，分别淑慝。以近年所定赃罪条例，互有轻重，特敕中书集议，酌古准今为十二章。又以官吏俸薄，不能养廉，京朝百司，月俸之外，增给禄米；外任官无公田，官标拨公田，无田则量支禄米。自今已始，凡在内外有官守者，洗心涤虑，公勤奉职，治民均平，无俾吾民重困，式符委任责成之意。

乙巳，杀前云南行省右丞刘深。罢云南征缅分省。戊申，卜兰奚、岳铉等进《大一统志》，赐赉有差。己酉，诸王脱欢坐诬告诸王脱脱，谪湖广军前自效。甲寅，车驾幸上都。

夏四月癸亥，征陈天祥、张孔孙、郭筠至京师，天祥、孔孙为集贤大学士，筠为昭文馆大学士，皆商议中书省事。庚辰，蛇节降。丁亥，蛇节伏诛。禁管民官打量军人地亩。

五月丁未，诸王床兀儿入觐。乙卯，立和林宣慰司都元帅府，忽剌出遥授中书左丞，为宣慰使都元帅。

闰月戊午朔，日有食之。壬戌，禁军民犯曲阜林庙。己巳，征诸王孛罗、真童入觐。右丞相完泽卒。庚辰，云南行省平章也速带而入觐，献金五百两。帝曰："此卿等效死所获者。"赐钞偿之。

六月癸巳，叛蛮雄挫降。乙未，命阿伯、阿忽台等整饬河西军事。

秋七月丙寅，哈剌哈孙为中书右丞相、知枢密院事。丙子，敕集贤、翰林院老臣预议朝政，其余三品以下年七十者，皆升散官一等致仕。罢辽东宣慰司。丁丑，叛王笃哇、察八而、灭里帖木儿等皆请降，诏安西王置驲传以俟其来。戊寅，叛蛮麻剌降，献童男女二百人、金五百两，及马牛羊，却之。是月，断事官帖木儿不花等使高丽，执其藩臣石胄及胄子天补赴京师。

八月辛卯，地震，平阳、太原尤甚。庚戌，缅国献驯象四。

九月戊午，车驾至自上都。兵部尚书脱脱帖木儿使高丽，执其国相吴祈赴京师。是月，高丽国王王昛入朝，诏止之。

冬十月辛卯，复立陕西行御史台。刑部尚书塔察儿、翰林直学士王约使高丽。癸巳，只而合忽知枢密院事。庚子，改普定府为普定路，以蛮酋容苴妻适姑为总管，佩虎符。改叙州路为叙南等处诸部蛮夷宣抚司。庚戌，翰林国史院进太祖、太宗、定宗、睿宗、宪宗五朝《实录》。

十一月甲寅，并海道运粮万户府为海道都漕运万户府。亦乞不薛贼党魏杰等降十二月甲申朔，诏内郡岁比不登，其民已免差徭者，并免其田租。乙酉，弛京师酒课。辛丑，免顺元等路本年逋税。丁未，以转运劳，免思、播二州，辰、沅等路税粮一年，常、澧三分之一，淘金站户无种佃者免其杂役。

是年，诸道奉使宣抚，罢赃吏一万八千四百七十三人，征赃四万五千八百六十五锭，审冤狱五千一百七十六事。

八年春正月甲寅，彗星出于奎。己未，以灾异迭见，诏恤民隐，省刑罚。除色目人外，原为僧道者，若平户丁多差役不缺，及有昆仲侍养父母者，方许簪剃。凡妄献田土、山场、窑冶，希图徼名贪利者，悉禁之。平阳、太原两路免差税三年，上都、隆兴、延安、大同、怀孟、卫辉、彰德、真定、河南、安西等路免二年，保定、河间两路免一年。江南佃户私租太重，以十分为率，减二分，著为令。仍弛山场、河泊之禁。其田宅之讼，除契约分明，依例赐给外，其余尽行革拨诸路。罪囚廉访司分别审录，轻者决之，有疑者分具始事，申台详谳。庚申，云南顺元同知宣抚事宋阿重执其叔父隆济来献。癸亥，禁锢朱清、张瑄族属。丙寅，御史中丞、太仆卿塔思不花为中书右丞，江南行台御史中丞赵仁荣为中书参知政事。是月，平阳地震。

二月甲午，徙建康道廉访司治宁国。甲辰，翰林学士承旨撒里蛮进金书《世祖实录节文》一册、汉文《宝录》八十册。丙午，车驾幸上都。

三月戊辰，中书左丞尚文乞致仕，不允。诏受宣敕不赴任者，永不叙用。

夏四月丁未，分教国子生于上都。丙寅，禁纳鹰鹞人滥给铺马。

五月癸未朔，日有食之。壬申，罢福建都转运盐使司。是月，霖雨，河决祥符、太康、获嘉、阳武等县。

六月丁酉，汝宁县妖人李曹驴等妄言得天书惑众，伏诛。

秋七月辛酉，罢江淮等处财赋总管。癸亥，诸王合赞遣使入贡。

八月，杭州火。

九月癸丑，车驾至自上都。庚申，伯颜、梁德珪复为中书平章政事，八都马辛为中书右丞，迷而火者为中书参知政事，江浙行省平章阿里为中书平章政事。庚午，户部尚书张祐为中书参知政事。癸酉，叛王察八而、朵瓦等来降。

冬十月辛卯，有事于太庙。辛巳，宣徽使、大都护长寿为中书右丞，陕西行省右丞脱欢为中书参知政事。丁亥，安南国遣使入贡。庚寅，封皇侄海山为怀宁王。戊戌，杖流吴祈、石天补等于安西。

十一月壬子，制用院使忽邻、翰林直学士林元抚慰高丽。戊辰，武备卿铁古迭而为御史大夫。

十二月辛丑，封诸王出伯为威武西宁王。

九年春正月壬申，弛京师酒禁。

二月丁酉，封诸王完泽为卫安王，定远王岳木忽而为威定王。

辛丑,大赦天下。诏御史台、翰林院、国史院、集贤院、六部举五品以上廉能识治体者三人,行省、行台、各路宣慰司举五人。大都、上都、隆兴三路免本年差发、税粮,腹里各路免包银俸钞,江南佃种官田免租税三分,前年拖欠差税课程并行蠲免。敕有司非急之务,毋生事烦扰,小罪即与疏决,勿禁系。鳏寡孤独常年养济外,每人赐中统钞十两,官司常加存问,年八十以上存侍丁一名,九十以上存二名,免其差役。流民不能复业者,官司常加优恤,愿种官田者,免差税五年。是月,忽邻卒于高丽。

三月丁未朔,车驾幸上都。戊午,枢密副使高兴为中书平章政事,仍枢密院副使。

夏四月乙酉,大同路地震,壊庐舍无算,压死二千余人。怀仁县地裂,涌黑水。己丑,东川路蛮酋阿葵来献方物。

五月戊申,征陕西儒学提举萧𣀮、赴阙,命有司给以安车。戊午,改各道肃政廉访司为详刑观察司。以地震,改平阳为晋宁路,太原为冀宁路。

六月丙子朔,以立皇太子,遣中书右丞相哈剌哈孙告昊天上帝,御史铁古迭而告太庙。庚辰,立皇子德寿为太子。赐高年帛有差。孝子、顺孙量材任用。亲年七十别无侍丁者,从近迁除。外任五品官以下,并减一资致仕。官止一子承荫者,免傫使。家贫给终身半俸,其精力未衰者录用之。罪囚五年以上,除恶逆外,疑不能决者释之。流人量移内地。

秋七月辛亥,始立郊坛。丁卯,大司徒段贞、中书右丞八都马辛并为中书平章政事,参知政事合剌蛮子为右丞,参知政事迷而火者为中书左丞,参议中书省事也先伯忽为参知政事。

八月丁丑,给曲阜林庙洒扫户,以尚珍署田五千顷供祭祀。是月,归德、陈州河决。

九月戊申,帝御寿宁宫,受诸王、百官贺圣诞。庚申,车驾至自上都。

冬十月辛巳,有事于太庙。庚寅,驸马按替不花自笃哇来归。乙未，谕中书省、枢密院、御史台曰：“省中事听右丞相哈剌哈孙总裁，自后用人，非与哈剌哈孙共议者，悉罢之。”辛丑，复以详刑观察司为廉访司。

十一月丁未，罢南城警巡院。庚午，祀昊天上帝于南郊，摄太尉右丞相哈剌哈孙，左丞相阿忽台，御史大夫铁古迭而为三献官。

十二月丙子，京师地震。庚寅，皇太子卒。

十年春正月壬寅朔，高丽国遣使贡方物。甲辰，诏访庄圣皇后、昭睿顺圣皇后、徽仁裕圣皇后仪范中外之政，以备纪录。丁卯，封驸马合伯为昭武郡王。营国子学。

闰月甲午，前中书平章政事铁哥、江浙行省平章政事阇里、河南行省平章政事阿散并为中书平章政事，行宣政院使张闾、四川行省左丞杜思敬并为中书左丞，参议中书省事刘源为中书参知政事。

二月丙辰，封孛罗为镇宁王。是月晋宁、冀宁二路地震。笃哇遣使来朝。丁卯，月古不花为中书左丞。戊辰，车驾幸上都。三月己卯，崆古国遣使来贡方物。乙未，虑大都囚释上都死罪三人。

夏四月庚子朔，诏匿鹰犬者没家赀之半。壬戌，云南行省平章政事也速带而讨罗雄州叛蛮，获其酋阿邦龙，斩之。癸亥，立昆山、嘉定等处水军上万户府。

五月辛未，京师旱。乙酉，同知枢密院事塔哥忽台、塔剌海并知枢密院事。封驸马铁木而为濮阳王，公主忙歌台为郓国大长公主。丁亥，诏右丞相哈剌哈孙、左丞相阿忽台等整饬庶政百司勤惰，悉以名闻。

六月壬戌，来安路总管岑雄叛，未几遣其子来降。复立淮西道肃政廉访司。

秋七月辛巳，释诸路罪囚，凡常赦所不原者皆赦之。

八月壬寅，开成路地震，坏官民庐舍无算，压死故秦王妃也里完等五千余人。丁巳，重修文宣王庙成，行释奠礼。

九月壬申，诸王笃哇遣使贺圣诞。是月，高丽国王王昛入朝。

冬十月丁未，有事于太庙。丁卯，安南国遣使贡方物。

十一月己巳，车驾至自上都。丁亥，武昌路火。

十二月乙卯，帝不豫。丙寅，宣政使沙的等祷于太庙。癸亥，琼州那蓬洞蛮酋王文何等作乱，伏诛。

十一年春正月丙寅朔，帝大渐。癸酉，崩于玉德殿。在位十有三年，年四十有二。乙亥，葬起辇谷。九月壬申，上尊谥曰钦明广孝皇帝，庙号成宗，国语曰完泽笃皇帝。

史臣曰：成宗席前人之业，因其成法而损益之，析薪克荷，帝无愧焉。晚年寝疾，不早决大计传位武宗，使易世之后，亲贵相夷，祸延母后。悲夫！以天子之尊，而不能保其妃匹，岂非后世之殷鉴哉。

新元史卷一五
本纪第一五

武　宗

武宗仁惠宣孝皇帝，讳海山，顺宗答刺麻八拉第二子也。顺宗三子：长曰魏王阿木哥，其母微；帝与仁宗皆昭献元圣皇后宏吉刺氏所出，所谓兴圣皇太后也。帝以至元十八年七月十九日生。

成宗大德三年，命帝代宁远王阔阔出镇北边，御叛王海都。四年八月，败海都于阔别列之地。五年，海都率笃哇等大举入寇。八月朔，与海都战于铁坚古山，败之。越二日，海都悉众来攻，大战于合刺合塔。王师失利，帝亲昌矢石，援诸王、驸马以出。明日复战，王师分五队，为海都所乘，帝突出敌阵之后，全师而返。海都遁去，旋病死。

八年十月，封怀宁王，赐金印，食瑞州六万五千户，岁给五户丝及币帛千匹。九年七月，置王府官。时海都子察八儿拥其父众，虽纳款，不肯入朝。十年七月，帝自脱忽思圈之地追察八儿弟斡罗思，获其妻孥辎重。八月，袭察八儿于也儿的石河，尽俘其众。察八儿奔于笃哇。诸王明里铁木儿、阿鲁灰等悉降。冬，驻于按台山，击察八儿弟秃曲灭，走之，北边悉平。

十一年春正月，成宗崩，左丞相阿忽台等潜谋推成宗皇后伯牙吾氏称制，以安西王阿难答辅之。皇弟爱育黎拔力八达奉兴圣太后入定内难，执阿忽台等杀之，遣使迎帝于北边。既而太后意犹豫，使日者推帝及皇弟之星命，问所宜立。曰：“重光大荒落有灾，旃蒙作疆祚久。"重光，帝年干；旃蒙，皇弟年干也。太后惑其言，遣近侍托尔谕帝：日者所言运祚修短，不可不思。是时，帝已至和林，谓康里脱脱曰："我捍御边陲，勤劳十年，又位居嫡长，神器应归于我。今太后以星命休咎为言，天道茫昧，安能豫知此。殆任事之臣，造奸谋以惑圣听耳。汝为我往察之。"康里脱脱既行，帝率大军由西道，使诸王昂哈由中道，床兀儿由东道，分趋上都。康里脱脱入见太后，述帝意。太后愕然曰："此我为太子远虑耳。今诸王、大臣议已定太子，不速来何为？"

五月，帝至上都。皇弟奉太后来会，左右部诸王毕至。乃废成宗皇后伯牙吾氏出居东安州，执安西王阿难答至上都，俱赐死。甲申，帝即位，受诸王百官朝贺于大安阁。诏曰：

昔我太祖皇帝以武功定天下，世祖皇帝以文德洽海内，列圣相承，丕衍无疆之祚。朕自先朝，抚军朔方，殆将十年，亲御甲胄，力战却敌者屡矣。方诸藩内附，边事以宁，遽闻宫车宴驾，乃有宗室诸王、贵戚元勋，相与定策于和林，咸以朕为世祖曾孙之嫡，以功以贤，宜登太宝。朕谦让未遑，至于再三。还至上都，宗王、大臣复请于朕。间者，奸臣乘隙，谋为不轨，赖祖宗之灵，母弟爱育黎拔力八达禀命太后，恭行天罚。内难既平，神器不可久虚，合词劝进，诚意益坚。朕勉徇舆情，于五月二十一日即皇帝位。任大守重，若涉渊冰。属嗣服之云初，其与民而更始，可大赦天下。

教育学校人才，以备擢用，系籍儒户蠲免杂徭差役。优恤北庭战士，仍禁管军官、奥鲁官非理科扰。经过军马，牧养驼马人等，毋得扰民。诸色人等勿得别投户名，影避差徭，亦不得将土地妄词呈献。优恤蒙古站赤，仍禁各投下滥给铺马。义夫节妇、孝子顺孙，具实以闻，别加恩赐。上都、大都、隆兴三路免差税三年。其余路分，量轻重蠲免。云南八番田场地面，免差发一年，并免积年逋欠。鳏寡孤独不能自存者，常加存问。逃户复业者，免差税三年。被灾之处，山场湖泊课税权行停罢，听贫民采取。各处铁冶，听人煽办。名山大川、圣帝明王、忠臣烈士载在祀典者，官吏择日致祭。其余民间利害，有合兴修者，中书省核议奏闻。

是日，追尊皇考答剌麻八拉为皇帝，尊皇考元妃宏吉剌氏为皇太后。诏曰：

盖闻孝治天下者，王政所先，养以天下者，尊称为大。恭承先德，寅绍丕基；怆昭考之长违，赖慈闱之笃祜；方衍无疆之庆，曷胜报本之情。谨依先朝成宪，追尊皇考曰皇帝，尊太母元妃曰皇太后，其应行典礼，以次举行。

壬辰，加知枢密院事朵儿朵海太傅，中书右丞相哈剌哈孙答剌罕太保，并录军国重事。知枢密院事塔剌海为中书左丞相，预枢密院、宣徽院事。同知徽政院事床兀儿、也可札鲁忽赤阿沙不花、江浙行省平章政事明里不花并为中书平章政事。江浙行省左丞刘正为中书左丞，遥授中书左丞钦察、福建道宣慰使也先帖木儿并为中书参知政事。中书右丞、行御史中丞塔思不花为御史大夫。平章政事床兀儿旋改知枢密院事。特授乞台普济中书平章政事。延庆使抄儿赤、同知和林等处宣慰司事塔海并为中书右丞。阿里为中书左丞。脱脱为御史大夫。是月，敕高丽王王昛归国。平章政事撒勒帖木儿、翰林学士郭贯镇抚高丽。中书平章政事合散出为辽阳行省平章政事。

六月癸巳朔，立皇弟爱育黎拔力八达为皇太子，受金宝，诏曰：

朕承列圣之贻谋，协宗王之翌戴，必谨亲贤之托，共成继述之功。母弟爱育黎拔力八达性禀温文，行全孝敬，夙著忠勤之节，素明治理之方，载惟靖乱之殊勋，式符元良之渥命，乃遵裕皇居东宫旧制，于六月朔旦授以皇太子宝，俾领中书之务，仍兼宥密之司，匪特笃兄弟友爱之情，实以衍宗社隆昌之福。

甲午，建行宫于旺兀察都之地，立为中都。丁酉，上皇考尊谥曰昭圣衍孝皇帝，庙号顺宗，大行皇帝尊谥曰钦明广孝皇帝，庙号成宗，元妃宏吉剌氏失怜答里尊谥曰贞慈静懿皇后。祔庙跻顺宗于成宗之上。己亥，罗罗斯宣慰使斡罗思为中书左丞。诸司听皇太子各置一人。拱卫直都指挥使马谋沙角觝屡胜，遥授平章政事。壬寅，左丞相塔剌海加太保、录军国重事，兼太子太师。癸卯，立詹事院。甲辰，平章政事、行和林宣慰使都元帅憨剌合儿，通政使、武备院卿帖木儿不花，并知枢密院事。戊申，特授尚乘卿索兰奚、床兀儿并为平章政事。大同屯储军民总管府达鲁花赤怯里术丁为中书右丞。辛卯，中书平章政事脱虎脱出为江西行省平章政事。壬子，封皇妹祥哥剌吉为鲁国大长公主，驸马琱阿不剌为鲁王。敕枢密院铨调军官遵世祖定制。近侍勿辄有请。军官许父子兄弟袭职，近侍不得援以为例。丙辰，御史大夫塔思不花、脱脱并遥授左丞相。戊午，高丽前王王𬤊进封沈阳王，加开府仪同三司、太子太傅、上柱国、驸马都尉，入中书省参议政事。己未，宁远王阔阔出进封宁王。庚申，遥授左丞相塔思不花为右丞相。

七月癸亥朔，封诸王秃剌为越王。甲子，御史大夫铁古迭儿等以即位告天地于南郊。丙寅，前中书参知政事赵仁荣为太子詹事。太傅右丞相哈剌哈孙、左丞相塔剌海综理中书庶务。己巳，立宫师府。壬申，御史大夫铁古迭儿等以即位告太庙。癸酉，立和林行中书省，太师月赤察儿为行省右丞相，中书右丞相哈剌哈孙为左丞相，依前太保、录军国重事。丙子，江浙行省平章政事塔失海牙、知枢密院事床兀儿并为中书平章政事。丁丑，封诸王八不沙为齐王，朵列纳为济王，迭里哥儿不花为北宁王，太师月赤察儿为淇阳王。加平章政事脱虎脱太尉。中书左丞相塔剌海为中书右丞相，御史大夫塔思不花为中书左丞相，浙江行省平章政事教化、河南江北行省平章政事法忽鲁丁并为中书平章政事。平章政事铁木迭儿出为江西行省平章政事。己卯，集贤院使别不花为中书平章政事。庚辰，御史中丞只儿合郎为御史大夫。辛巳，加至圣文宣王尊号为大成至圣文宣王。置行工部于中都。同知枢密院事也儿吉尼知枢密院事。御史中丞王寿、浙江行省左丞郝天挺并为中书右丞。壬午，御史大夫铁古迭儿等，以即位告社稷。甲申，瞻思丁使西域。丙戌，同知宣徽院事孛罗答失为中书左丞。中书参知政事钦察出为四川行省左丞。辛卯，敕唐兀秃鲁花户籍已定，其入诸王、驸马部下避役及冒匿者，皆罪之。

八月甲午，敕不由中书奏者，勿与官，外任官勿带相衔。乙未，治书侍御史兀伯都剌为中书参知政事。戊戌，封御史大夫脱脱秦国公。辛亥，中书左丞孛罗帖木儿以国文译《孝经》进，诏曰："此乃孔子之微言，自王公至于庶人皆当由是而行。其命中书省刊印，诸王以下皆赐之。"丁巳，中书左丞王寿罢为御史中丞。戊午，中书平章政事乞台普济、床兀儿、别不花等并加太尉。中书右丞塔海加太尉、平章政事。中书左丞孛罗帖木儿为中书右丞。禁诸色人带金翅雕帽顶。

九月甲子，车驾至自上都。时巡狩三不剌，翰林学士王文用谏曰："先帝新弃天下，陛下巡狩不以时，无以慰臣民之望，宜早还。"帝即日还大都。乙丑，中书右丞相塔剌海摄太尉，请皇考皇帝、大行皇帝尊谥于南郊。辛未，加塔剌海、塔思不花太尉。壬申，塔剌海奉册宝，上皇考及大行皇帝尊谥、庙号，又上大行皇帝元妃宏吉剌氏尊谥，祔于太庙。甲戌，改太常寺为太常礼仪院。丁丑，定中书省官为十二员：右丞相塔剌海，左丞相塔思不花，平章政事床兀儿、乞台普济如故，阿沙不花、塔失海牙为平章政事，孛罗答失、刘正为右丞，郝天挺、也先帖木儿为左丞，于璋、兀伯都剌为参知政事。甲申，立尚书省。塔剌海、塔思不花仍领中书省，脱虎脱、教化、法鲁忽丁任尚书省，命自举官属。丙戌，中书平章政事别不花出为江浙行省平章政事。辛卯，御史台臣谏立尚书省，帝曰："卿言良是，脱虎脱、教化、法鲁忽丁此三臣原任其事，姑听之。"

冬十月壬寅，封知枢密院事床兀儿为容国公。乙巳，敕阴阳法师勿谒诸王、驸马之门。丙午，诏整饬台纲。封御史大夫铁古迭儿为郓国公。中卫亲军都指挥使买奴为知枢密院事。

十一月癸亥，镇远王牙忽都进封楚王。丙寅，朝皇太后于隆福宫，上册宝。己巳，诏中书省官十二员。脱虎脱仍为宣政院，教化留京师,其余各授职任。戊寅,授皇太子玉册。己卯,帝御大明殿,受诸王、百官贺。

十二月辛丑,幸大圣寿万安寺。吏部尚书察乃授平章政事,领工部事。禁汉人挟弓箭、弹弓。庚申,诏曰:

仰惟祖宗应天顺人,肇启疆宇,华夏一统,罔不率从。逮朕嗣服丕图,缵膺景命,遵承遗训,恪慕洪规,祇惕畏敬,未知攸济。永思创业艰难,茕然轸念。万事之统,在予一人。间者,岁比不登,流民未还。是以责任股肱耳目大臣,赞襄嘉猷,朝夕入告,乐与率土之民,共享治安之化,迩宁远肃,顾不韪欤。可改大德十二年为至大元年。诞布维新之令,式符永固之休。

凡公事并经由中书省可否施行,内外大小衙门毋得隔越闻奏。监察御史、廉访司严纠内外官吏,年终考其殿最者一人,以凭黜陟。政令得失、军民利病,许人上书陈言。若言无可采,并无罪责;如其可取,重加迁擢。培养学校人才,以借擢用。其贡举法,中书省续议举行。劝课农桑,孝弟力田之人,量加旌赏。存恤蒙古探马赤各翼军人及各翼汉军。管军官举放军人钱物,诏书到日,尽行除免。典卖亲丁,悉听圆聚,价不追还。围猎飞放,毋得骚扰百姓。驱户毋得投充怯歹、鹰房子名色,影避差徭。站赤消乏,仰中书省、通政院先将户口合并截补,管设头目,其整治事理次第举行。禁捕野物地面,除上都、大同、隆兴三路外,大都周围各禁五百里。其余禁断处所及山场、河泊、芦荡,并开禁一年,听民采捕。民户流移,所在官司勿与本管户一体科征。其原籍官司,用心招诱,毋侵占所抛田产。内庭作佛事,毋释重囚,以轻囚代之。岳镇、海渎,风师、雨师、雷师,有司洁斋致祭。

至大元年春正月辛酉,曲赦御史台见系赃吏。甲子,中书平章政事阿沙不花授右丞相,行御史大夫。丙寅,罢江南行都水监。丁卯,中书右丞也罕的斤为平章政事,议陕西行省事。己巳,缅国进驯象六。己丑，云南王也先帖木儿进封营王。是月，召前中书右丞尚文至京师，以疾辞。

二月甲辰，立皇太子卫率府。戊午，不达达思等送爪哇使归其国。是月，中书平章政事乞台普济为中书左丞相。

三月戊寅，车驾幸上都。封阿沙不花为康国公。甘肃行省右丞脱脱木儿为中书平章政事，加大司徒。己卯，修顺宗、成宗《实录》。敕怯薛歹、昔宝赤、诸王附马部下勿践百姓田禾，犯者罪之。

夏四月戊戌，以永平路盐课赐桑哥剌失公主，中书省臣执不可，从之。封三宝奴为渤国公，香山为宾国公。加铁古迭儿右丞相，都护买住中书右丞。癸卯，加平章政事教化太子太保、太尉、平章军国重事，封魏国公。甲辰，知枢密院事也儿吉尼遥授右丞相。乙卯，米楫等使苏鲁国。丙辰，罢征东行中书省。

五月丙寅，知枢密院事塔鲁忽台遥授右丞相。己巳，缅国进驯象六。乙亥，知枢密院事憨剌合儿遥授左丞相。丙子，禁白莲社，放其人隶民籍。加右丞相塔思不花上柱国，左丞相乞台普济太子太傅。甲申，立大同侍卫亲军都指挥使司。

六月己丑，加三宝奴录军国重事，曲出太子太保，脱虎脱上柱国、太尉，大慈都平章军国重事。戊戌，威定王药木忽儿进封定王。封驸马阿失为昌王。宦者李邦宁遥授左丞相。己酉，乞台普济录军国重事。敕无照会官不得赴任。

七月庚申，立广武康里侍卫亲军都指挥使司。壬戌，立中都留守司兼开宁路总管府。壬申，塔察儿等九人使诸王宽阇，月鲁等十二人使诸王脱脱。癸酉，礼部尚书阿里灰等赍玺书谕安南国，礼部侍郎管祝思监等使缅国，脱里不花等十二人使诸王合儿班答。壬午，封乃蛮带为寿王。是月，诏中书右丞相塔思不花、左丞相乞台普济曰：

> 中书政本也，军国之务，小大由之。朕自即位以来，励精求治，爰立辅相，以总中书。期年于兹，大效未著，岂选用之未当欤？何万机之犹繁，而群生之寡遂也。今特命塔思不花为中书

右丞相，乞台普济为左丞相，统百官、平庶政，便者举行，弊者革去，一新条理。诸内外大小事务，并听中书省区处奏闻。违者罪之。

八月戊申，特授佩头太师。

九月丙辰，高丽国王王昛卒。雪尼台等使薛思迷干部。辛酉，谕诸王察八儿、宽阇入朝。乙亥，车驾至自上都。庚辰，册王谚为征东行省右丞相、嗣高丽国王，依前驸马都尉、沈阳王。封诸王秃满为阳翟王。

冬十月甲午，阿沙不花知枢密院事。敕持内降文书买河间路盐及以诸王、驸马命至运司者，一切禁之。甲辰，加左丞相、知枢密院事帖木儿不花录军国重事。中书右丞秃忽鲁、河南行省右丞也速、内史脱孛花并知枢密院事。

十一月丁卯，知枢密院事也儿吉尼为御史大夫。己巳，塔思不花、乞台普济并为中书右丞相，脱虎脱为左丞相。壬申，高丽国王王谚来朝。是月，核天下屯田。

闰月甲寅，太傅达剌罕哈剌哈孙卒。

十二月庚申，封和郎撒为陇王。甲戌，平章政事、太子宾客王大亨行太子詹事，平章军国重事、太子少詹事大藏都为太子詹事。

二年春正月己丑，从皇太子请，罢宫师府。庚寅，杀越王秃剌。辛卯，皇太子率诸王、百官上尊号曰统天继圣钦文英武大章孝皇帝。乙未，以上尊号谢太庙。己亥，容国公床兀儿进封句容郡王。丙申，诏曰：

朕荷三灵之隆眷，承列圣之丕基，永言置器之艰，恒切履霜之惧。乃者皇太子率中外臣庶佥谓，抚军十载，遐迩悉平，当宀九重成规具举，若稽旧典，盍进徽称。岂朕躬之克当，惟祖武之显式，已于正月十七日御大明殿受统天继圣钦文英武大章孝皇帝之号，越五日躬诣太室谢讫。

爰念即位之初，恒以赈灾恤民为务，而恩泽犹未溥博，流离犹未安集。岂有司奉行之不至欤？今特命中书省遴选内外官僚，专以抚治为事。简汰冗员，撙节浮费，官吏各修乃职。劝农桑，兴学校，抚字百姓，严戢吏胥。御史、廉访司年终每道考其殿最者一人，以凭黜陟。围猎飞放及过往屯戍、出使人等扰害百姓，有司再行禁戢。灾区经赈济百姓，本年腹路差税、江淮夏税并行蠲免。本年正月以前，民间逋欠、差税课程，并行蠲免。鳏寡孤独不能自存者，除常例外，每名给中统钞十五两。禁捕野兽地面，除上都、中都、大同三路及大都周围五百里外，其余再弛禁一年。诸位下占据山场、河泊、关津、桥梁并抽分等钱，尽行革罢。检视流民，计口赡济。其还乡者，量给行粮。流民合纳差税，勿邻见户包纳。岳渎、帝王及忠臣、烈士载于祀典者，有司蠲洁致祭。大小职官四品以下普覃散官一等。

二月癸亥，罢行泉府院，归市舶于行省。

三月己丑，辽阳行省右丞洪重喜告高丽国王王谚不法，敕王谚从皇太后幸五台山，勿令辨对。诸王老章代梁王松山镇云南。庚寅，车驾幸上都。封诸王也速不干为襄宁王。己亥，封阿剌的纳八剌公主为赵国公主，驸马注安为赵王。

夏四月辛酉，立兴圣宫江淮财赋总管府。癸亥，立镇守海口屯储亲军都指挥使司。

五月丁亥，通政院使憨剌合儿为知枢密院事，督建兴圣宫。大都留守养安等董其役。

六月甲戌，革殴西番僧者断手、詈者断舌之令。

秋七月癸未，河决归德府。壬辰，改四川松、潘、威、茂等州安抚司为宣抚司，移治茂州汶川县。己亥，河决封邱县。

八月癸酉，立尚书省。乞台普济为尚书省右丞相，脱虎脱为左丞相，三宝奴、伯颜、也速为平章政事，保八为右丞，忙哥帖木儿为左丞，王罴为参知政事，中书左丞刘楫授尚书左丞、商议尚书省事。甲寅，海剌孙授平章政事、商议枢密院事。己未，立皇太子左卫率府。江西行省参知政事郝彬为尚书省参知政事。甲戌，赐太师瓜头名脱尔赤颜。丁丑，诏天下敢有沮挠尚书省事者罪之。

九月庚辰朔，颁尚书省条画于天下，改各行中书省为行尚书省。诏：朝廷得失军民有上言者，得实封上闻；饥民复业者一切逋尔，并行蠲免，仍除差税三年；中外吏员依世祖皇帝定例，以九十日为满，如有子证父，奴讦主，及妻妾、弟侄干犯名义者，一切禁之。颁行至大银钞。壬寅，追夺前平章政事教化魏国公爵。丙戌，车驾至自上都。丙申，占八国遣使贡白面象、伽蓝木。秃坚、张也先、伯颜使不怜八孙国，薛彻兀、李唐、徐伯颜使八昔国，察罕、亦不剌金、杨呼答儿、阿里使占八国。陕西行台御史大夫沙的授左丞相、行土番等处宣慰使都元帅。

冬十月庚戌朔，皇太子为尚书令。颁行铜钱法。癸亥，翰林学士承旨不里牙敦为御史大夫。乙丑，以皇太后不豫，释天下大辟囚百人。丁卯，御史大夫只儿合郎、中书左丞相脱虎脱、尚服院使大悲都并为知枢密院事。癸酉，知枢密院事秃忽鲁加左丞相。丁丑，辽阳行省平章政事合散为左丞相、行中书平章政事，中书参知政事伯都为平章政事、行中书右丞，商议中书省事忽都不丁为右丞、行中书左丞，参议中书省事帖里脱欢、贾钧并中书参知政事。是月，杖流洪重喜于潮州。

十一月庚辰，云南行省右丞算只儿威招谕蛮酋谷保等，受谷保赂，复进兵失利。诏严鞫其罪，已而释之。乙酉，诏冬至祀南郊，以太祖皇帝配；明年夏至，祀北郊，以世祖皇帝配。丁亥，湖广行省左丞散术带为平章政事、商议枢密院事。丙午，诸王孛兰奚坐私怨杀人，杖流北边。是月，中书参知政事贾钧佥知枢密院事。

十二月乙卯，有事于太庙。上太祖圣武皇帝尊谥曰法天启运圣武皇帝，光献皇后尊谥曰光献翼圣皇后，睿宗庄圣皇后尊谥曰显懿庄圣皇后。和林行省右丞囊家带擅至京师，诏锁囊家带至和林鞫之。丁丑，增百官俸，定流官封赠格，内外官三品以上者，许请谥，赐谥不在此例。是年常丰洞蛮叛，率洗土、不儿、散毛诸洞蛮寇永宁路。

三年春正月癸未，汰中书省官吏一百八十一员，听尚书省迁敘。乙酉，特授李孟平章政事、集贤大学士、同知徽政院事。辛卯，立宏吉剌氏为皇后，脱虎脱摄太尉，授皇后宝册。戊戌，敕湖广行省招谕叛蛮黄胜许。辛丑，万户移剌四奴讨湖广乖西带叛蛮，听其便宜调遣。壬寅，云南行省右丞算只儿威招谕八百媳妇。乙巳，定枢密院知院七员、同知院事二员、副使二员、佥院事二员、同佥院事一员。御史台增御史大夫、中丞、侍御史、治书侍御史各二员。丁未，立右卫阿速亲军都指挥使司。

二月庚戌，以皇后受册宝，告谢太庙。己未，商议尚书省事刘楫整顿钞法。甲子，以上皇太后尊号，告祀南郊。乙丑，佥枢密院事贾钧复为中书参知政事。己巳，宁王阔阔出与越王秃剌子阿剌纳失里等谋反。事觉，阔阔出下狱，赐其妻完者死，窜阿剌失里于伯铁木儿分地，磔畏兀僧铁里等于市。三宝奴赐号答剌罕，余并晋秩二等。辛未，加脱克赤颜录军国重事。壬申，尚书平章政事乐实遥授左丞相，封齐国公。癸酉，左丞相、行中书省平章政事合散商议辽阳行省事。甲戌，以上皇太后徽号，告祀太庙。是月，诏大司农司总天下农政，定夺黜陟。

三月乙酉，知枢密院事只儿合郎为陕西行尚书省平章政事。壬辰，车驾幸上都。回回人木八剌等坐妖言伏诛。

夏四月己酉，容美洞蛮叛。高丽国王王谚加号纯诚守正推忠宣力定远保节功臣。

五月甲申，封诸王完者为卫王。乙未，尚书参知政事王罴加大司徒。

六月丁未朔，诏太尉尚书右丞相脱虎脱、太保尚书右丞相三宝奴总治百司，庶务并从尚书省奏行。戊申，中书左丞忽都不丁为中书右丞。甲子，太子詹事斡赤为中书左丞。壬申，以西北叛王察八儿等来朝，告祀太庙。赐脱虎脱、三宝奴珠衣，封三宝奴为楚国公。是月，荆门州大水，山崩，死者三千四百余人。

秋七月，封晋王长女宝塔失怜为韩国长公主。

八月丁未，浙江行省左丞相呼剌出、遥授中书右丞相厘日并为御史大夫。甲子，畋于昂兀脑儿。

九月己卯，平伐蛮酋不老丁来降。辛巳，立宣慰司都元帅府于察罕脑儿。丙戌，车驾至自上都。尚书右丞保八遥授平章政事。是月，流宁王阔阔出于高丽。

冬十月戊申，帝率皇太子、诸王、群臣朝兴圣宫，上皇太后尊号曰仪天兴圣慈仁昭懿寿元皇太后。庚戌，告谢太庙。辛酉，大赦天下。大都、上都、中都免至大三年秋税，其余诸路今岁被灾人口曾经体覆者，依上蠲免。内外不急之役，截日停罢。至大二年以前负欠差税、课程，并行蠲免。阔阔出余党未发觉者，并原其罪。官民田土，诸人勿得陈献。诸收取钱物者，许实诉。丁卯，封驸马贾住韩为衮王。壬申，马合谋但的遥授尚书右丞，为海外诸番宣慰使都元帅、领海道运粮漕运万户府事。丞相铁古迭儿为陕西行台御史大夫。

十一月辛巳，脱虎脱进太师、录军国重事，封义国公。戊子，容美蛮酋田墨施什用等来降。丙申，有事于南郊，尊太祖皇帝配享昊天上帝。己亥，杀武卫亲军都指挥郑阿思兰，籍其家。

十二月甲辰朔，以建大崇恩福元寺，乞其剌遥授左丞，曲列、刘良遥授参知政事，并领行工部事。己未，镇南王老章坐僭拟乘舆，召赴京师。

四年春正月癸酉朔，帝不豫，大赦天下。庚辰，帝崩于玉德殿，在位四年，年三十有一。壬午，葬起辇谷。

夏六月甲子，上尊谥曰仁惠宣孝皇帝，庙号武宗，国语曰曲律皇帝。

史臣曰：武宗舍其子而立仁宗，与宣公舍与夷而立穆公无以异。公羊子曰：宋之乱，宣公为之。然则英宗之弑，文宗之篡夺，亦帝为之欤！《春秋》贵让而不贵争，公羊子之言过矣。帝享国日浅，滥恩幸赏无一善之可书。独传位仁宗，不愧孝友。其流祚于子孙宜哉。

新元史卷一六
本纪第一六

仁宗上

仁宗圣文钦孝皇帝，讳爱育黎拔力八达，顺宗第三子，武宗同母弟也。以至元二十二年三月丙子生。

大德九年冬十月，成宗不豫，皇后伯牙吾氏出帝与兴圣皇太后居怀州。十年冬十二月，帝至怀州，所过屏供张，戒饬扈从之士毋扰累郡县，民皆感悦。

十一年春正月癸酉，成宗崩。戊子，帝与皇太后赴丧。二月辛亥，至大都，入临出居旧邸。时安西王阿维答、诸王明里帖木儿已先至。中书左丞相阿忽台、平章政事八都马辛、前中书平章政事伯颜、中政院使怯烈道兴等，潜谋推皇后称制，以阿难答辅之。三月乙卯朔，阿忽台等请皇后以丁巳日垂帘，自右丞相哈剌合孙以下皆列牍署名。丙辰，帝率卫士入宫，召阿忽台等，责以乱祖宗旧制，执之。戊辰，杀左丞相阿忽台、平章政事八都马辛、中政院使怯烈道兴等。宁王阔阔出、楚王牙忽都进曰："今内难已平，太子世祖之孙，宜早正大位。"帝曰："王何为出此言？奸臣构乱，故诛之。吾岂欲觊觎神器耶！怀宁王吾兄，宜入承大统。"乃遣使迎武宗于北边，帝以太子监国。武宗迟回不至。夏五月乙丑，帝奉皇太后幸上都，率左右部诸王劝进。武宗即位。六月癸巳，立帝为皇太子，受金宝。帝遣使求经籍，有进《大学衍义》者，命詹事丞王约等节而译之。帝曰："治天下，此一书足矣。"命与《图像孝经》、《列女传》并刊布天下。十一月戊寅，受玉册，领中书省、枢密院。

至大二年八月，立尚书省，诏帝兼尚书令。詹事院启金州献瑟瑟洞，请采之。帝曰：“吾以贤为宝，瑟瑟何用？若此者，后勿复言。”淮东宣慰使撒都献玉观音、七宝帽顶、宝带、宝鞍，俱却之。

四年春正月庚辰，武宗崩。壬午，罢尚书省。命中书右丞相塔思不花、知枢密院事铁木儿不花等参鞫尚书右丞相脱虎脱、左丞相三宝奴、平章政事乐实、右丞保八、左丞忙哥帖木儿、参知政事王罴罪状。丙戌，脱虎脱、三宝奴、乐实、保八、王罴俱伏诛。杖流忙哥帖木儿于海南，流平章政事速思不花于高丽。壬辰，诏世祖旧臣前平章政事程鹏飞、董世选，太子少傅李谦，少保张驴，中书右丞陈天祥、尚文、刘正，中书左丞郝天挺，御史中丞董士珍，太子宾客萧𣂏，参知政事刘敏中、王思廉、韩从益，侍御史赵君信，廉访使程钜夫，杭州达鲁花赤阿合马乘传至京师，咨以庶政。丁酉，云南行省左丞相铁木迭儿为中书右丞相，太子詹事完者、集贤大学士李孟并为中书平章政事。戊戌，中书右丞相塔思不花、徽政院使沙沙并为御史大夫。己亥，改尚书行省仍为中书行省。庚子，停各处营造。罢广武喀剌卫、万户等府。辛丑，塔失铁木儿知枢密院事。

二月乙巳，命和林、浙江二行省依前设左丞相，余省但置平章政事。辛亥，禁诸王、驸马擅据山场，听民樵采。罢阿老瓦丁买卖浙盐，供中政院食羊。禁宣政院违制度僧人。甲寅，罢江南行通政院、行宣政院。甲子，命中书平章政事李孟领国子监。丙寅，陕西行省平章政事孛罗帖木儿、江浙行省平章政事乌马儿、甘肃行省平章政事阔里吉思、河南行省参知政事塔失帖木儿、江浙行省参知政事万僧，坐前任赃罪及挟势害民，俱免官。庚午，思州蛮酋杨正思等来朝，赐金帛有差。是月，中书左丞相康里脱脱罢为江浙行省左丞相。

三月庚辰，诏前枢密副使吴元珪、前中书左丞拜降、前陕西行省右丞兀伯都剌至京师，同诸老臣议事。丙戌，罢五台山行工部。己丑，命毋赦谋反大逆、杀祖父母父母、妻妾杀夫、奴婢杀主等罪。庚寅，即皇帝位于大明殿，受诸王、百官朝贺。诏曰：

惟昔先帝事皇太后抚朕眇躬，孝友天至。践祚曾未逾月，授朕皇太子宝，领中书令、枢密使，百揆机务，悉听总裁，于今五年。先帝奄弃天下，勋戚、元老咸谓，大宝之承既有成命，非与前圣宾天而始征集宗亲议所宜立者比，当稽前代故事即正宸极。朕以国恤方新，诚有未忍，是用经时。今则上奉皇太后之命，下徇诸王劝进之诚，三月十八日于大都大明殿即皇帝位。

凡尚书省误国之臣，先已伏诛。同恶之徒，亦已放殛。百司庶政，悉归中书。命丞相铁木迭儿，平章政事完者、李道复等从新按治。可大赦天下。敢以前赦事相告者，以其罪罪之。

其可为法程拯民者，具如左方：一，凡制诏、号令、钱粮、选法、刑名，一切政务，并从中书省闻奏、区处，敢有擅自奏请者，以违制论；一，内外百司，其清慎公勤五事备具者，优加迁擢，有贪污败事者，陈告得实，依条断罪；一，庶事更张，图治伊始，式遵世祖皇帝成宪，仰中书省参酌举行；一，凡言军民利病政事得失，有可采者，量加旌擢，如不可采，亦无罪谴；一，仰提调官申明累降条画，劝课农桑，经过军马及昔宝赤、探马赤等，毋得索取饮食刍藁，纵放头匹；一，康里军卫已罢，上项屯军悉听放还，其各处军马阵亡病死者常例存恤外，各加一半，云南等处新附汉军每名给布一匹；一，各投下、诸色人等不得擅招户计，诱占奴婢，违者治罪；一，站赤消乏，除海青外，应进献鹰犬，并令止罢，毋给诸王驸马投下及各衙门铺马；一，陈献地土及山场窑冶之人，并行治罪；一，比者宝合丁、乞儿八答私买所盗内府宝带，既已伏诛，今后诸人毋得似前申献；一，民间和雇和买、一切难泛差役，除军人并大都至上都自备站户外，其余不论是何户计，一体均当；一，恢办商税、课租，并遵旧制，法外多取及欺盗入己者，依例究治；一，营筑中都，已令停罢，其余不急之役，截日停止；一，鳏寡孤独、废疾无恤者，除常例外，每人给至元钞一贯；一，名山大川、圣帝明王、忠臣烈士，凡在祀典者次第加封，除常祀外，主者施行；一，韩脱因不花、唐华、郑阿思兰等已经昭雪，元没资产悉还本家，今后内外重囚，省部再三详谳，方许奏准；一，比年诏赦频数，吏贪民盗，不知儆畏，自今以始，其各洗心节虑，以保厥身，非常之恩，不可再觊。

於戏！凡我有官君子，皆古所谓治天职、食天禄者，宜一心力，钦乃有司，无替朕命。

遣佥知枢密院事不兰奚颁即位诏于高丽。辛卯，御史中丞李士英为中书左丞。丁酉，命月赤察儿依前为太师，宣徽使铁哥为太傅，集贤大学士曲出为太保。是月，前陕西行省左丞兀伯都剌为中书右丞，昭文馆大学士察罕为参知政事；平章政事、知枢密院事床兀儿，钦察亲军都指挥使脱火赤拔都儿，左丞相、知枢密院事铁木儿不花，并录军国重事；知枢密院事也速、兼山东河北蒙古军都万户也先帖木儿、仁虞院事也儿吉尼、太子詹事月鲁帖木儿并知枢密院事。

夏四月戊申，以即位告天地于南郊。丁巳，罢中政院。戊午，以即位告于太庙。辛酉，敕国子监师儒之职，有才德者，不拘品级选用。乙丑，封知枢密院事铁木儿不花为宣宁郡王。丁卯，诏曰：

朕惟食货，生民之本，权以币帛，先在适时。我世祖皇帝参酌古今，立中统、至元钞法，天下流行，公私蒙利，五十年于兹矣。比者尚书省不究利病，辄意变更，既创至大银钞，又铸至大铜钱。钞以倍数太多，轻重失宜；钱以鼓铸弗给，新旧滞用；曾未再期，其弊滋甚。爰咨廷议，允协舆言，皆愿变通，以复旧制。其罢资国院及各处泉货监提举司，买卖铜器听民自便。应尚书省已发各处至大钞本及至大铜钱，截日封贮，民间行使者，赴行用库倒换。有司依旧印造中统钞，子母并行，以便民用。

改封北宁王帖里哥儿不花为湘宁王。革僧、道、也里可温、答失蛮、白云宗、头陀教等各衙门免差发。

五月癸酉，八百媳妇及大、小车里蛮俱叛，命云南王及行省右丞阿忽台讨之。丙子，命翰林国史院修大行皇帝《实录》及累朝皇后、功臣列传。壬午，金齿蛮来献驯象。戊子，罗鬼蛮来献方物。

六月乙巳，命侍臣咨访内外才堪信用者，悉以名闻。仍戒饬诸王恪恭乃职。甲寅，封亦思丹为怀仁郡王。丁巳，命和林行省右丞孛里、马速思经理青海屯田。己未，封知枢密院事孛罗为泽国公。甲子，请大行皇帝谥于南郊，上尊谥曰仁惠宣孝皇帝，庙号武宗。己巳，魏王阿木哥入朝。命翰林侍讲阿林铁木儿以国语译《贞观政要》，使蒙古、色目人诵习之。

秋七月癸未，甘州地震，大风有声如雷。己亥，诏谕中书省曰："朕前戒近侍，毋辄以文记传旨中书。自今敢有犯者，不须奏闻，直捕其人，付刑部究治。"敕御史台选老成更事者为监察御史。

闰七月辛丑，遣国子祭酒刘赓至曲阜，以太牢祀孔子。丙午，祔武宗皇帝于太庙。戊申，封李孟秦国公，亦怜真乞剌思为司徒。己酉，吐蕃寇礼店、文州，命亦怜真等讨之。壬戌，立上都通政院，领蒙古诸驿。乙丑，鲁国大长公主祥哥剌吉进号皇姊大长公主。遣使招谕黑水、白水等蛮。

八月己巳朔，裁京官诸司员额，并依至元三十年旧制。丙戌，安南世子陈日衾来贡方物。

九月己亥朔，遥授左丞相不花进太尉。壬子，改元皇庆，诏曰：

朕赖天地祖宗之灵，纂承圣绪，永惟治古之隆，群生咸遂，国以乂宁。朕夙兴夜寐，不敢怠遑，任贤使能，兴滞补弊，庶其臻兹敛时五福，用敷锡厥庶民，朕之志也。逾年改元，厥有彝典，其以至大五年为皇庆元年。

是月，遣都水监木八剌沙往取杭州所造龙舟，中书省臣谏曰："陛下践阼，诞告天下，凡非宜取索，勿得擅进。若取此舟，有乖前旨。"诏止之。

冬十月戊辰朔，有事于太庙。丁丑，禁僧寺勿冒占民田。戊子，以故太师月儿鲁那演子木剌忽知枢密院事。壬辰，议收至大银钞。

十一月戊戌，封司徒买僧为赵国公。辛亥，诸王不里牙敦等诬告八不沙不法，诏窜不里牙敦于河南。己未，辽阳行省平章政事阿散为中书平章政事。丙寅，加徽政使罗源大司徒。

十二月癸酉，封宣政使爱薛秦国公。壬午，诏曰：“今岁不登，民何以堪。春搜其勿令供亿。”甲申，占城国遣使贡方物。庚寅，曲赦京师大辟囚一人，并流罪。乙未，敕内降旨，一切勿行。遣礼部尚书乃马台等颁皇庆元年历于安南国。

皇庆元年春正月戊戌朔，召河南行省右丞王约至京师。庚子，帝谕御史大夫塔思不花曰：“凡大臣不法，卿等劾奏勿避，朕自裁之。”加太师、录军国重事、知枢密院脱儿赤颜开府仪同三司，封淇阳王。庚戌，封知枢密院事、驸马丑汉为安远王，出总北军。癸丑，旌表广州路番禺县孝子陈韶孙。戊午，改封济王朵列纳为吴王。崇福使也里牙袭封秦国公。是月，以中书平章政事李孟为翰林学士承旨、知制诰，仍兼平章政事。

二月甲戌，改和林行省为岭北行省。己卯，八百媳妇蛮来献驯象。壬午，封孛罗为永丰郡王。

三月己亥，以帝生日为天寿节，高丽国遣使来贺圣诞。戊申，前河南行省平章政事塔失海牙为御史大夫。甲寅，诸王也先不花等遣使来贡方物。丙辰，封同知徽政院事不兰奚为赵国公。庚申，遣户部尚书马儿经理河南屯田。乙丑，封诸王塔思不花为恩平王。

夏四月癸酉，车驾幸上都。封郓国大长公主忙哥台为大长公主。壬午，封知枢密事木剌忽为广平王。

五月丙申朔，中书平章政事阿散为中书左丞相，江浙行省平章政事张驴为中书平章政事。加知枢密院事也先帖木儿开府仪同三司。

六月乙丑朔，日有食之。丁卯，天雨毛。己未，京师地震。丁亥，敕罢封赠，戒左右勿侥幸加官。

秋七月丙午，中书参知政事贾钧乞病归，赐钞三百锭，给安车还籍。

八月己卯，吏总尚书许师敬为中书参知政事。庚辰，车驾至自上都。辛卯，安南国王陈益稷来朝。

九月戊戌，罢讨八百媳妇及大、小车里，以玺书招谕之。辛丑，遣司徒田忠良等至真正府玉华宫祀睿宗御容。八百媳妇及大、小车里蛮来献方物。甲辰，参议中书省事阿里海涯为参知政事。

冬十月甲子，有事于太庙。癸未，中书参知政事察罕加平章政事、商议中书省事。戊子，翰林学士承旨玉连赤不花等进顺宗、成宗、武宗《实录》。辛卯，以诸王入觐，赦天下，敢以赦前事相告者，以其罪罪之。

十一月丙午，谕六部官毋逾越奏事。丙辰，晋封濮阳王、驸马脱脱木儿为岐王。庚申，占城国来献犀象。缅国遣使来朝。云南不农蛮酋岑福来朝。

十二月癸亥，中书平章政事李孟致仕。枢密副使张珪为中书平章政事。庚辰，知枢密院事答失蛮罢。丁亥，遣使祈雪于社稷及岳镇海渎。定省部减削繁冗格例。是月，诸王春丹叛。黎贼王奴欧等作乱，伪称平章、元帅。

二年春正月甲午，察罕脑儿等处宣慰使伯忽为御史大夫。辛丑，封乞台普济为安吉王。中书右丞相铁木迭儿以病免。丁未，太府卿秃忽鲁为中书右丞相。是月，黎贼王奴欧降。

二月甲子，立宏吉剌氏为皇后，遣使祭告天地、太庙。丁丑，命张珪领国子学。丁亥，帝谕左右曰："回回人以宝玉鬻于官，朕思此物何足为宝？惟善人乃可为宝。善人用，则国家安，此朕所宜宝也。"

三月丙申，御史中丞脱欢答剌罕为御史大夫。杖流高丽陪臣李思温、金深于临洮。丙午，诏曰：

> 《易》述家人，《诗》美关雎，故帝王受命，必建置后妃，所以顺天地之义，重人伦之本也。宏吉剌氏夙由世戚，来嫁我家，事皇太后有孝恭之懿，辅朕躬着淑慎之善。于二月十六日授以册宝，立为皇后。
>
> 於戏！位乎内，位乎外，得政道之相成；用之国，用之乡，庶

民风之不变。咨尔有众，咸使闻知。

壬子，右丞相秃忽鲁等以天时亢旱，又陨霜雨沙，乞黜免，以当天意。帝不允。甲辰，高丽王王謜以长子焘入觐，请传位于焘。诏授焘征东行省左丞相、上柱国，袭封高丽国王。

夏四月丙戌，遣纳剌忽等护送高丽王謜归国。乙亥，车驾幸上都。辛巳，加御史大夫伯忽开府仪同三司。

五月辛丑，中书右丞兀伯都剌为平章政事，左丞八剌脱因为右丞，参知政事阿里海牙为左丞，参议中书省事秃鲁花帖木儿为参知政事。是月，中书平章政事张珪罢为大司徒。

六月己未，京师地震。癸亥，秃忽鲁等以灾异，乞赐放黜，不允。丙寅，京师地震。辛未，以参知政事许师敬纲领国子学。甲申，以宋儒周敦颐、程颢、程颐、张载、邵雍、司马光、朱熹、张栻、吕祖谦及前中书左丞许衡从祀孔子庙廷。河决陈、亳、睢等州及开封、陈留县。

秋七月壬寅，京师地震。

八月丁卯，车驾至自上都。庚午，御史薛居敬为中书参知政事。是月，崇明、嘉定二州海溢。

九月癸巳，宣徽院使完者知枢密院事。戊申，封脱欢为安定王。

冬十月己卯，敕中书省议科举法。封不答里为安德王。乙酉，旌表高州民萧乂妻毛氏贞节。

十一月甲辰，诏曰：

惟我祖宗以神武定天下，世祖皇帝设官分职、征用儒雅，崇学校为育才之地，设科举为去取之方，规模宏远矣。朕以眇躬，获承丕祚，继志述事，祖训是式。若稽三代以来，取士各有科目。要其本末，举人宜以德行为首，试艺则以经术为先，词章次之。浮华过实，朕所不取。爰命中书参酌古今，定其条制。其以皇庆三年八月，天下郡县举其贤者、能者，充赋有司。次年三月会试京师，中选者朕将亲策焉。

是月，辰州蛮酋吴千道作乱。

十二月丙子，定百官致仕资格。

新元史卷一七

本纪第一七

仁宗下

延祐元年春正月丁亥，授前中书右丞刘正平章政事、商议中书省事。庚子，江浙行省左丞高昉为中书参知政事。丁未，诏曰：

惟天惟祖宗眷佑有国，朕自即位于今四年。比者，阴阳失和，灾异屡见，岂朕修德之未至欤？抑官吏未选，而政令之或乖欤？思以回天心、召和气，侧身修行，实切朕衷。庸敕有司，务共乃职。爰布维新之令，诞敷济众之仁。可改皇庆三年为延祐元年。所有合行事理，条列于后：一，上都、大都差税，自延祐元年蠲免二年；一，曾经赈济灾户，免延祐元年差税；一，内外一切不急之役，截日停罢；一，普免百姓欠负钱粮；一，流民所至，有司勤加存恤，复免差役三年，原抛田产，尽行给复；一，除谋反大逆、谋杀祖父母父母、妻妾杀夫、奴仆杀主及强盗、伪造宝钞、官吏侵盗钱粮，不在原宥外，其余一切罪犯，并行释放，一，湖广、云南叛蛮如能悔过，即与免罪。

於戏！以实应天，爰聿新于庶政，用孚有众，同保合于太和。咨尔多方，体予至意。

庚戌，右丞相秃忽鲁等以灾变，乞罢黜，不允。

二月甲戌，侍御史赵世延为中书参知政事。壬午，右丞相秃忽鲁罢，阿散为中书右丞相、监修国史。癸未，中书参知政事高昉罢为集贤大学士。

三月癸卯，暹国来贡方物。丙午，封驸马阿鲁秃为赵王。戊申，车驾幸上都。癸丑，中书参知政事察罕致仕。是月，沅州傜贼蒲狗、向金朝等来降。

闰三月丁丑，马八儿国来贡方物。

夏四月己酉，敕郡县官勤职者，赐币帛。以铁木迭儿录军国重事、监修国史。立回回国子监。是月，皇后宏吉剌氏崩。五月戊寅，京兆府为许衡建鲁斋书院，降玺书旌之。

六月戊子，召河南行省左丞相卜怜吉歹至京师，封为河南王。

秋七月庚午，开下番市舶禁。是月，遣使赐高丽国宋秘阁书籍一万七千卷。

八月戊子，车驾至自上都。

九月己巳，复以铁木迭儿为中书右丞相，阿散为左丞相。罢陕西行御史台。

冬十月戊申，复甘肃屯田，立沙、瓜等处屯储总管万户府。庚戌，遣张驴经理江南田赋。

十一月戊辰，通政使萧拜住为中书右丞。辛未，翰林学士承旨答失蛮知枢密院事。癸酉，前中书右丞相秃忽鲁知枢密院事。

十二月己亥，敕中书省，孔子五十三代孙当袭衍圣公者，以名闻。庚子，复以翰林学士承旨李孟为中书平章政事。

二年正月乙亥，遣宣抚使分十二道，问民疾苦，黜陟官吏。命中书省臣分领庶务。禁南人贩买妻子为驱。是月，黄圣许复叛，陷忠州。

二月己卯朔，会试进士于礼部。壬寅，云南王老的来朝。

三月己卯，廷试进士，赐忽都答儿、张起岩等五十六人及第、出身有差。庚午，上皇太后尊号曰仪天兴圣慈仁明懿寿元合德泰宁福庆后皇太后。免延祐二年四月初一日以前百姓拖欠课税，官吏失陷短少钱粮，亦与免征。丁丑。中书平章政事张驴出为江浙行省平章政事。

夏四月戊寅朔，日有食之。辛巳，赐进士恩荣宴于翰林院。辛丑，赐会试下第举人从七品官致仕，及教授、学正、山长等有差，后不为例。乙巳，车驾幸上都。丙午，封诸王察八儿为汝宁王。五月戊申朔，复立陕西行御史台。乙丑，秦州成纪县山移，陷没民居。甲戌，授宦者续元晖昭文馆大学士。

六月戊戌，河决郑州。丙午，缅国王遣其子脱刺合来贡方物。

秋七月乙卯，赣州贼蔡五九等作乱，自称洞王。己丑，命铁木迭儿总宣政院事，诏谕中外。

八月丙戌，蔡五九陷汀州宁化县，僭号蔡王，遣江浙行省平章政事张驴等讨之。己丑，车驾至自上都。乙未，以蔡五九之乱，罢江浙经理田赋及冒括田租。壬寅，诏江浙行省印《农桑辑要》万部，颁行各路。旌表贵州达鲁花赤相兀孙妻脱脱真死节。

九月丁未，敕吏部尚书王居仁鞠张驴括江浙田租，逼死九人之罪。壬戌，蔡五九伏诛。

冬十月丁丑，封托忽赤为威宁郡王，忽儿赤帖木儿不花为赵国公。庚辰，淮西廉访使郭贯为中书参知政事。壬午，有事于太庙。乙未，以同知枢密院事帖木儿脱知枢密院事。授白云宗道人沈明仁荣禄大夫、司空。丁酉，加铁木迭儿太师。癸卯，八百媳妇蛮来贡驯象。

十一月丙午，彗星见。辛未，以星变，赦天下，免民间拖欠差税，大都、上都、兴和三路免差税三年，其余路分轻重减免有差。甲戌，封武宗长子和世琜为周王。左丞相阿散等以星变，乞罢黜。帝曰："此朕之过，岂卿等所致，其复乃职。苟政有差谬，勿惮更改，以安百姓。"

十二月庚寅，旌表汀州宁化县民赖禄孙孝行。是月，广东黎贼陷横州永淳县，杀达鲁花赤。

三年春正月乙巳，特授昔宝赤合刺合孙、达鲁花赤脱欢金紫光禄大夫、太尉。丙午，封前左丞相忽鲁答儿寿国公。辛酉，以同知枢密院事买闾知枢密院事。是月，高丽国王王焘来朝。

二月戊寅，命湖广行省谕安南，归占城国王。

三月辛亥，授高丽世子王暠开府仪同三司，封沈王。加将作院使吕天麟大司徒。甲寅，命中书右丞萧拜住等护送周王和世㻋之云南。癸亥，车驾幸上都。是月，德庆路徭叛。

夏四月壬午，敕卫辉、昌平官吏修殷比干、唐狄仁杰祠。庚子，上都留守憨剌合儿知枢密院事。

五月辛亥，江西行省右丞斡赤为典瑞院使、大司徒。庚申，大都留守伯铁木儿、中书右丞萧拜住并为中书平章政事，左丞阿里海牙为右丞，参知政事郭贯为左丞，参议不花为参知政事。

六月乙亥，封孟子父为邾国公，母为邾国宣献夫人。丙子，横、融、宾、柳等州徭叛。己卯，诏谕百官各勤其职，毋隳废庶政。

秋七月壬子，命御史大夫伯忽、脱欢答剌罕整治台纲，仍诏谕中外。乙卯，封月鲁帖木儿为保恩王。丙寅，燕帖木儿知枢密院事。

八月癸酉，兵部尚书乞塔为中书参知政事。己卯，车驾至自上都。

九月辛丑，中书左丞郭贯罢为集贤大学士，集贤大学士王毅为中书左丞。

冬十月辛未，江南行台侍御史高昉为中书参知政事。壬申，有事于太庙。是月，周王和世㻋至延安，陕西行省左丞相阿思罕、平章政事塔察儿、行台御史大夫秃鲁卜、御史中丞脱欢与周王常侍教化等奉和世㻋举兵反。

十一月壬寅，命监察御史监治岭北行省。乙巳，改澧州路安抚司为安定军民府。

十二月庚午，知枢密院事秃忽鲁为陕西行省左丞相。丁亥，立皇子硕德八剌为皇太子，兼中书令、枢密使。以同知枢密院事床兀儿知枢密院事。

四年春正月戊申，诏曰：

　　朕仰惟太祖皇帝圣训，若曰应天顺人，惟以至诚，保安天下，宜遵正道。重念列圣继承丕祚，我世祖皇帝混一之初，顾予菲德，惧勿克荷，不遑宁处。比者和世㻋年幼，听信俭人阿思罕等谋为不轨，构乱我家，已为陕西行省行台管军官等将叛贼阿思罕、教化、彻里哥思等斩首以徇。其同谋及协从者，欲一概加诛，有所不忍。宜推旷荡之恩，开以自新之路。可大赦天下。凡常赦所不原者，罪无轻重，咸赦除之。若有避罪逃从逆党窜匿者，赦书到日，限百日内出首，与免本罪。限外不首，复罪如旧。敢以赦前事告讦者，以其罪罪之。

乙卯，以襄宁王按灰代辽王脱脱镇云南。丙辰，知枢密院事完者为云南行省平章政事。

闰月壬申，流魏王阿木哥于耽罗，寻移大青岛。庚辰，晋封镇远王孛罗为冀王。丙戌，诏曰：

朕荷上天之鸿禧，纂列圣之丕绪，比承皇太后慈训，若稽世祖皇帝成宪，深惟国本，宜建储嗣。亲王、大臣询谋佥同，皇子硕德八剌地居嫡长，天锡仁孝，可以主重器，奉宗祧。已于延祐三年十二月十九日，授以金宝，立为皇太子，中书令、枢密使一如旧制。因前盛典，庸布新条：一，勉励学校，以作人才，一，劝课农桑，耕作以时；一，免探马赤军人合纳粮税；一，经行屯戍军马勿骚扰百姓；一，免各路差税有差；一，停罢内外不急之役；一，免征应合追赔系官钱粮；一，存恤鳏寡孤独；一，岳渎、帝王、忠臣烈士，除常祀外，长吏择日致祭。

於戏！万国以贞，允属元良之重；四方其训，永建太平之基。咨尔臣民，体予至意。

辛卯，封别帖木儿为汾阳王。

二月甲辰，敕州县复置社仓。

三月辛卯，车驾幸上都。甲午，高丽国遣使来献方物。

夏四月壬寅，加太常礼仪院使拜住大司徒。戊申，答合孙寇边，吴王秃烈纳等败其众于和怀。己未，翰林学士承旨忽都鲁儿迷失、刘赓等译《大学衍义》以进，敕翰林学士阿怜帖木儿，以国语译之。

五月辛未，授上都留守阔阔出开府仪同三司、大司徒。乙亥，封郓国大长公主忙哥台为皇姑大长公主。壬午，翰林学士承旨赤因帖木儿为中书平章政事，平章政事兀伯都剌罢为集贤大学士。己丑，中书左丞阿里海涯为中书平章政事，参知政事乞塔为中书右丞，高昉为中书左丞，参议换住、张思明并为参知政事。

六月戊申，铁木迭儿罢，左丞相阿散为中书右丞相。己酉，兀伯都剌复为中书平章政事。壬子，中书参知政事张思明罢为工部尚书，工部尚书王桂为中书参知政事。丁巳，安南国来贡方物。

秋七月乙亥，中书平章政事李孟罢为翰林学士承旨，江浙行省左丞王毅为中书平章政事。壬午，特授中卫亲军都指挥使孛兰奚为太尉。己丑，成纪山崩，压死居民。

八月丙申，车驾至自上都。

九月丙寅，宣徽使伯答沙为中书右丞相，阿散改左丞相。故事右丞相必用蒙古勋臣，阿散回回人，遂固辞，帝允之。

冬十月甲午朔，有事于太庙。壬寅，遣御史大夫伯忽、参知政事王桂陕西岳镇，并赈成纪县灾民。

十一月己卯，浚扬州运河。辛卯，以高丽国王王焘为开府仪同三司、驸马、高丽国王。

十二月乙巳，置詹事院，以郭贯为太子詹事。丁巳，秃满迭儿知枢密院事。特授晋王府长吏按摊出金紫光禄大夫，封鲁国公。

五年春正月丙子，安南国来贡方物。丁亥，会试进士于礼部。加湖广行省平章政事买住大司农、鲁国公。

二月癸巳朔，日有食之。丁酉，封诸王晃火帖木儿为嘉王，秃满帖木儿为武平王。

三月戊辰，廷试进士，赐忽都达儿、霍希贤等五十人及第、出身有差。乙亥，特授安远王、驸马丑汉开府仪同三司、录军国重事、知枢密院事。加晋王府内史拾得闾荣禄大夫，封桓国公。

夏四月壬辰，安吉王乞台普济卒。己亥，耽罗猎户成金等作乱，敕高丽国王讨之。庚戌，侍御史敬俨为中书参知政事。戊午，车驾幸上都。

五月辛酉朔，八番顺元蛮酋来献方物。丁卯，御史中丞亦列赤为中书右丞。己卯，陇西县山崩，压死居民。

六月乙巳，妖人赵子玉等谋往高丽迎魏王阿木哥为乱，事觉伏诛。

秋七月己未朔，加宦者李邦宁开府仪同三司。辛酉，遣吏部尚书卜颜、必阇赤买闾使高丽，责问魏王阿木哥及耽罗叛状。壬申，诸王也舍、失剌吉等，坐附叛王不里牙敦，持两端，流也舍于江西，失剌吉于湖广。壬午，罢河南行省左丞陈英等所括民田。

八月庚子，车驾至自上都。

九月癸亥，大司农买住进司农丞苗好谦所撰《栽桑图说》，使印千本散之民间。丙寅，广西蛮酋黄法扶、何凯等来献方物。丁卯，中书右丞亦列赤为平章政事，左丞高昉为右丞，参知政事换住为左丞，吏部尚书燕只干为参知政事。丙戌，佥太常礼仪院事狗儿为中书参知政事。丁亥，立行宣政院于杭州。

冬十月己丑，播州南宁蛮酋洛麽叛，敕恩州守臣换住哥招谕之，洛麽来献方物。甲午，有事于太庙。

十一月己巳，以同知枢密院事忠嘉知枢密院事。

十二月壬辰，特授集贤大学士脱列大司徒。

六年春正月丁巳朔，暹国来贡方物。癸酉，特授同知徽政院事丑驴答剌罕金紫光禄大夫、太尉。己卯，广东徭贼赵郎庚等作乱，敕江西行省讨之。是月，前中书右丞尚文为太子詹事。

二月丁亥朔，日有食之。丁酉，云南阇里爱俄、永昌蒲蛮阿八剌等并叛，敕云南行省讨之。

三月丁巳，以天寿节释重囚一人。辛酉，召见太子詹事尚文于嘉禧殿之后阁。帝谓太保曲出曰："是世祖皇帝效力人也。"又诏文曰："托汝善辅太子，有言勿吝，此朕意也。"丙寅，特授翰林学士承旨八儿思不花开府仪同三司、大司徒。己巳，晋封保恩王月鲁帖木儿为恩王。

夏四月庚子，车驾幸上都。铁木迭儿为太子太师。

五月丙子，加安南国王陈益稷开府仪同三司。是月，云南行省左丞朵儿只讨永昌南窝蒲蛮，大败之，其酋阿良等降。

六月癸丑，以羽林军万人隶东宫

秋七月丙辰，缅国来贡方物。来安路总管岑世兴叛，赐玺书招谕之。壬戌，以者连怯耶儿万户府隶东宫，置右率卫府。甲戌，皇姊鲁国大长公主作佛事，擅释全宁路重囚二十七人。敕按问全宁官吏阿纵不法，仍追囚还狱。

八月甲申，河东山西道宣慰使张思明为中书参知政事。庚子，车驾至自上都。

闰八月壬申，太傅、御史大夫伯忽为太师。

九月甲申，徽政使朵带为太傅，中书参议钦察为中书参知政事。癸卯，诏四宿卫以贪污受刑夺职不叙者，勿令入禁庭。

冬十月乙卯，诏严鞫白云宗道士沈明仁奸恶。戊午，遣中书右丞相伯答沙授皇太子玉册。辛酉，札鲁忽赤铁木儿不花为御史大夫。

十一月丙子，诏曰：

朕惟世祖皇帝宪章，隆古垂裕，万世灼然，垂训豫建嫡嗣。是以协谋佥同，立皇子硕德八剌为皇太子。若稽册命，属当举行，于今十月七日授以玉册，大庆礼成。

於戏！天地之德，宗社之灵，国本既崇，人心攸系。咨尔有众，体予至怀。

十一月辛卯，木邦路蛮酋带邦作乱，敕云南行省招抚之。乙巳，秘书卿苫思丁为大司徒。

十二月壬戌，命皇太子参决国事。封宋儒周敦颐为道国公。壬申，中书平章政事王毅以亲老致仕，许之，仍赐其父币帛。

七年春正月辛巳朔，司天监奏，是日日食。帝斋居损膳，辍朝贺。既而不食。癸未，帝御大明殿，受诸王百官贺。丁亥，帝不豫。辛丑，崩于光天宫，年三十有五，在位九年。癸卯，葬起辇谷。

三月乙未，上尊谥曰圣文钦孝皇帝，庙号仁宗，国语曰普颜笃皇帝。

史臣曰：仁宗孝慈恭俭，不迩声色，不殖货利。待宗戚勋旧，始终以礼，大臣亲老，时加恩赉。有司奏大辟，辄恻怛移时。晋宁侯甲兄弟五人，俱坐法死，帝悯之，宥一人以养其父母。崇尚儒学，兴科举之法，得士为多。可谓元之令主矣。然受制母后，嬖幸之臣觎权用事，虽稔知其恶，犹曲贷之。常问右丞相阿散曰："卿日行何事。"对曰："臣等奉行诏旨而已。"帝曰："祖宗遗训，朝廷大法，卿辈犹不遵守，况朕之诏旨乎。"其切责宰相如此。有君而无臣，惜哉！

新元史卷一八

本纪第一八

英　宗

英宗睿圣文孝皇帝，讳硕德八剌，仁宗长子也。母曰庄懿慈圣皇后宏吉剌氏。以大德七年二月甲子生。

仁宗延祐三年，议立皇太子，兴圣太后属意于帝。帝入见太后固辞曰：“臣幼，宜立臣兄和世㻋。”太后不从。冬十二月丁亥，立为皇太子，授金宝。六年冬十月戊午，受玉册。诏百司庶务，先启皇太子然后奏闻。

七年春正月，仁宗不豫，帝忧形于色，焚香告天，乞以身代。辛丑，仁宗崩，哀毁逾礼，日歠一粥。甲辰，皇太后复以铁木迭儿为中书中右丞相。丙午，遣使谳内外讼狱。

二月壬子，浙江行省左丞相黑驴为中书平章政事。戊午，祭社稷。辛酉，中书平章政事赤斤帖木儿、御史大夫脱欢并罢为集贤大学士。甲子，逮四川行省平章政事赵世延至京师。丙寅，陕西行省平章政事赵世荣为中书平章政事，江西行省右丞木八剌为中书右丞，参知政事张思明为左丞，中书左丞换住出为岭北行省右丞。己巳，罢上都乾元寺规运总管府。辛未，括诸路系官山场、河泊、窑冶、庐舍。壬申，召陕西行台御史大夫答失铁木儿至京师。丁丑，夺翰林学士承旨李孟韩国公敕命。戊寅，中书平章政事兀伯都剌出为甘肃行省平章政事，阿礼海涯出为湖广行省平章政事。铁木迭儿以皇太后命，杀集贤大学士杨朵儿只、崇禋院使萧拜住，并籍其家。

三月壬午，爪哇国来贡方物。戊子，诏诸王、驸马流窜者，还就分邑。庚寅，帝即位于大明殿，诏曰：

洪惟太祖应期抚运，肇开帝业；世祖皇帝神机睿略，统一海内，以圣继圣。迨我先皇帝，至仁厚德，涵濡群生，君临万国，十年于兹。以社稷之远图，定天下之大本，协谋宗亲，授予册宝。方春官之与政，遽昭考之宾天。诸王近戚，元勋硕辅，咸谓朕宜体先皇帝付托之重，既深系乎人心，讵可虚于神器，合辞劝进，诚意交孚。乃于三月十一日，即皇帝位于大明殿。

可大赦天下。腹里被灾路分，据延祐七年合该丝线，十分为率，拟免五分；其余诸路丝线并江淮夏税均免三分之一。延祐七年以前逋欠差徭税银，并行蠲免。已征入主典之手，不在蠲免之限。各处站赤消乏，毋泛滥给驿。差役不均，监察御史、廉访司严行纠治。远近诸军，其阵亡者，常例存恤外，更展限一年。本管官及奥鲁官毋非理科征。两广、福建等处啸聚贼徒，诏书到日，限六日内出官自首，许免本罪，限外不悛，依常收捕。务农所以厚民，劝学所以兴化，各处提调官加意勉求实效。岳渎、帝王，诸在祀典者，长吏择日致祭。

是日尊皇太后为太皇太后，诏曰：

朕惟为治之端，无加于立孝，根本之内，莫大于尊亲。朕肇缵丕图，恪遵彝典。钦惟仪天兴圣慈仁昭懿寿元全德泰宁福庆皇太后仁明渊静，淑睿懿恭；定大策于两朝，功施社稷；著徽音于四海，庆衍本支。夙荷恩慈，抚予眇质，思仰酬于厚德，宜首进于隆名。谨上尊称曰太皇太后，其应行典礼，令有司讨论以闻。

壬辰，太皇太后受百官朝贺于兴圣宫。铁木迭儿进开府仪同三司、上柱国、太师。丙申，斡罗思等来降，赐钞万四千贯，还其部。戊戌，敕阴阳、医官、匠人勿承荫。辛丑，禁擅奏玺书。以枢密院兼领左右卫率府。壬寅，翰林学士承旨李孟降为集贤侍讲学士。御史台请诏谕百司，以肃台纲。帝曰："卿等但守职尽言，善则朕从之，否亦不汝罪也。”甲辰，诏中外毋沮议铁木迭儿。丙午，有事于南郊，告即位。

夏四月庚戌，有事于太庙，告即位。诏群臣曰：“一岁惟四祀，使人代之，不能致如在之诚。朕必终身亲莅祀事，谕卿等知之。”廷臣言：“祀事毕，宜赦天下。”帝曰：“赦不可屡下，使杀人者获免，则死者何辜？”命中书省陈便宜事行之。河南、湖广、辽阳三行省丞相并降为平章政事，惟征东行省以高丽王不降。乙卯，封诸王彻彻秃为宁远王。戊午，祀社稷，告即位。己未，绍庆路洞蛮叛。平章政事王毅、中书右丞高昉征理京师诸仓库粮帛亏额。庚申，太常礼仪院使拜住为中书平章政事。戊辰，车驾幸上都。封高丽王从子王暠为鸡林郡公。有因近侍献七宝带者，帝曰：“朕即位不闻卿等荐贤，而为人进宝，是以利诱朕也。其还之。”照刷宣徽院文卷。

五月庚辰，杀上都留守贺伯颜，籍其家。己丑，中书左丞相阿散出为岭北行省平章政事。中书平章政事拜住为中书左丞相。乃剌忽、塔失海牙并为中书平章政事，只儿哈郎为中书参知政事。辛卯，中书参知政事钦察罢为集贤大学士。乙未，请大行皇帝谥于南郊。戊戌，岭北行省平章政事阿散、中书平章政事黑驴、御史大夫脱忒哈、徽政院使失列门等与黑驴母亦列失八谋废立，事觉，俱伏诛。辛丑，知枢密院事铁木儿脱为中书平章政事。甲辰，诏曰：

朕肇登大宝，祗遹先猷，仍图任于旧人，庶共新于治效。岂期邪党辄蕴私心。迩者阿散、黑驴、脱忒哈、失列门、亦列失八等潜结诡谋，挠乱国政，既自作于不靖，固难逭于严诛。贺伯颜轻侮诏书，殊乖臣礼，不加惩创，曷示等威。今已各正典刑，籍没其家。

於戏！惟帮国之用刑，以靖群慝；俾人臣之知戒，勿蹈非彝。咨尔有众，体予至怀。

丁未，封诸王王禅为云南王。

六月己酉，流徽政院使米薛迷干于金刚山。甲寅，前太子詹事床兀儿坐党附阿散等，伏诛。丙辰，召河南行省平章政事野仙帖木儿至京师。收脱忒哈广平王印。丁巳，江西行省左丞相脱脱为御史大夫，宗正札鲁火赤铁木儿不花为知枢密院事。戊午，罢詹事院。封知枢密院事塔失帖木儿为蓟国公。乙丑，西番酋盗洛各目降。己巳，高丽国遣使贺即位。是月，奉元盩厔县妖僧圆明作乱，伪称皇帝。

秋七月甲申，知枢密院事买驴、哈丹并出为辽阳行省平章政事。乙未，甘肃行省平章政事钦察知枢密院事。丙申，中书平章政事乃剌忽罢。安王兀都思不花降封顺阳王，寻赐死。始制衮冕。庚子，江南行台御史中丞廉恂为中书平章政事。乙巳，知枢密院事也先吉尼出为江西行省平章政事。是月，云南花角蛮酋韦郎达叛。

八月戊申，祭社稷。丙辰，祔仁宗圣文钦孝皇帝、庄懿慈圣皇后于太庙。

九月壬辰，土番酋利族、阿俄等寇成谷。循州蛮酋泰元吉叛。庚子，慈利州山民贞公纠合诸洞蛮酋并叛，遣湖广行省讨之。甲辰，云南木邦路蛮酋给邦遣其子来献方物，赐币有差。马札蛮等使占城、占腊、龙牙门诸国，索驯象。是月，奉元路达鲁花赤伯颜获僧圆明，诛之。永宁路蛮酋和俄等叛，渠州吏目李荣贵死之。

冬十月丁未，有事于太庙。丁巳，酉阳州笡依洞蛮叛，遣四川行省讨之。戊午，车驾至自上都。诏太常院曰："朕将以四时躬礼太室，宜与群臣集议其礼。此追远报本之道，毋以朕劳于对越而有所损。"安南国遣使贡方物。酉阳州蛮酋冉世昌遣其子率大、小石堤洞蛮入贡。癸酉，流诸王阿剌铁木儿于云南。

十一月丙子朔，帝御斋宫。丁丑，有事于太庙，至仁宗皇帝室，呜咽流涕，左右感动。辛巳，以享太庙礼成，御大明殿受贺。甲申，修《仁宗实录》。戊戌，交趾蛮侬志德掠脱零、那乞等六洞。

十二月乙巳朔，诏曰：

朕祗遹诒谋，获承丕绪，念付托之惟重，顾继述之敢忘。爰以延祐七年十一月丙子被服衮冕，恭谢太庙。既大礼之告成，宜普天之均庆。属兹逾岁，用易纪元，于以导天地之至和，法春秋之谨始，可以明年为至治元年。

普免天下至治元年地丁粮十分之二。合该包银，除两广、海北、海南权且停搁，其余减免三分之一。大都、上都、兴和三路免差税三年。腹里被灾人民，与免丝料三分。燕南、山东、汴梁、旧德、汝宁灾伤地面，应有山场、河泊，并听民开采。诸人侵盗、失限、短少、减驳，合追系官钱粮，如在诏书以前，已有追理文案者，先将奴婢财产准折入官，不敷之数，并行释免。已征入主典之手，不在此例。回回人等典卖蒙古子女为驱者，分付所在官司应付口粮收养，听候中书省定夺。流移户口如欲复业者，官司给付行粮，拖欠差徭课程，并行倚阁，原抛田产，全行给付，仍免差税三年。诸翼军人消乏，众枢密院分拣合并存恤。管军官放钱利息及翻倒文契者，诏书到日，尽行停搁。和林、甘肃、云南、四川、福建、广海新附汉军，除常例外，每名给布一匹，死者给烧埋银。站赤消乏，诸衙门及诸王、公主、驸马差使，常加撙节，一切关防约束事理，悉从旧制。若有不应差人及多余铺马者，严行断罪。煎盐、冶铁、运粮船户，合该杂泛差役，优免三年。腹里权住煽办，以纾民力。经过军马、昔宝赤、八儿赤等，不得需索百姓，纵驼马损坏田禾树木。云南、四川、福建、广海之任官员，不幸病故，所在官司取勘应付车船铺马，仍给行粮，如有典卖人口，并听完聚，价不追还。商税三十分取一，已有定制。今正额之外，又索羡余，非多取于民，彼将焉出？仰将延祐七年实办到官数目为定额，已后永不多取。和雇和买，一切杂税差役，除边远军人及自备首思站赤外，不论何户，与民一体均当，诸内外七品官以上，有伟画长策、可以济世安民者，实封呈览。监察御史、布政廉访司，岁举可任守令者二人。隐居行义、不求闻达者，有司具状以闻。复封赠之制，中书省集议举行。

戊申，流前高丽王𬣙于吐番撒思结之地。丁未，播州蛋蛮的羊龙等来降。乙卯，上太皇太后徽号曰仪天兴圣慈仁昭懿寿元全德泰宁福庆徽文崇裕太皇太后。翰林学士忽都鲁都儿译进宋儒真德秀《大学衍义》，帝曰：“修身治国，无逾此书。”赐钞五十万贯。丙辰，以太皇太后加号，御大明殿受贺。丙寅，典瑞院使阔彻伯知枢密院事。戊辰，告祀太庙。己巳，中书右丞木八剌出为江西行省右丞，中书参知政事只儿哈郎为中书右丞，江南浙西道廉访使薛处敬为中书参知政事。上思州徭寇忠州。江浙行省平章政事伯颜索儿、江西行省平章政事白撒都并坐贪墨免官。

至治元年春正月乙酉，高丽国遣使献童女。丙戌，有事于太庙，左丞相拜住为亚献，知枢密院事阔列伯为终献。是月，诏高丽王焘入朝。

二月戊申，祭社稷。改中都武卫为忠翊卫亲军都指挥使司。己酉，建仁宗神御殿于普庆寺。丁巳，畋于柳林。杀监察御史观音保、锁咬儿哈的迷失，杖流监察御史成圭、李谦亨于奴儿干。

三月丁丑，缅国遣使贡方物。庚辰，廷试进士泰普化、宋本等六十四人，赐及第、出身有差。辛巳，车驾幸上都。辛丑，铁失为御史大夫。

夏四月庚戌，有事于太庙。己未，吉阳黎寇宁远县。戊辰，宦者孛罗台为太常署令。太常卿言，刑人不应与祭，罢之。

五月壬午，迁武宗皇子图帖木儿于琼州。辛丑，太常礼仪院进太庙制图。

六月癸卯朔，日有食之。丁巳，前中书参知政事敬俨为陕西行台御史中丞。辛酉，赵宏祚等言事，敕勒归田里，仍禁妄言时政。乙丑，遣使铨江浙、江西、湖广、四川、云南五省官选。己巳，上都留守只儿哈郎为中书平章政事。

秋七月丁丑，有事于太庙。癸未，封太尉孛兰奚为和国公。乙酉，浑河决，被灾者二万三千三百户。吏部尚书教化、礼部郎中文矩颁即位诏于安南国。

八月戊申，祭社稷。庚戌，知枢密院事铁木儿不花整治军人贫乏，敕有敢扰害者罪之。乙卯，中书平章政事铁木儿脱罢为上都留守。壬戌，帝驻跸兴和，左右以寒甚，请还大都。帝曰："兵以牛马为重，民以稼穑为本。朕迟留，盖欲马得刍秣，民获刈获耳。岂畏寒乎？”雷州路海康、遂溪二县海溢。秦州成纪山崩。

九月丙子，车驾驻昂兀岭。壬辰，中书平章政事塔失海牙坐受赇杖免。丁酉，帝至自上都。

冬十月庚戌，有事于太庙，左丞相拜住为亚献，御史大夫铁失为终献。癸丑，敕翰林集贤官年七十毋致仕。丙寅，河南行省参知政事你咱马丁坐残贼免官。

十一月戊寅，群臣上尊号曰继天体道敬文仁武大昭孝皇帝。己卯，以受尊号诏天下。左丞相拜住请释罪囚，不允。辛巳，铁失领左右阿速卫。

十二月辛巳，立亦启烈氏为皇后。癸卯，以立皇后诏天下。戊申，告谢太庙。己酉，封唆南藏卜为白兰王。庚戌，建太庙正殿。

二年春正月辛亥朔，安南国、占城国各遣使来贡方物。丁巳，有事于太庙，赐导驾耆老币帛。戊寅，敕有司存恤孔氏子孙贫乏者。癸未，流徽政使罗源于耽罗。封塔齐儿为兰国公。

二月庚子，立左右钦察卫亲军都指挥司，拜住兼都指挥使。癸卯，江南行台御史大夫钦察为中书平章政事，江浙行省参知政事王居仁为中书参知政事，薛处敬出为河南行省左丞。戊申，祭社稷。丁卯，辽阳行省平章政事买驴为中书平章政事。

三月己巳朔，御史台、翰林院、国子监同议兴举学校。壬申，张珪复大司徒。癸酉，罢京师营役卒四万余人。辛巳，翰林待制沙的使高丽讯高丽王焘不奉敕书事。丙戌，以享太庙礼成，普减内外官一资。丁亥，凤翔道士王道明坐妖言伏诛。丁酉，车驾幸柳林。驸马许讷子速怯坐讦其父母伏诛。

夏四月戊戌朔，车驾幸上都。

五月己巳，封公主速克八拉为赵国大长公主。庚午，奉符县民王驴儿等谋反，伏诛。癸未，御史大夫脱脱为江南行台御史大夫。立宗仁蒙古侍卫亲军都指挥使司。车驾幸五台山。甲申，只儿哈朗为御史大夫。云南行省平章政事答失铁木儿、朵儿只等坐受赇杖免。

闰月癸卯，诸王阿马、承童擅役诸王脱列捏卫士，并杖流海南。戊申，铁木迭儿子班丹为知枢密院事。丙寅，沅州洞蛮叛。禁诸司隔越中书省奏事。

六月丁卯，车驾幸五台山，禁扈从者毋践民禾。壬午，辰州江水溢。

秋七月壬子，诸王阔阔秃总兵北边。戊午，车驾次应州。曲赦金城县囚。辛酉，车驾次浑源州。中书右丞张思明有罪，杖免，籍其家。

八月戊辰，祭社稷。己巳，道州宁远县民符翼轸谋反，伏诛。甲戌，车驾次奉圣州。庚寅，铁木迭儿卒。

九月辛亥，车驾幸寿安山寺。丙辰，太皇太后崩。庚申，停今年冬祀南郊。

冬十月戊辰，有事于太庙，以国哀迎香去乐。丙子，押济思国来贡方物。杖谪江南行台御史大夫脱脱于云南。甲申，建太祖神御殿于兴教寺。己丑，拜住为中书右丞相。

十一月甲午朔，日有食之。己亥，以授右丞相诏天下。流民复业者，免差税三年。站户鬻妻子者，官赎还之。凡差役，先科商贾及富实之家，以优农力。差免陕西税十之三，各路官田租十之二，江淮创科包银全免之。安南国来贡方物。癸卯，京师地震。

十二月甲子朔，建昌州山崩。丁卯，中书平章政事买驴罢为大司农，廉恂罢为集贤大学士，集贤大学士张珪为中书平章政事。甲戌，来安路总官广西徭岑世兴叛。宣政院使八思吉思坐受刘夔冒献田地下狱。帝谓左右曰："祖宗制法非朕所得私，八思吉思虽事朕日久，今有罪，朕不敢枉纵也。"论如律。庚辰，葛蛮安抚司副使龙仁贵叛。知枢密院事钦察台罢为宣政院使。中书参知政事速速为中书左丞，宗仁卫亲军都指挥使马剌为中书参知政事。癸未，绍兴路洞蛮把者叛。御史大夫只儿哈郎为知枢密院事。封诸王彻彻秃为武宁王。以地震、日食，命中书省、枢密院、御史台、翰林、集贤院会议国家利害之事以闻。

三年春正月癸巳，暹国遣使来贡方物。八番蛮酋韦思正等降，请纳岁租。乙未，有事于太庙。己亥，思明州盗起。壬寅，行中书省复兼总军政，前枢密院使吴元圭、王约为集贤大学士，翰林侍讲学士韩从益为昭文馆大学士，并商议中书省事。辛亥，命铁失振举台纲。静江路邕、柳诸州獠叛。丙辰，泉州民留应总作乱。

二月丙寅，翰林国史馆进《仁宗实录》。遣教化抚西番降族。戊辰，祭社稷。宾丹、爪哇等国来贡方物。癸酉，畋于柳林。辛巳，司徒刘夔、同佥枢密院事囊家歹有罪伏诛。颁行《大元通制》。戊子，封鹰师不花为赵国公。辛卯，诸王月思别遣使来朝。

三月壬辰朔，车驾幸上都。丁未，西番参卜郎叛，镇西武靖王搠思班以兵讨之。戊申，祔太皇太后于顺宗庙室，右丞相拜住摄太尉，奉册宝，上尊谥曰昭献元圣皇后。

夏四月己巳，释大辟囚三十一人、杖五十七以上六十九人。己卯，行助役法。丁亥，前罗罗斯宣慰使述古妻漂末遣其子来献方物。

五月庚子，大风雨雹。铁失独署御史大夫事。壬寅，云南行省平章政事忽辛坐受赇杖免。戊申，追夺铁木迭儿官爵。帝御大安阁，见太祖、世祖遗衣，皆以缣素木棉为之，重加补缀，嗟叹良久，谓左右曰："祖宗创业艰难，服用节俭如此，朕安敢顷刻忘之。"戊午，奉天行宫正殿灾。

六月丁卯，徽政使丑驴讨参卜郎。癸未，赠乳母秃忽台定襄郡夫人，其夫阿来追封定襄王。癸酉，增太庙夹室。乙酉，叛王怯伯来降。

秋七月壬辰，占城国王遣其弟保佑八剌遮来贡方物。癸卯，太庙成。乙巳，招谕左右两江叛酋黄圣许、岑世兴。己酉，封诸王拔都帖木儿为威远王。丙辰，籍铁木迭儿家。御史台请下诏开言路，帝曰："言路何尝不开，卿等选人未当尔。"八月癸亥，车驾南还。是夕，驻跸南坡。御史大夫铁失、知枢密院事也先帖木儿、大司农失秃儿、前平章政事赤斤帖木儿、前云南行省平章政事完者、铁木迭儿子前治书侍御史锁南、铁失弟宣徽使锁南、典瑞院使脱火赤、枢密院副使阿散、佥书枢密院事章台、卫士秃满及诸王按梯不花、孛罗、月鲁铁木儿、曲律不花、兀鲁思不花等同谋弑逆，以铁失所领阿速卫兵为外应，铁失、赤斤帖木儿先杀中书右丞相拜住，遂弑帝于行殿。在位三年，二十有一。

泰定元年二月上尊谥曰睿圣文孝皇帝，庙号英宗。四月，上国语庙号曰格坚皇帝。

史臣曰：英宗诛兴圣太后幸臣失列门等，太后坐视而不能救，其严明过仁宗远甚。然蔽于铁木迭儿，既死始悟其奸，又置其逆党于肘腋之地。故南坡之祸，由于帝之失刑，非由于杀戮也。旧史所讥殆不然矣。

新元史卷一九
本纪第一九

泰定帝

泰定皇帝，讳也孙铁木儿，裕宗之孙，显宗甘麻剌长子也。母曰宣懿淑圣皇后宏吉剌氏。世祖封显宗为晋王，出镇北边。统领太祖四大斡耳朵。至元十三年十月二十九日，生帝于北边。

成宗大德六年，显宗卒，帝袭封晋王，仍镇北边。武宗至大三年九月，奏："世祖以张铁木儿所献惠州金银铜冶赐臣，后输于有司，乞回赐。"武宗许之。仁宗皇庆元年二月，赐南康路六万五千户为食邑。延祐元年四月，复谕帝以惠州金银铜冶归有司。七月，仍回赐于帝。壬午，命帝赈辽东饥民。英宗即位，部众饥，赐钞五千万。帝以田七千顷入官，请征其年租以偿赐钞，其谨事朝廷如此。

至治三年八月辛酉，猎于秃剌河。御史大夫铁失遣其党斡罗思以逆谋来告曰："我与哈散、也先铁木儿、失秃儿谋已定，事成立王为皇帝。"又命斡罗思以其事告内史倒剌沙，且言勿令旭迈杰知之。于是帝命囚斡罗思，遣别列迷失等赴上都告变。未至，英宗驻跸南坡，铁失等弑英宗于行殿。诸王按梯不花及也先铁木儿等奉玺绶来迎。时中书平章政事张珪在京师闻变，告留守魏王彻彻秃，大统宜在晋王。彻彻秃遣使至行在劝进。

九月癸巳，帝即位于龙居河。大赦天下。知枢密院事淇阳王也先铁木儿为中书右丞相，诸王月鲁铁木儿袭封安西王。召前高丽王璋还京师。甲午，倒剌沙为中书平章政事，乃马台为中书右丞，铁失、马思忽门并知枢密院事，孛罗为宣徽院使，旭迈杰为宣政院使。乙未，枢密院使哈散为御史大夫，内史善僧为中书左丞。丁酉，完泽知枢密院事，秃满同佥枢密院事。戊戌，撒的迷失知枢密院事，章台同知枢密院事。辛丑，马谋沙知枢密院事，失秃儿为大司农。

冬十月甲子，遣使至大都，以即位告天地、宗庙、社稷。诸王买奴进曰："不讨逆贼，则陛下善名不著。天下后世何从而知非与闻其故乎？"帝然之。也先铁木儿、完泽、锁南、秃满等并伏诛于行在。旭迈杰为中书右丞相，陕西行省左丞相秃忽鲁、通政院使纽泽并为御史大夫，中书左丞速速为御史中丞。旭迈杰、纽泽至上都，铁失、失秃儿、赤斤铁木儿、脱火赤、章台等并伏诛。戊辰，召高昌王铁木儿补花至行在。移魏王阿木哥于大同。壬申，内史按答出为太师、知枢密院事。癸未，江浙行省平章政事兀伯都剌为中书平章政事。八番顺元洞蛮及静江、大理诸路猺并叛。甲戌，直省舍人阿鲁沙等颁即位诏于高丽。

十一月己丑朔，车驾次于中都。辛丑，车驾至京师。丁未，御大明殿，受诸王百官朝贺。辛亥，御史中丞董守庸有罪，免官。癸丑，遣使至曲阜，以太牢祀孔子。丙辰，御史中丞速速有罪，免官。丁巳，广东新会县民汜长弟作乱，副元帅乌马儿讨平之。

十二月己未，雪杨朵儿只、萧拜住、贺伯颜、观音保、锁咬儿哈的迷失及李谦亨、成圭、王毅、高昉、张志弼、普颜笃、卜颜忽里等冤，存者召用，死者赠恤有差。戊辰，请皇考妣尊谥于南郊。上皇考晋王尊谥曰光圣仁孝皇帝，庙号显宗，皇妣宏吉剌氏尊谥曰宣懿淑圣皇后。己巳，盗窃太庙仁宗金主、庄懿慈圣皇后金主。甲戌，铁木迭儿子锁南及其党月鲁、秃秃哈、速敦并伏诛。癸未，广西来安路总管岑世兴来献方物。流月鲁帖木儿于云南，按梯不花于海南，曲吕不花于奴儿干，孛罗及兀鲁思不花于高丽大青岛。乙酉，云南车里蛮入寇。丙戌，封诸王买奴为泰宁王。知枢密院事阔彻伯授开府仪同三司，前太师拜忽商议军国重事。丁亥，改元泰定，诏曰：

朕荷天鸿禧，嗣大历服，侧躬图治，夙夜祗畏，惟祖训是遵。乃明岁甲子景运伊始，思与天下更始。稽诸典礼，逾年改元，可改明年为泰定元年。

免大都、兴和差税三年，八番、思、播、两广洞寨差税一年，江淮创科包银三年，四川、云南、甘肃秋粮三分，河南、陕西、辽阳丝钞三分。除虚增田税，免斡脱逋钱。赈恤云南、广海、八番等处戍军。求直言。赐高年帛。禁献山场湖泊之利。定吏员出身者许至四品。

是月，云南花角蛮入寇，平章政事倒刺沙为中书左丞相。知枢密院事马谋沙、御史大夫纽泽、宣政院使钦秃，并加光禄大夫。

泰定元年春正月，中书右丞乃马台为平章政事，中书左丞善僧为右丞。召江西行省平章政事也儿吉的至京师。己亥，以诛逆贼也先铁木儿等诏天下。壬寅，拜住子答儿麻失里为宗仁卫亲军都指挥使，撒里哈为左右卫阿速亲军都指挥使。丁未，岭北行省参知政事帖陈、礼部尚书忽都帖木儿使于诸王不赛因。戊申，八番生蛮韦光正等来降，岁输布二千五百匹。己酉，召怀宁王图帖木儿于琼州，魏王阿木哥于大同。甲寅，敕高丽王焘归国，还其王印。

二月壬申，请大行皇帝尊谥于南郊，上尊谥曰睿圣文孝皇帝，庙号英宗。甲戌，中书平章政事张珪、翰林学士承旨忽都鲁都儿迷失、翰林侍讲学士吴澄、集贤直学士邓文原进讲《帝范》、《资治通鉴》、《大学衍义》、《贞观政要》，以右丞相旭迈杰领之。诸王怯别、孛罗各遣使贡方物。高昌王帖木儿补化遣使献蒲陶酒。

三月丁亥，立詹事院，太傅朵䚟、宣徽使秃满迭儿、桓国公拾得闾、太尉丑闾答剌罕并为太子詹事。中书参知政事王居仁罢为副詹事，同知宣政院事杨廷玉为中书参知政事。乙未，江西行省平章政事也儿吉的知枢密院事。戊戌，廷试进士，赐八剌、张益等八十四人及第、出身有差。会试下第者，亦赐教官有差。庚子，中书平章政事钦察出为陕西御史大夫。四川行省平章政事囊家台兼宣政院使，讨西番参卜郎。癸卯，中书平章政事乃马台摄祭南郊，知枢密院事阔列伯摄祭太庙，告册立皇后及皇太子。丙午，立宏吉剌氏为皇后，皇子阿速吉八为皇太子。己酉，皇子八的麻亦儿间卜嗣封晋王。湘宁王八剌失里出镇察罕脑儿。知枢密院事也儿吉的出为云南行省右丞相。癸丑，广西横州徭寇永淳县。诸王不赛因遣使贡方物。

夏四月癸亥，上国语英宗庙号曰格坚皇帝。甲子，车驾幸上都，诸王宽彻不花、失剌，平章政事兀伯都剌，右丞善僧等居守。岭北行省左丞泼皮为中书左丞，江南行台中丞朵朵为中书参知政事。参知政事马剌罢为太史院使。诸王不赛因遣使贡方物。丁卯，封宪宗女孙买的为昌国大长公主。癸酉，太子詹事秃满迭儿为中书平章政事。庚辰，以灾异，戒饬百官。辛巳，太庙新殿成。

五月壬辰，御史大夫秃忽鲁、纽泽以灾异屡见，不能劾宰相徇私违法，自请罢黜。于是中书平章政事兀伯都剌、张珪，参知政事杨廷玉，中书右丞相旭迈杰，左丞相倒剌沙先后皆引罪自劾，帝慰留之。戊戌，奉移列圣神主于太庙新殿。辛丑，循州徭寇长乐县。

六月乙卯朔，诸王阔阔木出镇畏兀儿部。戊午，云南蛮酋高兰等寇威楚州。丙寅，招谕西番参卜郎。广西叛蛮黄胜许、岑世兴乞遣其弟子朝贡，许之。己卯，诸王怯别等遣使贡驯豹、西马。诏："疏决系囚。存恤军士。免天下和买杂役三年，蛋户差税一年。内外官四品以下率散官一等，三品递进一阶。仕瘴地身死者，有司资给归葬，仍著为令。"

秋七月丙戌，思州蛮酋杨大车、酉阳州蛮酋冉世昌并叛。庚子，诸王伯颜帖木儿出镇阔连东部，阿剌忒纳失里出镇沙州。癸卯，罢闽、广等处采珠蛋户为民，仍免差税一年。吏部尚书马合谋等颁即位诏于安南。定州屯河溢、山崩，广西庆远徭酋潘文绢等来降。

八月丙辰，有事于太庙。丁丑，车驾至自上都。癸酉，招谕云南大、小车里蛮酋。秦州成纪山崩、水溢。

九月乙酉，封也速不坚为荆王。癸丑，岑世兴来献方物。

冬十月戊午，有事于太庙。庚申，高丽国遣使贺圣诞。己巳，云南车里蛮酋寒赛子尼而雁、构木子刁零降。壬申，安南世子陈日炉遣使贡方物。丁丑，云南王王禅改封梁王，其子帖木儿封云南王。封武宗皇子图帖木儿为怀王。

十一月癸巳，诸王不赛因藩臣出班授开府仪同三司，封翌国公。己亥，术温台知枢密院事。己酉，免也里可温、答失蛮差役。

十二月癸丑朔，岑世兴遥授沿边溪洞军民安抚使致仕，其子志熟为上思州知州，仍各赐币帛。乙卯，云南徭阿吾等叛。庚申，同州地震。癸亥，盐官州海溢。丙寅，修显宗、英宗《实录》。乙亥，曲赦重囚三十八人。容米洞蛮田先什用等率九洞俱叛。

二年春正月乙未，敕后妃、诸王、驸马毋接星术之士，非天文官不得妄言祸福。戊戌，参卜郎降。辛丑，怀王图帖木儿出镇建康。甲辰，江浙行省平章政事脱欢答剌罕为行省右丞相。诸王怯别遣使贡方物。庚戌，诏群臣曰：

> 向者，卓儿罕察苦鲁及山后皆地震，内郡大小民饥。朕自即位以来，惟太祖开创之艰，世祖混一之盛，期与民人共享安乐，灾沴之至，莫测其由。岂朕思虑有所不及而事或僭差，天故以此示警与？卿等其与诸司集议便民之事，自死罪始议定以闻。

闰月壬子朔，大赦天下。除江淮创科包银免被灾地差税一年。戊辰，诸王忽塔梯迷失等来朝。己卯，阶州土番入寇。站八儿监藏叛于兀敦。颁族葬制。禁阴阳相地邪说。

二月甲申，祭先农。丁亥，平伐苗酋的娘来降。辛卯，爪哇国遣使贡方物。广西徭酋潘宝陷柳城县。己亥，封阿里迷失为和国公，张珪为蔡国公。中书右丞善僧为平章政事，中书左丞泼皮为右丞，御史大夫秃忽鲁加太保。是月，中书平章政事张珪致仕。

三月甲寅，禁捕天鹅。乙丑，车驾幸上都。乙亥，安南世子陈日炉遣使贡方物。

夏四月辛丑，寿宁公主加封皇姊大长公主。丁未，封后父火里兀察儿为威靖王。戊申，山东廉访使许师敬为中书左丞；中政使冯亨为中书参知政事，仍兼中政使。

五月壬子，开南州阿都剌蛮酋引车里酋陶剌孟等寇陷朵剌等十四寨。木邦路蛮酋八庙等寇陷倒八汉寨。癸丑，龙牙门国来贡方物。辛未，通政院使察乃使于周王和世𤦼。癸酉，融州洞徭叛。丙子，檀州大水，平地深丈有五尺。

六月己卯朔，皇子小薛生。静江徭叛，广西宣慰司讨之。癸未，浔州平南县徭叛，达鲁花赤都坚、县尹姚泰亨死之。甲申，嘉王晃火帖木儿改封并王。丙申，敕御史台、枢密院大臣勿领军卫。丁酉，静江徭及庆远徭并叛。息州民赵丑厕、郭普萨坐妖言“弥勒佛当有天下”，伏诛。辛丑柳州徭叛。秦州山移。

秋七月戊申朔，大、小车里蛮来献驯象。甲寅，遣使赍玺书分谕徭蛮。镇康路蛮酋你囊、谋粘路蛮酋赛邱罗来降。木邦路蛮酋八庙既降复叛。丙辰，有事于太庙。播州蛮酋黎平爱等叛。癸亥，广西诸徭尽叛，左丞乞住、兵部尚书李大成等讨之，以诸王斡耳朵罕监其军。海北徭盘吉祥寇阳春县。庚午，亦剌马丹等至大理，普颜实立等至威楚，招谕叛蛮。思州洞蛮杨银千等来献方物。封驸马孛罗帖木儿、知枢密院事火沙并为郡王。辛未，置河南行都水监。濒河州、县并兼知河防事。壬申，敕太傅朵解、太保秃忽鲁日至禁中集议国事。广西徭潘宝寇义宁、来宾诸县。

八月辛卯，云南白夷寇云龙州。

九月戊申朔，分天下为十八道，遣使分道宣抚。诏曰：

朕祇承洪业，夙夜维寅，凡所以图治者，悉遵祖宗成宪。曩屡诏中外百司，宣布德泽，蠲赋详刑，赈恤贫民，思与黎元共享有生之乐。尚虑有司未体朕意，庶政或阙，惠泽未洽，承宣者失于抚绥，司宪者怠于纠参，俾吾民重困，朕甚悯焉。今遣使宣抚，分行诸道，按问官吏不法，询民疾苦，审理冤滞，凡可以兴利除害，从宜举行。有罪者，四品以上，停职申请，五品以下，就便处决。其有政绩尤异，暨晦迹邱园、才堪辅治者，具以名闻。

湖广行省参知政事马合谋、河东宣慰使李处恭之两浙江东道，鹰坊使朵列秃、太史院使齐履谦之江西福建道，都功德使举林伯、荆湖宣慰使蒙弼之江南湖广道，礼部尚书李家奴、工部尚书朱赞之河南河北，同知枢密院事阿吉剌、御史中丞曹立之燕南山东道，太子詹事别帖木儿、宣徽院判韩让之河东陕西道，吏部尚书纳哈出、董讷之山北辽东道，陕西盐运使众家奴、中书断事官韩庭茂之云南，湖南宣慰使寒食、冀宁总管刘文之甘肃，山东宣慰使秃思帖木儿，陕西行省左丞廉惇之四川，翰林侍讲学士帖木儿不花、秘书郎吴秉道之京畿道。癸丑，车驾至自上都。乙卯，有事于太庙。壬戌，广西徭寇宾州。

冬十月戊寅朔，岑世兴寇上林州。癸未，中书左丞相倒剌沙罢为御史大夫。丁亥，有事于太庙。癸巳，播州凯黎苗叛。丁酉，广西徭酋何童降。戊申，周王和世㻋遣使献文豹。

十一月庚戌，以岁饥，罢上都皇后营缮。己未，整饬台纲。庚申，日本船来互市。广西宣慰使获徭酋潘宝，其弟潘儿寇柳州，行省左丞乞住讨之。丙寅，倒剌沙复为中书左丞相，加开府仪同三司、录军国重事。是月，中书右丞相旭迈杰卒。

十二月戊寅，塔失帖木儿为中书右丞相。癸未塔失帖木儿加开府仪同三司、上柱国、录军国重事，封蓟国公。甲午，召张珪于保定。丁酉，加纽泽知枢密院事，与马诛沙并开府仪同三司。乞住等败徭贼于广西。元山路蛮酋普山叛。

三年春正月丙午，高丽国遣使贡方物，并贺正旦。播州蛮酋黎平爱等来降。戊申，元江路蛮酋普奴叛。诸王薛彻秃、晃火帖木儿来朝。壬子，封宽彻不花为威顺王，镇湖广。泰宁王买奴，改封宣靖王，镇益都。诸王不赛因遣使来献马。翰林学士吴澄谢病归。癸亥，知枢密院事撒忒迷失出为岭北行省平章政事。戊辰，缅王荅里也伯以国乱来乞师，并献方物。安南国入寇，陷思明州。

二月壬午，广西全茗州徭酋许文杰叛，茗盈州知州李德卿等死之。中书平章政事乃马台知枢密院事。甲戌，爪哇国来贡方物。庚子，通政院使察乃为中书平章政事。甲辰，车驾幸上都，诸王也忒古不花、平章政事兀伯都剌、察乃、善僧，左丞许师敬，参知政事朵朵居守。

三月乙巳朔，帝以不雨自责，命审录重囚，分祷岳渎、名山大川及京师寺观。癸丑，八番岩霞洞蛮来降。丁巳，诸王失剌出镇北边。戊午，诏安抚缅国，赐其王金币。丙寅，翰林学士承旨阿怜帖木儿、许思敬等译《帝训》成，赐名《皇图大训》，授皇太子读之。辛未，泉州民阮凤子作乱，军民官坐失讨，降黜有差。

夏四月戊戌，容米洞蛮寇长阳县。

五月甲戌朔，诸王怯别遣使献文豹。乙巳，罢福建岁贡蔗饧。禁西僧驰驿扰民。甲寅，八百媳妇酋招南道遣其子来献方物。丁卯，招谕岑世兴。庚午，永明县五洞徭，河西加木笼四部番夷俱来降。

六月癸酉朔，四川行省平章政事秃哈帖木儿请终母丧，许之。癸酉，播州蛮酋黎平爱复叛，合蛮酋谢乌穷入寇。招抚使杨燕里不花谕平爱出降，乌穷不从。己亥，纳皇姊寿宁公主女撒答八剌为皇后。道州徭叛。

秋七月甲辰，车驾发上都，禁车驼践民田禾。丙午，有事于太庙。丁未，绍庆蛮酋冉世昌叛。辛亥，封阿都赤为绥宁王。乙卯，翰林侍讲学士阿鲁威、直学士斡赤译《世祖圣训》以备经筵进讲。戊午，诸王不赛因遣使献驼马。八百媳妇蛮来献方物。己巳，郑州、阳武县河决。

八月甲戌，平章政事兀伯都剌、右丞许师敬以灾异饥馑，乞罢黜，不允。乙亥，知枢密院事乃马台简阅边兵。甲申，有事于太庙。宁远州洞蛮叛。丁亥，梁王王禅整饬斡耳朵思边事。丁酉，诸王不赛因遣使献玉及独峰驼。辛丑，车驾次中都，畋于汪兀察都之地。盐官州、扬州、崇明州同时海溢。

九月庚申，车驾至自上都。癸亥，赐大车里新附蛮酋七十五人裘帽、靴袜。戊辰，斡赤等使于诸王怯别、月思别、不赛因。威楚路蛮酋哀培等来献方物。

冬十月甲戌，纽泽为右御史大夫。庚辰，有事于太庙。癸未，汴梁路河决。

十一月庚子朔，诸王不赛因来献虎。癸卯，敕西僧以元日疏释重囚，当释者命宗正府审复。辛亥，追复前中书平章政事李孟官。戊午，帖木儿不花袭封镇南王，镇扬州。辛酉，播州蛮宋王保来降。丁丑，诸王月思别遣使献文豹。是月，崇明州海溢。

十二月壬午，御史贾垕请祔武宗皇后于太庙，不报。庚寅，大赦天下。亳州河决。

四年春正月壬子，靖安王阔不花出镇陕西。戊午，盐官州海溢。甲子，武龙洞蛮寇武缘县。

二月辛未，祭先农。乙亥，营王也先帖木儿出镇北边。壬午，畋于漷州。诸王火沙、阿荣、达里俱出镇北边。戊子，衍圣公孔思晦进阶嘉议大夫。马忽思为云南行省平章政事，提调乌蒙屯田。庚寅，八百媳妇蛮来献方物。

三月辛丑，皇子允丹藏卜出镇北边。封那海赤为惠国公，商议内史府事。丙午，廷试进士阿察赤、李黼等八十五人，赐及第、出身有差。辛亥，诸王搠思班、不赛因等遣使献文豹及佩刀、珠宝。辛酉，太傅朵觧为太师，太保秃鲁忽为太傅，也可札鲁忽赤伯答沙为太保。召翰林学士承旨张珪、集贤大学士廉恂、太子宾客王毅至都，悉复旧职，陕西行台中丞敬俨为集贤大学士，并商议中书省事。壬戌，车驾幸上都。阿散火者知枢密院事。诸王不赛因遣使献文豹、狮子。

夏四月辛丑，盗窃太庙武宗金主及祭器。大理庆甸蛮酋阿的叛。己卯，道州徭叛。癸巳，高州徭寇电白县，千户张恒死之。己未，武备寺卿阿昔儿答剌罕为御史大夫。

五月辛丑，太尉丑驴卒。己未，占城国来贡方物。丁卯，元江路蛮酋普奴叛。德庆路徭降。

六月辛未，翰林侍讲学士阿鲁威、直学士燕赤进讲，命译《资治通鉴》以进。丁丑，左丞相倒剌沙等以灾异乞罢黜，不允。罢两都营缮工役。录各路系囚。甲申，广西花角蛮叛。乙未，绍庆路四洞蛮酋阿者等降。

秋七月己亥，八儿忽部酋晃忽来献方物。占城国来献驯象。甲辰，播州蛮酋谢乌穷来献方物。丙午，有事于太庙。戊午，八百媳妇酋招三斤降。乙丑，周王和世㻋及诸王燕只哥等来贡方物。丙寅，籍僧道有妻者为民。

八月庚辰，田州洞徭叛。癸巳，加谥武宗皇后宏吉剌氏曰宣慈懿圣皇后，英宗皇后亦乞烈氏曰庄静懿圣皇后，并升祔太庙。是月，崇明州海溢。汴梁路扶沟、兰阳二县河决。巩昌府山崩。

九月丙申朔，日有食之。甲寅，播州蛮酋宋王保来献方物。壬戌，脱欢赤等使于诸王怯别。

闰月己巳，车驾至自上都。壬申，大赦天下。广西两江徭叛。甲戌，有事于南郊。甲午，置蒙庆路宣慰司都元帅府。

冬十月丙申，有事于太庙。戊戌，诸王脱列帖木儿、哈儿蛮来献玉及蒲桃酒。己酉，治书侍御史王士熙为中书参知政事。癸丑，云南沙木寨蛮酋马愚等来朝。丁巳，御史中丞赵世延为中书右丞。安南国遣使贡方物。壬戌，开南州蛮酋阿只弄叛。

十一月庚午，召镇南王帖木儿不花赴上都。丙子，平乐府徭叛。

十二月甲辰，梧州徭叛。乙卯，爪哇国来献金文豹、白猴、白鹦鹉各一。己未，静江徭叛。右江蛮酋岑世忠来献方物。

致和元年春正月乙丑朔，高丽国遣使贺正旦并贡方物。甲戌，有事于太庙。丁丑，颁农桑旧制十四条于天下，仍诏有司察其勤惰。占城国来贡方物，且言为安南所侵；诏和解之。辛丑，静江徭寇灵川、临桂二县。戊子，诏护送爪哇国王札牙纳哥还其国。

二月乙卯，牙即国来献方物。庚申，改元致和。免河南自实田粮税一年，被灾州郡粮税一年，流民复业者差税三年，疑狱系三岁不决者咸释之。

三月甲戌，雅沸国来献方物。甲申，户部尚书李家奴祀海神于盐官州，造浮屠二百一十六以厌海溢。戊子，车驾幸上都。己丑，云南蛮酋撒加布来献方物。

夏四月丙申，钦州徭黄焱等叛。己亥，塔失帖木儿、倒剌沙请蒙古、色目人效汉人丁忧者除名，从之。是月，崇明州大风海溢。

五月，广西普宁路妖僧陈庆安作乱，僭号改元。己巳，八百媳妇蛮来献驯象。大理怒江甸蛮酋阿哀钦叛。甲申，安南国遣使来贡方物。戊子，岭北行省平章政事塔失帖木儿为中书平章政事。

六月丙午，祀世祖神御殿。

秋七月己巳，遣中书平章政事买闾等至高丽质问高丽王王焘夺沈王暠世子印事。庚午，帝崩于上都，年三十有六。葬起辇谷。

八月甲午，佥枢密院事燕帖木儿等反于大都，迎怀王图帖木儿于江陵。

九月，皇太子即皇帝位于上都，改元天顺。

冬十月辛丑，齐王月鲁帖木儿等以兵犯上都，左丞相倒剌沙奉皇帝宝出降，少帝不知所终。

史臣曰：孔子称叔孙昭子之不劳。泰定帝讨铁失等弑君之罪，虽叔孙昭子何以尚之。文宗篡立，欲厌天下之人心，诬蔑之辞无所不至。惜乎后世之君子，不引孔子之言，以论定其事也。

新元史卷二〇
本纪第二〇

明　宗

明宗翼献景孝皇帝，讳和世㻋，武宗长子也。母曰仁献章圣皇后亦乞烈氏。帝生于大德四年十一月壬子。武宗入继大统，立仁宗为皇太子，命以次传位于帝。

武宗崩，仁宗即位。延祐二年冬十一月，封帝为周王。三年春，议建东宫，右丞相铁木迭儿欲固宠，建议立英宗为皇太子。帝少有英气，兴圣皇太后惮之，其幸臣失烈门等亦恐帝立将不利于己，遂附和铁木迭儿，谮帝于仁宗及皇太后。三月，命帝出镇云南，置常侍府，遥授中书左丞相秃忽鲁、大司徒斡儿朵、中政使尚家奴、山北辽阳等路蒙古军万户孛罗、翰林侍读学士教化等并为常侍，中卫亲军都指挥使唐兀、兵部尚书赛罕八都鲁为中尉。敕陕西、四川省臣各一员护送帝至云南。

冬十一月，帝次延安，秃忽鲁、尚家奴、孛罗及武宗旧臣厘日、沙不丁、哈八儿秃等皆来会。教化与秃忽鲁等谋曰："天下者，武宗之天下也。太子出镇云南，本非上意，由左右之离间。请白其事于行省诸臣，使闻之朝廷，庶可杜谗人之口。不然事且不测。"遂与数骑驰至陕西行省。初，阿思罕为太师，铁木迭儿夺其位，出为陕西行省左丞相。至是，教化至，即与平章政事塔察儿、行台御史大夫脱思伯、中丞脱欢，悉发关中兵，分道自潼关、河中府趋京师。已而，塔察儿、脱欢中悔，袭杀阿思罕、教化于河中。诸臣率数百骑拥帝西行，至和林，逾金山而北。诸王察阿台等闻帝至，咸率众归附。帝与定约束，每岁冬居札颜，夏居斡罗察山，春则命从者耕于野泥之地。

延祐七年夏四月丙寅，皇子妥欢帖木儿生，其母为阿儿厮兰郡王裔孙，罕禄鲁氏。泰定帝元年夏五月，皇后八不沙至自京师。二年，帝遣使贡文豹。五月，泰定帝遣察乃来。

致和元年秋七月，泰定帝崩于上都。八月甲午，佥知枢密院事燕铁木儿起兵于大都，以帝远在沙漠，乃迎皇弟怀王图帖木儿于江陵，且宣言已遣使迎帝，以安众心。复诈称使者自北方来，云周王率诸王兵旦夕至。丁巳，怀王入京师，群臣请即大位，怀王固让于帝曰："吾兄在北，以长以贤，当有天下，必不得已，宜明以予志播告中外。"九月壬申，怀王即皇帝位，改元天历，颁诏于天下曰："谨俟大兄之至，以遂固让之心。"

冬十月，齐王月鲁帖木儿等克上都，两京道路始通。于是怀王遣哈欢及撒迪等相继来迎。西北诸王皆同时劝进，帝遂发北庭旧臣孛罗、尚家奴、哈八儿秃从行，诸王察阿台、元帅朵烈捏、万户买驴等皆随扈。逾金山，岭北行省平章政事泼皮、武宁王彻彻秃、佥枢密院事帖木儿不花相继至。帝命孛罗如京师，百姓闻使者至，欢呼曰："吾天子实自北来矣！"

天历二年春正月乙丑，怀王复遣中书左丞跃里帖木儿来迎。乙酉，撒迪等觐帝于行在，奉怀王命劝进。丙戌，帝即位于和林之北。是月，前翰林学士承旨不答失里以太府太监沙剌班辇金银币帛至。帝遣撒迪等还京师，命之曰："曩朕弟喜览经史，迩者得勿废乎？听政之暇，宜亲贤士大夫，讲论古今，以知治乱得失。卿等至京师，当以朕意谕之。"

二月壬辰，宣靖王买奴自京师来觐。是月，怀王遣使以除目奏帝，并从之。

三月戊午朔，车驾次洁坚察罕。辛酉，中书右丞相燕铁木儿奉皇帝宝来上，御史中丞八即剌、知枢密院事秃儿哈帖木儿等各率其属以从。壬戌，造乘舆服御。丙寅，帝谓中书左丞跃里帖木儿曰："朕至上都，宗室诸王必皆入觐，非寻常朝会比也，诸王察阿台亦从朕远来，有司供帐皆宜豫备。卿其与中书省议之。"

夏四月癸巳，燕铁木儿入觐于行在，率百官奉上皇帝宝。以燕铁木儿为太师，仍兼中书右丞相，开府仪同三司、上柱国、录军国重事、答剌罕如故。复谕燕铁木儿等曰："凡京师百官，朕弟所用者，并仍其旧。卿等其以朕意谕之。"是日，哈八儿秃为中书平章政事，前中书平章政事伯铁木儿知枢密院事，常侍孛罗为御史大夫。甲午，立行枢密院，昭武王、知枢密院事火沙领行枢密院事，赛帖木儿、买奴并同知行枢密院事。帝燕诸王大臣于行殿，燕铁木儿、哈八儿秃、伯铁木儿、孛罗等侍。帝谕台臣曰："太祖皇帝尝训敕臣下云，美色、名马，人皆悦之，然方寸一有系累，即能坏名败德。卿等居风纪之司，亦尝念及此乎？天下国家，譬犹一人，中书则右手也，枢密则左手也。左右手有病，治之以良医，省、院阙失，不以御史台纠之可乎？凡诸王、百官，违法越礼，一听举劾。风纪重则贪墨惧，犹斧斤重则入木深，其势然也。朕有阙失，卿亦奏闻，朕不汝责也。"乙未，命孛罗等传谕燕铁木儿、伯答沙、火沙、哈八儿秃、八即剌等曰："世祖皇帝立中书省、枢密院、御史台及百司，共治天下，大小职掌已有定制。世祖命廷臣撰律令章程，以为万世法。列圣相承，罔不恪遵。朕今居世祖所居之位，凡百司庶政，询谋佥同，标译所奏，以告于朕。军务机要，枢密院即奏闻，毋以夙夜为间而稽留之。其他必先白中书省、枢密院、御史台，毋得隔越陈请。倘违朕命，必罚无赦。"丁酉，陕西行台御史大夫铁木儿脱为上都留守。辛丑，怀王遣使以御史台除目上。癸卯，遣使如京师，卜日，中书左丞相铁木儿补化摄告即位于郊庙、社稷。立皇弟图帖木儿为皇太子，仍置詹事院，罢储庆司。彻里帖木儿为中书平章政事，阔儿吉思为中书右丞，怯来、只儿哈郎并为甘肃行省平章政事，忽剌台为江浙行省平章政事，那海为岭北行省平章政事。甲辰，敕中书省官吏送宝者，晋秩一等，从者赉以币帛。乙巳，岭北行省平章政事塔即吉、左丞马谋并坐党附倒剌沙免官。

五月丁巳朔，车驾次朵里伯真。戊午，遣西安王阿剌忒纳失里还京师。封帖木儿为保德郡王。己未，皇太子遣翰林学士承旨阿邻帖木儿来觐。庚申，车驾次斡耳罕水东。辛酉，御史大夫孛罗、中政使尚家奴并加开府仪同三司，典四番宿卫。癸亥，车驾次必忒怯秃，翰林学士承旨斡儿朵自京师来觐。庚午，命燕铁木儿擢用岭北行省官吏，凡潜邸旧臣及扈从之士受制命者八十有五人，六品以下二十有六人。壬申，车驾次探秃儿海。封亦怜真八为柳城王，八即剌为陕西行台御史大夫，众家奴为御史中丞。乙亥，车驾次秃忽剌。敕中书省臣铸皇太子宝。己卯，翰林学士承旨唐兀加太尉。辛巳，车驾次斡罗斡秃。壬午，次不鲁通。是日，左丞相铁木儿补化等以帝即位，摄告南郊。甲午，车驾次忽剌火失温。

六月丁亥朔，车驾次坤都也不剌。是日，铁木儿补化等摄告宗庙、社稷。庚寅，车驾次撒里。丁酉，次兀纳八。改都督府为大都督府。己亥，次阔朵。辛丑，次撒里怯儿。壬寅，戒近侍毋辄有奏请。丁未，车驾次哈儿温。戊申，次阔朵杰阿剌伦。辛亥，次哈儿哈纳土。谕中书省：凡国家钱谷铨选诸政，先启皇太子然后奏闻。癸丑，车驾次忽秃。

七月丙辰朔，日有食之。甲子，车驾次孛罗火你。乙亥，次不罗察罕。戊寅，次小只。壬午，中书平章政事哈儿八秃同翰林官祭太祖、太宗、睿宗御容。

八月乙酉朔，车驾次王忽察都。丙戌，皇太子入觐。是日，燕皇太子及群臣于行殿。庚寅，帝暴崩，年三十。葬起辇谷。

冬十月丙申，上尊谥曰翼献景孝皇帝，庙号明宗，国语曰护都笃皇帝。至元六年冬十月己巳，上尊号曰顺天立道睿文智武大圣孝皇帝。

史臣曰：燕铁木儿立文宗，文宗固让于兄，犹仁宗之奉武宗也。

明宗之弑，盖出于燕铁木儿，非文宗之本意。然与闻乎弑，是亦文宗弑之而已。

新元史卷二一
本纪第二一

文宗上

文宗圣明元孝皇帝，讳图帖睦尔，武宗次子也。母曰文献昭圣皇后唐兀氏。帝以大德八年正月癸亥生。

英宗至治元年五月，钦察台、咬住告脱欢察儿等交结亲藩，有异志，词连于帝，乃出帝居琼州。泰定元年正月，召还至潭州，复命止之。四月，自潭州至京师。八月，赐钞三千锭。十月，封怀王食邑端州六万五千户，赐金印，并增岁币千匹。二年正月，又出帝居建康，以殊祥院使也先捏领宿卫。

致和元年三月，遣宗正札鲁忽赤雍古台迁帝于江陵。七月庚午，泰定帝崩于上都。先是，泰定帝将幸上都，命西安王阿剌忒纳失里留守，同佥枢密院事燕铁木儿留掌枢密符印。至是，燕铁木儿闻泰定帝崩，密与阿剌忒纳失里谋，奉帝入承大统。

八月甲午黎明，百官集兴圣宫，燕铁木儿率阿剌铁木儿、孛伦赤等十七人，露刃宣言于众曰："武宗皇帝有圣子二人，天下归心，宜践大位，有不奉命者斩之。"乃缚平章政事兀伯都剌、伯颜察儿，分命执中书左丞朵朵，参知政事王士熙，参议中书省事脱脱、吴秉道，侍御史铁木哥、邱世杰，治书侍御史脱欢，詹事丞王桓等下狱。与阿剌忒纳失里籍府库、拘符印，召百官入内廷听命。遣大司农卿明里董阿、前宣政使答里麻失里驰驲迎帝于江陵。密谕河南行省平章政事伯颜简士马以备扈从。是日，推前湖广行省左丞相别不花为中书左丞相，太子詹事塔失海牙为中书平章政事，前湖广行省右丞速速为中书左丞，前陕西行省参知政事王不怜吉歹为枢密副使，萧蒙古歹仍为通政院使。同佥枢密院事燕铁木儿、翰林学士承旨亦列赤、通政院使寒食分典庶务。诸人既受命，未知所谢，注目而立。燕铁木儿麾众使南向拜，以帝在江陵也，众始喻旨。丁酉，燕铁木儿复遣撒里不花等来迎，且使塔失铁木儿矫为帝使者自南来，言车驾已次近郊。癸卯，明里董阿等至江陵。甲辰，帝发江陵，召镇南王铁木儿不花、威顺王宽彻不花、湖广行省平章政事高昌王铁木儿补化来会。执湖广行省左丞马合某送京师，以别薛代之。乙巳，召陕西行台侍御史马札儿台、行省平章政事探马赤，不至。丁未，河南行省平章政事伯颜为行省左丞相。庚戌，车驾至汴梁，伯颜等扈从北行。铁木儿补化为湖广行省左丞相，前翰林学士承旨阿里海涯为河南行省平章政事。辛亥，燕铁木儿知枢密院事，亦列赤为御史中丞。壬子，阿速卫指挥使脱脱木儿率所部自上都来降，命守古北口。乙卯，脱脱木儿与上都诸王失剌、平章政事乃马台、詹事钦察等战于宜兴，败之，获乃马台、钦察。丙辰，燕铁木儿奉法驾郊迎。丁巳，帝至京师。贵赤卫指挥使脱迭出帅所部自上都来降，命与脱脱木儿同守古北口。戊午，速速为中书平章政事，前御史中丞曹立为中书右丞，江浙行省参知政事张友谅为中书参知政事，河南行省左丞相伯颜为御史大夫，中书右丞赵世延罢为御史中丞。己未，万户也速台儿同知枢密院事。杀隆镇卫指挥使黑汉，籍其家。梁王王禅、右丞相塔失帖木儿、太尉不花、平章政事买驴、御史大夫纽泽等将上都兵次于榆林。

九月庚申朔，燕铁木儿督师至居庸关，撒敦败上都兵于榆林。壬戌，诏曰：

昔在世祖以及列圣临御，咸令中书省纲维百司，总裁庶政，凡钱谷、铨选、刑罚、兴造罔不司之。自今除枢密院、御史台，其余诸司及左右近侍敢有隔越中书奏请政务者，以违制论，监察御史其纠之。

铁木儿补化录军国重事。征五卫屯田兵赴京师。安南国来贡方物。召燕铁木儿还京师。丁卯，燕铁木儿率诸王大臣伏阙，请早正大位，以安天下。帝固辞曰："大兄在朔方，朕安敢紊天序？"燕帖木儿进曰："人心向背之机，间不容发，一或失之，噬脐无及。"帝曰："必不得已，宜宣明朕意以示天下。"戊辰，大司农明里董阿、大都留守阔阔台并为中书平章政事。己巳，铸御宝成。立行枢密院于汴梁，同知枢密院事也速台儿知行枢密院事，巡视太行诸隘。辛未，帝常服谒太庙。云南孟定路蛮酋来献方物。杀兀伯都剌、铁木哥，流朵朵、王士熙、伯颜察儿、脱欢等于远州，并籍其家。壬申，帝即位于大明殿，受诸王百官朝贺。诏曰：

洪维我太祖皇帝混一海宇，爰立定制，以一统绪，宗亲各受分地，勿敢妄生觊觎，此不易之成规，万世所守者也。世祖之后，成宗、武宗、仁宗、英宗以公天下之心，次第相传，宗王、贵戚咸遵祖训。至于晋王具有盟书，原守藩服，而与贼臣铁失、也先帖木儿等潜通阴谋，冒干天位，使英宗不幸罹于大故。朕兄弟播迁南北，备历艰难。

朕以叔父之故，顺承惟谨，于今六年，灾异迭见。权臣倒剌沙、兀伯都剌等专权自用，疏远勋旧，废弃忠良，变乱祖宗法制，空府库以私其党与。大行上宾，利于立幼，显握国柄，用济其奸。宗王、大臣以宗社之重，统绪之正，协诚推戴，属于眇躬。朕以菲德，宜俟大兄，固让再三。咸以神器不可久虚，天下不可无主，民庶遑遑已及三月，诚恳迫切。朕始曲从其请，仍俟大兄之至，以遂朕固让之心。已于致和元年九月十三日，即皇帝位于大明殿。其以致和元年为天历元年。

可大赦天下。自九月十三日昧爽以前，除谋杀祖父母父母、妻妾杀夫、奴婢杀主、谋杀故杀及强盗、印造伪钞不赦外，其余罪无轻重，咸赦除之。

於戏！朕岂有意于天下哉！重念祖宗开创之艰，恐隳大业，是以勉徇舆情。尚赖尔中外文武臣僚，协心相予，辑宁亿兆，以成治功。咨尔多方,体予至意!

遣使颁即位诏于高丽。甲戌,燕铁木儿加开府仪同三司、上柱国、同录军国重事,中书右丞相、知枢密院事如故。癸酉,中书右丞曹立罢为江浙行省平章政事,福建廉访使易释董阿为中书右丞,前中书左丞张思明为左丞。诸王塔术、只儿哈郎、佛宝等自恩州入朝。燕铁木儿督师于蓟州。伯颜加太尉。江南行台御史大夫朵儿只为江浙行省左丞相,淮西道廉访使阿儿思兰海牙为江南行省御史大夫。诸王孛罗、忽都火者入朝。乙亥,立太禧院。梁王王禅陷居庸关。丙子,燕铁木儿还次榆河。车驾出齐化门视师。丁丑,车驾还宫。杀指挥使忽都不花、塔失帖木儿、同知指挥使太不花。戊寅,诏曰:

近以奸臣倒剌沙、兀伯都剌潜通阴谋,变易祖宗成法,既已明正其罪;凡回回种人不预其事者,各安业勿惧,因而煽惑其人者罪之。

诸王阿儿八忽、按灰、脱脱入朝。己卯,燕铁木儿败王禅于榆河,又败王禅及阿剌帖木儿等于红桥。庚辰,遣使赐燕铁木儿御衣一袭。辛巳,别不花知枢密院事,依前中书左丞相。燕铁木儿败王禅于白浮,又败亚失帖木儿于石槽,脱帖木儿败辽东兵于檀州。癸未,秃儿哈帖木儿知枢密院事。中书平章政事明里董阿出为江浙行省平章政事。甲申,撒敦、脱脱木儿败王禅于昌平北。赐燕铁木儿上樽。是日,竹温台、阔阔出等陷古北口。明里董阿复为中书平章政事。岭北行省左丞燕不邻知枢密院事。丙戌,燕铁木儿败竹温台等于牛头山,获驸马孛罗帖木儿,平章政事蒙古塔失、牙失帖木儿。丁亥,秃满迭儿及诸王也先帖木儿等陷通州。戊子,诸王忽剌台陷紫荆关。陕西行台御史大夫也先帖木儿陷河中府。召云南左丞相也儿吉尼,不至。

冬十月己丑朔,燕铁木儿败诸王也先帖木儿于通州。壬辰,宣徽使也先捏杀保定路同知阿里沙及万户张景武兄弟五人。癸巳,燕铁木儿败阳翟王太平、国王朵罗台等于檀子山之枣林,获太平。乙未，诸王忽剌台等寇良乡。丙申，燕铁木儿至芦沟桥，忽剌台遁走。是日，燕铁木儿入朝，赐宴兴圣殿。戊戌，获忽剌台、阿剌帖木儿、朵罗台、安童、塔海等于紫荆关。己亥，封燕铁木儿太平王，加号答剌罕。燕铁木儿败秃满迭儿等于檀州南之桑口。辛丑，同知枢密院事脱脱木儿、通政使也不伦并知枢密院事，御史中丞亦列赤为御史大夫。齐王月鲁帖木儿、东路蒙古元帅不花帖木儿围上都，倒剌沙奉皇帝宝出降。月鲁帖木儿杀辽王脱脱。壬寅，宣徽使也先捏知行枢密院事，宣徽副使章吉为行枢密院副使，与知枢密院事也速台儿等御潼关兵。甲辰，诏晋王、辽王管内路府州县达鲁火赤并免官禁锢，选流官代之。丙午，敕有罪者只籍其家，勿没妻子。丁未，告祭南郊。中书平章政事塔失海牙罢为大司农，钦察台复为中书平章政事。云南银沙罗甸蛮酋来献方物。己酉，中书左丞相别不花加太保，落知枢密院事。庚戌，帝御兴圣殿，齐王月鲁帖木儿、诸王别思帖木儿、阿儿哈失里、那海罕及元帅不花帖木儿奉上皇帝宝。下倒剌沙等于狱。辛亥，云南彻里路蛮酋来献方物。癸丑，不花帖木儿知枢密院事。甲寅，罢徽政院，改立储庆使司。也速答儿执湘宁王八剌失里送京师。丁巳，毁显宗庙室。戊午，盗杀太尉不花。十一月己未，诏曰：

诸王王禅及秃满迭儿、阿剌不花、秃坚等兵败而逃，有能禽获者，授五品官。同党之人，能去逆效顺，擒王禅等，免本罪，依上授官。敢有隐匿者，事觉与犯人同罪。

太保伯答沙为太傅兼宗正札鲁忽赤，总兵北边。辛酉，诸王也先帖木儿来降。甲子，有事于太庙。辛未，铁木哥陷襄阳，县尹谷庭圭、主簿张德死之。壬申，祭告社稷。癸酉，八百媳妇蛮酋及云南威楚路九十九寨蛮，各以方物来献。杖流诸王失剌等于远州，并籍其家。甲戌，迁泰定帝皇后宏吉剌氏于东安州。丙子，中书平章政事速速坐受赇，杖徙襄阳，以母老留之京师。丁丑，以祀太庙礼成，受诸王百官朝贺。庚辰，遣使迎皇兄周王于漠北。中政院使敬俨为中书平章政事，同知枢密院事彻里帖木儿为中书左丞。辛巳，御史中丞玥璐不花为中书右丞。癸未，杀倒剌沙、马某沙、纽泽、撒的迷失、也先帖木儿，磔倒剌沙之尸于市。梁王王禅赐死。御史中丞赵世延加平章政事。罢行宣政院、行都水监。四川行省平章政事囊家歹自称镇西王，杀行省平章政事宽彻。中书左丞相别不花罢。

十二月丙午，幸大崇福元寺，谒武宗神御殿。云南蛮酋普双等来献方物。同知枢密院事也先捏坐擅杀官吏，杖窜南宁，并籍其家。庚子，大赦天下。追封王满秃为果王，阿马剌台为毅王。宗正札鲁忽赤阔阔出等十七人，并追赐功臣号及官阶爵谥。辛丑，立龙翊侍卫亲军都指挥使司。乙巳，伯颜加开府仪同三司，与亦列赤并为御史大夫。云南姚州蛮酋来献方物。戊申，加伯颜太保，不花帖木儿太尉，香山司徒。甲寅，复遣治书侍御史撒迪、内侍不颜秃古思迎皇兄于漠北。丙辰，中书左丞玥璐不花罢为太禧院使。丁丑，封西安王阿剌忒纳失里为豫王，彻里帖木儿为中书右丞，跃里帖木儿为中书左丞，赵世安为中书参知政事。是月，召云南行省左丞相也儿吉尼，复不至。高丽国王遣使贺即位及正旦，又遣使贺圣诞节。

天历二年春正月己未朔，立都督府，领左右钦察及龙翊卫。庚申，封知枢密院事火沙为昭武郡王。辛酉，封朵列帖木儿为楚王。高昌王铁木儿补化为中书左丞相，大司农王毅为中书平章政事，钦察知枢密院事。癸亥，燕铁木儿为御史大夫。甲子，有事于太庙。齐王月鲁帖木儿卒。乙丑，遣中书左丞跃里帖木儿迎皇兄于北边。丙寅，幸大崇恩福元寺。戊辰，遣使献海青鹘于皇兄。辛未，以册立皇后告于南郊。甲戌，复命太仆卿教化献海青鹘于皇兄。己卯，以册立皇后告于太庙。壬午，陕西行台御史大夫阿里海牙为中书平章政事。遣内侍秃教化觐皇兄于行在。癸未，遣宣靖王买奴觐皇兄于行在。丙戌，皇兄周王即皇帝位于和林北，是为明宗。

二月己丑，曲赦四川囊家台。庚寅，燕帖木儿复为中书右丞相。辛卯，帝御大明殿，册立皇后宏吉剌氏。广西思宁路蛮酋黄克顺来献方物。癸巳，翰林侍读学士曹元用祀孔子于阙里。戊戌，察罕脑儿宣慰使撒忒迷失会镇西武靖王搠思班讨囊家台。颁行《农桑辑要》及《栽桑图》。辛丑，追尊皇妣亦乞烈氏为仁献章圣皇后，唐兀氏为文献昭圣皇后。八百媳妇及金齿九十九洞、蒙通、蒙莱、银沙罗甸诸蛮并来献方物。丙午，囊家台分兵寇襄阳。辛亥，帝谕群臣曰："撒迪还，言大兄已即皇帝位。凡二月二十一日以前除官者，速与制敕，以后铨选，其闻于行在。"癸丑，诸王月鲁帖木儿至播州，诏谕杨延里不花等，皆降。甲寅，立奎章阁学士院，翰林学士承旨忽都鲁迷失、集贤大学士赵世延并为奎章阁大学士。乙卯，置银沙罗甸等处宣慰使都元帅府。

三月辛酉，遣燕铁木儿奉皇帝宝，觐明宗于行在，知枢密院事秃儿哈帖木儿、御史中丞八即剌、翰林直学士马哈谋、典瑞使教化的、宣徽副使章吉、佥中政院事脱因、通政使那海、太医使吕廷玉、给事中咬驴、中书断事官忽儿忽答、右司郎中孛别出、左司员外郎王德明、礼部尚书八剌哈赤等从行。帝谕群臣曰："宝玺既北上，自今国家政事其闻于行在。"乙亥，立行枢密院，山东都万户也速台儿知行枢密院事，与湖广、河南两行省官会讨四川。庚辰，召诸王秃剌于高丽。

夏四月乙丑，有事于太庙。辛卯，也速台儿以病卒，命跃里帖木儿、王不怜吉台代之。王不怜吉台又以母老辞，改命同佥枢密院事傅岩起代之。己亥，囊家台降。癸卯，明宗遣武宁王彻彻秃、中书平章政事哈八儿秃来锡命，立帝为皇太子。

五月己未，遣翰林学士承旨阿怜帖木儿奉迎大驾。癸亥，复遣翰林学士承旨斡儿朵奉迎。甲戌，命中书省拟注中书六部官，奏于行在所。丙子，改储政院为詹事府，伯颜、铁木儿补化，江南行台御史大夫阿儿思兰海牙、江浙行省平章政事曹立，并为太子詹事，中书参知政事赵世安为詹事丞。丁丑，皇太子发京师，北迎大驾。镇南王帖木儿不花，诸王也速、斡即、答来不花、朵来只班、伯颜、也不干，驸马别阇及扈卫百官悉从行。

六月丁酉，铁木儿补化以天旱乞避相位，皇太子谕之曰："皇帝远在沙漠，未能早至京师，故勉摄大位。今亢旱，皆予阙失所致。汝其祗修实政，庶几上答天变。”仍命铁木儿不花奏于行在。

秋七月丙辰朔，日有食之。丙子，受皇太子宝。

八月丙戌，皇太子觐明宗于旺忽察都。庚寅，明宗崩。燕铁木儿以皇后之命奉皇帝宝授于皇太子，皇太子北还。壬辰，皇太子次孛罗察罕。伯颜复为中书左丞相，依前太保。钦察台、阿儿思兰海牙、赵世延并中书平章政事，甘肃行省平章政事朵儿只为中书右丞，参议中书省事阿荣、詹事丞赵世安并中书参知政事。前右丞相塔失铁木儿，知枢密院事、太子詹事铁木儿补化，上都留守铁木儿脱并为御史大夫。癸巳，皇太子至上都。丙申，流诸王忽剌出于海南。丁酉，命阿荣、赵世安提调通政院事。戊戌，杀囊家台。己亥，皇太子复即位于上都大安阁，大赦天下，诏曰：

朕惟昔上天启我太祖皇帝肇造帝业，列圣相承。世祖皇帝既大一统，即建储贰，而裕皇天不假年，成宗入继，才十余载。我皇考武宗归膺大宝，克孝天心，志存无私，以仁宗居东宫，遂嗣宸极。甫及英宗，降割我家。晋王违盟构逆，据有神器，天示谴告，竟陨厥身。

于是宗戚旧臣协谋以举义，正名以讨罪，揆诸统绪，属在眇躬。朕念大兄播迁朔漠，以贤以长，历数宜归，力拒群言，至于再三。乃曰艰难之际，天位久虚，则民心不固，恐隳大业。朕虽徇众请以临御，秉初志而不移，是以固让之诏始颁，奉迎之使已遣，命阿剌忒纳失里、燕铁木儿奉皇帝宝玺，远迓于途。而先皇帝跋涉山川，蒙犯霜露，道里辽远，自春徂秋，怀艰阻于历年，望都邑而滋慨，徒御弗慎，节宣失宜。信使往来，相望于道，彼此思见，交切于怀。八月一日，大驾次旺忽察都，朕方欣瞻对之有期，独兼程而先进，相见之顷，悲喜交集。何期数日之间，宫车弗驾，国家多难，遽至于斯！念之痛心，以夜继旦。

诸王、大臣以为祖宗基业之隆，先帝付托之重，天命所在，诚不可违，请即正位，以安九有，朕以先皇帝奄弃天下，摧怛方新，保忍衔哀以践大宝。乃群臣固请伏阙，至三日之久。朕维宗社大计，乃于八月十五日即皇帝位于上都。可大赦天下，自天历二年八月十五日昧爽以前，罪无轻重，同赦除之。

於戏！戡定之余，莫急于与民休息。丕变之道，莫大乎使民知义。亦惟尔中外大小之臣，各究乃心，以称朕意。

甲辰，钦察台还京师，经理庶政。燕铁木儿、阿荣留上都，监给恩赉金币。庚子，封牙纳失里为辽王。戊申，封诸王宽彻为安肃王。乙酉，车驾发上都。庚戌，改詹事院为储政院。癸丑，召吴王泼皮及其诸父木楠子至京师。前左丞相别不花坐与平章政事速速召日者推测帝算，安置别不花于集庆路。

九月辛酉，敕往大行皇帝行在送宝官吏越次超擢者，皆从降黜。丁卯，车驾至自上都。戊辰，召威顺王宽彻不花至京师。辛未，知枢密院事塔失帖木儿坐附倒剌沙免官。壬申，特授怯薛官定住开府仪同三司。癸酉，御大明殿，受诸王、百官朝贺。甲戌，广西思明州蛮酋来献方物。丙子，铁木儿补化录军国重事。翰林学士承旨也儿吉尼、元帅梁国公都列捏并知行枢密院事。也先捏伏诛。壬午，封知枢密院事燕不邻为兴国公，大司农卿燕赤为司徒。是月，直省舍人完者等颁即位诏于高丽。

冬十月甲申，有事于太庙。诏镇南王孛罗不花镇扬州。戊子，知枢密院事火沙兼知行枢密院事。辛卯，燕铁木儿率群臣请上尊号，不许。封太禧宗禋使坚帖木儿为梁国公。甲午，以即位告祀南郊、社稷。丙申，上大行皇帝尊谥曰翼献景孝皇帝，庙号明宗，国语曰护都笃皇帝。癸卯，中书左丞张思明罢。庚戌，以亲祀太庙礼成，诏天下。云南威楚路蛮酋昵放遣其子来献方物。是月，中书参知政事赵世安为中书左丞。

十一月乙卯，以立皇后宏吉剌氏诏天下。丙辰，答邻答里知枢密院事，朵儿只亦都护为河南行省左丞相。中书省奏："近制，行省不设丞相。"帝曰："朵儿只先朝旧臣，不当以例拘之。"癸亥，翰林学士承旨阔彻伯知枢密院事。丙寅，云南威楚路蛮酋昵放来朝。己巳，撒迪为中书右丞。壬申，毁木剌忽广平王印，命哈班袭广平王，更铸印赐之。丁丑，复立孟定路军民总管府。湖广徭贼作乱。乙卯，高丽王王焘遣使贺即位，并请传位于世子桢。壬午，诏豫王阿剌忒纳失里镇云南。

十二月庚寅，末吉为大司徒。乙未，改封前镇南王铁木儿不花为宣让王，诏曰：

皇姑大长公主，蚤寡守节，不从诸叔继尚，鞠育遗孤，其子袭王爵，女配予一人。朕思庶民若是者犹当旌表，况在懿亲乎！其令赵世延、虞集等议封号以闻。

戊申，玥璐不花为御史大夫。辛亥，趣内外已授官者速赴任。是年，安南国王陈益稷卒。

新元史卷二二

本纪第二二

文宗下　宁宗

至顺元年春正月丁巳,知枢密院事伯帖木儿出为辽阳行省左丞相。辛酉,有事于太庙。甲午,燕铁木儿、伯颜并乞罢退,不允,仍命阿荣、赵世安慰谕之。丁卯,诸王秃坚及万户伯忽、阿木、怯朝等起兵于云南,陷中庆路。壬申,衡阳徭寇湘乡州。癸酉,宣徽使撒敦知枢密院事。丁丑,召荆王也速也不干子脱脱木儿至京师。赵世延乞致仕,不允。衡阳徭寇石康县。己卯,封太医院使野里牙为秦国公。

二月壬午朔,赵世安为御史中丞,史惟良为中书左丞。癸未,知枢密院事燕不怜加开府仪同三司。籍故中书平章政事张珪五子资产。己丑,秃坚等陷仁德府。是月,典瑞院使阿鲁等使高丽。甲午,秃坚自立为云南王。丙申,云南蒲蛮酋入觐。己亥,中书平章政事朵儿失有罪免。徭贼陷灌阳县。壬寅,御史大夫玥璐不花乞致仕,不允。甲辰,流王禅子帖木儿不花于吉阳军。乙巳封明宗皇子亦璘真班为鄜王。丙午,中尚卿小云失海涯以兵讨云南。丁未,伯颜知枢密院事,依前太保、录军国重事。诏曰:

> 昔在世祖,尝以宰相一人总领庶务,故治出于一,政有所统。今燕铁木儿为右丞相,伯颜既知枢密院事,左丞相其勿复置。

戊申,太禧宗禋使阿里海牙为中书平章政事。命中书左丞史惟良、参知政事和尚总督建言之事。是月，典瑞院使阿鲁等使高丽，册高丽世子桢为开府仪同三司、征东行省左丞相、高丽国王。

三月甲寅，乖西蛮入寇。丁巳，徙封济阳王木楠子为燕王，吴王泼皮为济阳王。戊午，封皇子阿剌忒纳荅剌为燕王。廷试进士，赐笃列图、王文烨等九十七人及第、出身有差。河南行省平章政事乞住为云南行省平章政事，八番顺元宣慰使帖木儿不花为云南行省左丞，从豫王讨云南。癸亥，诸王桑哥班、撒忒迷失、买哥分使燕只吉台、不赛因、月即别三藩。丁卯，命御史大夫铁木儿补化等振举台纲。辛未，封知枢密院事不花帖木儿为武平郡王。录讨秃坚功，云南宣慰使举宗、禄余并遥授云南行省参知政事。壬申，祔明宗皇帝于太庙。甲戌，封诸王速来蛮为西宁王。乙亥，西番、哈剌火州来献蒲桃酒。丙子，改山东都万户府为都督府。云南木邦酋浑都来献方物。赐燕铁木儿定策元勋碑。辛巳，诸王哈儿蛮遣使贡蒲萄酒。

夏四月甲申，有事于太庙。丙戌，封也真也不干为桓国公。丁酉，遣诸王桑兀孙还云南。明宗皇后八不沙崩。云南宣慰使禄余杀乌撒宣慰司官吏，叛附伯忽，罗罗诸蛮俱叛，平章政事帖木儿不花死之。戊申，诸王云都帖木儿将江浙、江西、河南三行省兵，与湖广行省平章政事脱欢讨云南。

五月乙卯，以受尊号，告祭南郊。戊午，御大明殿，燕铁木儿率百官及僧道耆民，上尊号曰钦天统圣至德诚功大文孝皇帝。是日，改元至顺。诏河南、怀庆、卫辉、普宁四路曾经赈济人户，今岁差发全行蠲免。其余被灾路分，已经赈济者，腹里差发、江淮夏税，俱免三分。庚申，以受尊号，谢太庙。甲子，申命燕铁木儿为中书右丞相，诏天下。丁卯，翰林国史院进《英宗实录》。戊辰，车驾幸上都，次大口。阿怜帖木儿为大司徒。遣豫王阿剌忒纳失里镇西番。赵世延加翰林学士承旨，封鲁国公。己巳，车驾次龙虎台。辛未，置宣忠扈卫亲军都万户府。太禧宗禋使亦列赤为中书平章政事。癸酉，遣使劳云南军。甲戌，八番乖西蛮作乱。乙亥，置顺元宣抚使司，统答剌罕军讨云南。是月，以浙东宣慰使陈天祐、湖广行省参知政事樊楫死事，赠天祐推忠秉义全节功臣，江浙行省左丞，追封河南郡公，楫推忠宣力效节功臣、江浙行省右丞、上党郡公。

六月丙戌，车驾至上都。丙申，立行枢密院，彻里铁木儿知行枢密院事，探马赤同知枢密院事，教化为枢密副使，率朵甘思、朵思麻及巩昌兵万三千人，从镇西武靖王搠思班、豫王阿剌忒纳失里分道讨云南。庚子，内侍撒里为大司徒。杀知枢密院事阔彻伯、脱脱木儿，通政使只儿哈郎，翰林学士承旨教化的、伯颜也不干，燕王宫相教化的、斡罗思，中政使尚家奴、秃乌台，阿速卫指挥使那海察、拜住，并籍其家。乙巳，罗罗斯蛮酋撒加伯合乌蒙蛮寇建昌县，云南行省右丞跃里帖木儿败之，四川兵又败撒加伯于芦古驿。丁未，改东路蒙古军元帅府为东路钦察军万户府。

秋七月辛亥，封诸王按浑察为广宁王。丁巳，诸王不赛因遣使来朝。乙丑，翰林学士承旨也儿吉尼知枢密院事。丁丑，故丞相铁木迭儿子匠作使锁住与其弟观音奴及大医院使野里牙等祭北斗咀咒事觉，俱伏诛，并杀前刑部尚书乌马儿、前御史大夫孛罗、上都留守马儿。

闰月庚辰朔，封诸王卯泽为永宁王。辛卯，陕西行台御史中丞脱亦纳为中书参知政事，中书平章政事赵世延罢为翰林学士承旨。癸巳，月鲁帖木儿为大司徒。丁酉，车驾发上都。戊戌，封甘肃行省平章政事乃马台为宣宁郡王，驸马谨只儿为郓国公，并知行枢密院事。戊申，加封宣圣父叔梁纥为启圣王，母颜氏为启圣王夫人，颜子为兖国复圣公，曾子郕国宗圣公，子思沂国述圣公，孟子邹国亚圣公，程颢为豫国公，程颐为洛国公。罗罗斯酋撒加伯等寇建昌，四川行省以兵讨之。广西徭贼寇修仁、荔浦诸县，广西元帅府以兵讨之，获其酋于国安。

八月丁巳，诸王月即别遣使来朝。己未，车驾至自上都。甲子，忠州蛮酋黄祖显遣其子来献方物。乙丑，遣使至真定玉华宫，祀睿宗及庄圣皇后。壬申，兴举蒙古字学。

九月庚辰，大宁路地震。罢入粟补官例。甲申，不兰奚、月鲁帖木儿并授大司徒印。辽阳行省平章政事哈剌铁儿为御史葛明诚所劾,免官。己丑,岭北行省平章政事哈八儿秃为御史朵罗台、王文若所劾,免官。癸巳,封魏王阿木哥子阿鲁为西靖王。甲午,窜湖南行省平章政事速速于雷州。丙子,中书左丞史惟良致仕。丁未,中书参知政事张友谅为中书左丞。知枢密院事脱别台出为陕西行台御史大夫。

冬十月己未,中书右丞相燕铁木儿等告于太庙,请以太祖皇帝配享南郊。辛酉,帝服大裘衮冕,祀昊天上帝于南郊,以太祖皇帝配享,中书右丞相燕铁木儿为亚献,御史大夫帖木儿补化为终献。乙丑,广西猺贼寇横州及永淳县。辛未,乌蒙路蛮酋阿朝降。乙亥,撒敦、唐其势并赐号答剌罕。

十一月戊寅,伯忽及其弟伯察儿等俱伏诛。丙戌,跃里帖木儿败罗罗斯诸蛮于建昌木托山。辛卯,阔阔台知枢密院事。癸巳,阿秃伏诛。甲午,诸王按灰坐殴伤巡检,杖谪广宁。乙未,跃里帖木儿等平云南。

十二月戊申,以立皇太子,遣知枢密院事伯颜告于郊庙。己酉,以汉儒董仲舒从祀孔子庙。辛亥,立皇子燕王阿剌忒纳答剌为皇太子。戊午,以郊祀礼成,帝御大明殿受百官贺,大赦天下,甲戌,御史中丞和尚坐贪纵,免官禁锢。

二年春正月戊寅,乌撒、乌蒙诸蛮及东川夷獠俱来降。癸未,立侍正府,伯颜、月鲁帖木儿等十四人并以本官兼侍正。乙酉,有事于太庙。庚寅,改东路蒙古军万户府为东路蒙古亲军都指挥使司。诸王哈儿蛮遣使贡葡萄酒。辛卯,皇太子阿剌忒纳答剌卒。己亥,吏部尚书撒里瓦、礼部郎中赵期颐颁即位诏于安南并赐以新历。甲辰,建孔子庙于后卫。

二月丙戌,上都留守乃马台知岭北行枢密院事,太禧宗禋使谨只儿、答邻答里、马列捏并知枢密院事,遥授平章政事。四川怀德府驴谷什用等四洞及生蛮十二洞,俱来降,改怀德府为宣抚司。湖广行省参知政事彻里帖木儿及速速、班丹俱坐出言怨望，流彻里帖木儿于广东，班丹于广西，速速于海南，并籍其家。壬子，中书平章政事亦列赤兼沈阳等路安抚使，伯撒里为中书平章政事，朵儿只班为中书参知政事。乙卯，云南叛蛮悉降。壬戌，改封宁王彻彻秃为郯王。庚午，占城国遣使来贡方物。郯王彻彻秃及诸王沙哥坐妄言不道，安置彻彻秃于广州，沙哥于雷州。甲戌，荆王也不干遣使贡犁牛。云南景东蛮酋阿只弄遣其子来献驯象。

三月戊子，诸王阿鲁出镇陕西。己丑，江浙行省平章政事童童为御史所劾，免官。庚寅，命威顺王宽彻不花仍镇湖广。癸巳，云南贼也不干、罗罗、脱脱木儿等俱伏诛。庚子，立宫相都总管府。

夏四月戊申，以宫中高丽女子不颜帖你赐燕铁木儿。高丽国王请献国中田为资送，遣使往受之。庚戌，建燕铁木儿生祠于红桥，并赐功德碑。壬子，燕铁木儿总制宫相府事，也不伦、伯撒里并以本官兼都达鲁化赤。甲寅，改宣忠扈卫亲军都万户府为宣忠斡罗斯扈卫亲军都指挥使司。乙卯，有事于太庙。镇西武靖王搠思班等以云南平，各遣使来献捷。庚申，征河南儒士吴炳为艺文监典簿，炳不至。壬戌，探马赤为云南行省平章政事，总制境内军事。

五月己卯，安南世子陈日炉遣使来贡方物。己丑，置八百等处宣慰司都元帅府，临江、元江等处宣慰司。癸巳，云南威楚路蒲蛮猛吾来献方物，愿入银为岁赋，诏置散府一、土官三十三，皆赐金银符。甲午，封宣政使脱力为蓟国公。乙未，陕西行台御史大夫脱别台知枢密院事。御史大夫玥璐不花罢。奎章阁大学士赵世延等进《皇朝经世大典》。丙申，车驾幸上都。戊戌，次红桥，祀燕铁木儿生祠。己亥，也儿吉尼知行枢密院事。八百等处蛮酋来献方物。癸卯，也儿吉尼加太尉。

六月丙寅，云南乌撒、罗罗斯诸蛮复叛。是月，加封郓国夫人并官氏为大成至圣文宣王夫人。

秋七月己卯，曲赦云南叛蛮禄余等。壬午，监察御史张益等劾四川行省平章政事钦察台反复不可信任，流钦察台于广东，同妻孥禁锢,仍诏御史台凡检人如钦察台者,其极言之。丁亥,琼州黎贼作乱。壬辰,知枢密院事脱别台为御史大夫。戊戌,封伯颜为浚宁王。庚子,广西徭贼平。辛丑,怀德府二十一洞蛮来献方物。

八月甲辰朔,日有食之。封脱怜忽秃鲁为靖恭王,阿蓝朵儿只为懿德王。诸王不赛因遣使来朝。辛亥,车驾至自上都。壬子,诸王答儿麻失理遣孛儿只吉歹等来贡方物。丙辰,封怯列该为丰国公。己未,诸王不赛因遣使来言其臣怯列木丁矫王命入朝,请执以归;敕怯列木丁乘驲还。

九月丙子,云南东川路总管普沂先那具杀宣慰使月鲁以叛,西域指挥使锁住以兵讨之。海南贼王周率十九洞黎蛮作乱,湖广行省左丞移剌四奴以兵讨之。庚寅,幸大承天护圣寺。禄余寇顺元路。

冬十月己酉,有事于太庙。辛亥,召江南行台御史大夫阿儿思兰海涯至京师。癸丑,幸大承天护圣寺。蒙古都元帅怯烈败阿禾党于靖江路。乙丑,立昭功万户都总使府。

十一月壬申朔,日有食之。乙亥,李彦通、萧不兰奚等谋反,伏诛。丙子,封诸王斡即为保宁王。己卯,封蘸班为豳国公。辛巳,户部尚书耿焕为中书参知政事。癸未,养燕铁木儿之子塔剌海为皇子。荆王也速也不干贡犁牛四百。

十二月壬子,命诸王忽剌出复镇云南。戊午,诸王秃列帖木儿来献马及蒲萄酒。庚申,遣集贤直学士答失蛮至真定玉华宫祀睿宗及庄圣皇后。

三年春正月辛未朔,高丽国遣使贺正旦兼贡方物。癸酉,前高丽王焘仍为高丽国王。己卯,有事于太庙。广西罗伟里蛮合龙州落羽蛮作乱。丁亥,幸大承天护圣寺。戊子,万安军黎贼寇陵水县。庚子,封公主桑哥不剌为郓国大长公主。夔州路洞蛮寇施州。

二月辛丑朔,八番蛮酋骆度来献方物。甲辰,诸王荅儿蛮失里、哈儿蛮各遣使贡马及金鸦鹘、蒲萄酒。乙巳,湖广行省平章政事玥璐不花为陕西行台御史大夫。戊申,禄余合芒部蛮寇罗罗斯及东川、会通等州，己酉，禄余乞降。己巳，诏修曲阜宣圣庙。

三月庚午朔，遣使赐诸王不赛因绣彩币帛。爪哇国遣使奉表贡方物。丁亥，诸王伯岳兀、完者帖木儿来朝。戊子，占城国遣使奉金字表，贡方物。癸巳，皇子古剌苔纳更名燕帖古思。丁酉，缅国遣使贡方物。

夏四月壬寅，四川师壁、散毛、盘速出三洞蛮酋来献方物。戊申，大宁路地震。四川大盘洞蛮来献方物。丙辰，诸王不别居法郎，及不赛因各遣使贡方物。乙丑，安南世子陈日炉遣使贡方物。安西王月鲁帖木儿与国师必剌忒纳失里沙津、畏兀僧玉你达八的剌板的谋为不轨，事觉皆伏诛。

五月戊寅，幸大承天护圣寺。京师地震，有声。庚寅，车驾幸上都。

六月己亥朔，赦天下。以月鲁帖木儿等罪状，诏谕中外。己酉，御史中丞赵世安为中书左丞。癸亥，知枢密院事也卜伦加开府仪同三司。

秋七月戊辰朔，诸王答里麻失里等遣使献虎豹。丁丑，移剌四奴以兵讨广东黎贼。壬辰，不赛因遣使贡七宝水晶。甲午，诸王月即别遣使贡方物。宥诸王彻彻秃、沙哥还本部。

八月癸卯，吴王木楠子及诸王答都阿海、锁南管卜、帖木儿赤、帖木迭儿等来朝。乙巳天鼓鸣于西北。丙午，祭社稷。丁未，有事于太庙。己酉，帝崩于上都，在位五年，年二十有九。癸丑，葬起辇谷。

元统元年十一月辛亥，上尊谥曰圣明元孝皇帝，庙号文宗，国语曰札牙笃皇帝。

宁宗冲圣嗣孝皇帝，讳懿璘质班，明宗第二子也。母曰皇后乃蛮真氏。

天历二年二月，封鄜王。

至顺三年八月，文宗驻跸上都，疾大渐，召皇后及丞相燕铁木儿至榻前曰："旺忽察都之事，为朕平生大错，悔之无及。燕帖古思虽朕子，然天下乃明宗之天下也。汝等如爱朕，其召妥欢帖木儿立之。朕见明宗于地下，亦可以自解矣。"言讫而崩。燕铁木儿不欲立妥欢帖木儿，秘遗诏不发，扬言大行皇帝申固让夙志，传位于明宗之子，请以帝入承大统，遣使征诸王会京师，中书庶务启皇后取进止。

九月辛巳，京师地震。

冬十月庚子，帝即位于大明殿。诏曰：

洪惟太祖皇帝启辟疆宇，世祖皇帝统一万方，列圣相承，法度明著。我曲律皇帝入纂大统，修举庶政，动合成法，授大宝位于普颜笃皇帝以及格坚皇帝。历数之归，实当在我忽都笃皇帝、扎牙笃皇帝，而各播越辽远。时则有若燕铁木儿，建义效忠，戡平内难，以定邦国，协恭推戴扎牙笃皇帝。登极之始，即以让兄之诏明告天下。奉玺绂远迓忽都笃皇帝。及忽都笃皇帝奄弃臣庶，扎牙笃皇帝复正宸极，仁义之至，视民如伤，恩泽旁被，无间远迩。顾育眇躬，尤笃慈爱。宾天之日，皇后传顾命于太师太平王右丞相答剌罕燕铁木儿、太保浚宁王知枢密院事伯颜等，谓圣体弥留，益推固让之初志，以宗社之重，属诸忽都笃皇帝之世嫡。乃遣使召诸王宗亲，以十月一日来会于大都，与宗王、大臣同奉遗诏劝进。朕以至顺三年十月初四日，即皇帝位于大明殿。可大赦天下。

大都、上都、兴和三路差税免三年。腹里差发并诸郡不纳差发去处税粮，十分为率，免二分。江淮以南，夏税亦免二分。土木工役，除仓库必合修理外，毋创造以纾民力。民间应有逋欠差税课程，尽行蠲免。监察御史、肃政廉访司官并内外三品以上正官，岁举才堪守令者一人，申省部先行录用，如称职，举官优加旌擢。重囚淹禁三年以上，疑不能决者，申省部详谳释放。学校农桑、孝义贞节、科举取士、国学贡试，并依旧制。广海、云南梗化之民，诏书到日，限六十日内出官，与免本罪。

辛丑，知枢密院事撒敦为御史大夫，中书右丞撒迪为平章政事，宣政使阔里吉思为中书右丞，中书平章政事秃儿哈铁木儿知枢密院事。甲寅，不赛因遣使贡塔里牙、佩刀。乙卯，以即位告祀南郊。己未，告祀太庙。庚申，告祀社稷。是月，立皇后宏吉剌氏。

十一月壬申，命郯王彻彻秃镇辽阳。甲戌，以上皇太后玉册，告祭南郊及太庙。戊寅，尊皇后曰皇太后。己卯，御大明殿受朝贺。壬辰帝崩，年七岁。甲午，葬起辇谷。

至元三年正月辛亥，上尊谥曰冲圣嗣孝皇帝，庙号宁宗。

史臣曰：燕铁木儿挟震主之威，专权用事。文宗垂拱于上，无所可否，日与文学之士从容翰墨而已。昔汉灵帝好词赋，召乐松等待诏鸿都门，蔡邕露章极谏，斥为俳优。况区区书画之玩乎？君子以是知元祚之衰也。《春秋》之义，未逾年之君称子。宁宗即位匝月而殇，乃入庙称宗；其廷臣不学如此，岂非失礼之大者哉。

新元史卷二三
本纪第二三

惠宗一

惠宗皇帝，讳妥欢帖木耳，明宗长子也。母曰贞裕徽圣皇后罕禄鲁氏。延祐七年夏四月丙寅生帝于北边。

至顺元年夏四月，文宗将立其子阿刺忒纳答刺为皇太子，乃以八不沙皇后言明宗平日谓太子非其子，使翰林学士阿怜帖木耳等书其事于《脱卜赤颜》，遂徙帝于高丽之大青岛。未几，有飞语谓，高丽与辽阳行省将奉帝起事。

二年十二月，文宗复召帝还，使学士虞集草诏布告天下，谓帝非文宗之子，徙帝于广西之静江。

文宗崩，遗命传位于帝。燕铁木儿矫诏立宁宗。宁宗崩，复言于皇太后，请立文宗子燕铁古思。皇太后曰："吾儿尚幼，妥欢帖木儿在广西，今年十三矣，且明宗长子，宜立之。"乃命中书右丞阔里吉思迎帝于静江。

元统元年春二月，帝至良乡，具卤簿导入。燕铁木儿与帝并马徐行，陈迎立之意。帝畏之，不能答。燕铁木儿疑帝意不可测，故帝至，久不得立。国事皆决于燕铁木儿，奏皇太后行之。

五月，燕铁木儿卒，皇太后始与群臣定议以帝承大统，且曰：万岁之后，其传位于燕帖古思，若武宗、仁宗故事。

夏六月己巳，帝即位于大都，大赦天下。诏曰：

洪惟我太祖皇帝受命于天，肇造区夏。世祖皇帝奄有四海，治功大备。列圣相传，丕承前烈。我皇祖武宗皇帝入纂大统。及致和之季，皇考明宗皇帝远居沙漠，札牙笃皇帝戡定内难，以天下让。我皇考宾天，札牙笃皇帝复正宸极。治化方隆，奄弃臣庶。

今皇太后召大臣燕铁木儿、伯颜等曰：“昔者阔彻、脱脱木儿、只儿哈郎等谋逆，以明宗太子为名，又先为八不沙皇后妄构诬言，疏离骨肉。”逆臣等既正其罪，朕遂迁于外。札牙笃皇帝后知其妄，寻至大渐，顾命有曰：“朕之大位，其以兄子继之。”时朕远在南服，遂以朕弟懿璘质班登大位，以安百姓，乃又遽至大故。皇太后体札牙笃皇帝遗意，以武宗皇帝之元孙，明宗皇帝之世嫡，以贤以长，在予一人，遣使迎还。征宗室诸王来会。今奉皇太后勉进之笃，宗室诸王恳请之至，以至顺四年六月初八日即皇帝位于大都。

於戏！惟天、惟祖宗全付予有家，栗栗危惧，若涉渊冰，罔知攸济。尚赖宗亲臣邻，交修不逮，以底隆平。咨尔多方，体予至意。

辛未，伯颜为太师、中书右丞相，撒敦为太傅、左丞相。是月，京师大水。

秋八月壬申，巩昌徽州山崩。是月，立燕铁木儿女伯牙吾氏为皇后。

九月庚申，诏太师伯颜、太傅撒敦外，余官不得兼领三职。

冬十月丙寅，凤州山崩。戊辰，改元元统，诏曰：

在昔世祖皇帝绍开丕图，稽古建元，立经陈纪，列圣相承，恪遵成宪。肆予冲人，嗣大历服，兹图治之云初，嘉与民而更始。乃新纪号，诞告多方，其以至顺四年为元统元年。

癸酉，傀罗蛮酋浑邓马弄来贡方物。丁丑，依皇太后行年，释重囚二十七人。戊子，封撒敦为荣王，唐其势袭太平王。

十一月丙申，成纪县山崩地裂。丁酉，有事于太庙。辛亥，上札牙笃皇帝尊谥为圣明元孝皇帝，庙号文宗。封伯颜为秦王。是日，秦州山崩地裂。乙卯，伯颜、撒敦统百官，总庶政。

十二月乙丑，广西徭陷道州，千户郭震死之。甲戌，秃坚帖木儿加太尉致仕。乙亥，立徽政院。是年，廷试进士百人，左右榜各三人，同同、李齐等赐及第、出身有差。

元统二年春正月庚寅朔，汴梁路雨血。辛卯，御史大夫脱列台为中书平章政事，阿里海涯出为河南行省左丞相。丁酉，有事于太庙。戊戌，四川大盘洞蛮酋谋谷什用来献方物。吏部尚书帖住等使安南。己酉，以上文宗尊谥，告祀南郊。甲寅，立行宣政院于杭州。乙卯，云南姚安路总管高明来献方物。

二月己未朔，诏内外兴学校。乙丑，燕不邻为太保。戊辰，封也真也不干为昌宁王。丁丑，封皇姑妥妥辉为英寿大长公主。三月癸巳，广西徭贼复叛，同知元帅吉列思死之。复立西番巡捕都元帅府。丁未，河南行省左丞相阿里海涯为江浙行省左丞相。壬子，广西徭贼寇全州。

夏四月戊午朔，日有食之。庚申，封诸王蛮子为文济王。壬申唐其势、马札儿台并为御史大夫。己卯，祔文宗皇帝于太庙，帝亲行告祭礼。左丞相撒敦加开府仪同三司、上柱国、录军国重事。壬午，特录许衡孙从宗为章佩监提点。是月，车驾幸上都。

五月辛卯，唐其势为中书左丞相，撒敦仍商量中书省事。戊申，诏文济王蛮子镇大名，西靖王阿鲁镇云南。是月，赐涪州万户府知事阚文兴谥英毅侯，妻王氏贞烈夫人，庙号双节。

六月乙亥，唐其势辞左丞相不拜，撒敦复为左丞相。乙酉，追封燕铁木儿为德王，谥忠武。是月，彰德路雨白毛。

秋七月辛卯，祭太祖、太宗、睿宗御容。

八月辛未，赦天下。京师地震。鸡鸣山崩陷为池。

九月辛卯，车驾至自上都。甲午，广西徭贼陷贺州，都元帅章伯颜以兵讨之。

冬十月戊午，有事于太庙。辛酉，侍御史许有壬为中书参知政事。丁卯，立湖广黎兵屯田万户府。

十一月己卯，上皇太后尊号曰赞天开圣仁寿徽懿昭宣皇太后，赦天下，免今年民租之半，内外官四品以下减一资。是月，镇南王孛罗不花来朝。始以宣慈惠圣皇后配享武宗。

十二月甲戌，诏整治学校。

至元元年春正月癸巳，命廉访司察劝农官勤惰，上于大司农司，以凭黜陟。

二月戊午，祭社稷。己卯，以上皇太后尊号，告祀南郊。

三月癸未朔，遣五府官决天下囚。平伐、都云、定云等蛮来降。辛卯，以上皇太后尊号，告祀太庙。庚子，禁选高丽女子。议罕禄鲁太后祔庙礼。乙巳，封安南世子陈端午为安南王。

夏四月辛酉，有事于太庙。江南行台中丞不花为中书参知政事。

五月丙戌，占城国遣使贡方物，且言安南阻其贡道，遣使谕安南国。戊子，车驾幸上都。遣使祭曲阜孔子庙。甲辰，伯颜请以右丞相让唐其势，不允，命唐其势为左丞相。

六月庚辰，唐其势及其弟塔剌海作乱，伏诛。废皇后伯牙吾氏。

秋七月辛巳朔，马札儿台、阿察赤并为御史大夫，御史中丞撒迪为中书平章政事。壬午，伯颜弑废后伯牙吾氏。甲申，孛罗为中书平章政事。丁亥，有事于太庙。壬寅，伯颜为中书右丞相，罢左丞相不置。癸卯，知枢密院事阿吉剌为中书平章政事。戊申，燕铁木儿弟答里等伏诛。伯颜赐号答剌罕，赦天下。是月，江南行台中丞纳麟为中书参知政事。

八月戊午，祭社稷。癸亥，淇阳王完者帖木儿、知枢密院事帖木儿不花并为御史大夫。甲子，完者帖木儿加太傅。己卯，尊皇太后为太皇太后。

九月丙戌，赦天下。知枢密院事定住为中书平章政事。丁亥，封定住为宣德王，知枢密院事阔里吉思为宜国公。丙午，车驾至自上都。

冬十月丙辰，大司农塔失海牙为太尉、商议中书省事。丁巳，塔失帖木儿为太禧院使、议军国重事。流诸王晃火帖木儿及答里、唐其势子孙于北边。癸亥，流御史大夫完者帖木儿于岭南。平章政事撒迪为御史大夫。辛未，太皇太后册宝成，告祀太庙。

十一月庚辰，罢科举。丁酉，户部尚书徐奭、吏部尚书定住参议中书省事。戊戌，诏前知枢密院事福丁、失剌不花、撒儿的哥还京师。辛丑，改元至元，诏曰：

> 朕祗绍天明，入纂丕绪，于今三年，夙夜寅畏，罔敢怠荒。兹者年谷顺成，海宇清谧，朕方增修厥德，日以敬天恤民为事，属太史上言，星文示儆。将朕薄德，有所未逮欤？抑天心仁爱，俾予以治，有所告戒欤？弭灾有道，善政为先。更号纪年，实惟旧典。惟世祖皇帝在位长久，天人协和，诸福咸至，祖述之志，良切朕怀。今特改元统三年仍为至元元年。遹遵成宪，诞布宽条，庶格祯祥，永绥景祚。

是日，赦天下。

十二月丙辰，征高丽前王阿剌忒纳失里入朝。乙丑，上太皇太后尊号曰赞天开圣徽懿宣昭贞文慈佑储善衍庆福元太皇太后。

闰月戊子，宗正府复为大宗正府。戊戌，中书平章政事彻里帖木儿有罪免。壬寅，流彻里帖木儿于安南。

是年，太庙惟举冬、夏二享。

二年春正月，置都水庸田使司于平江。

二月戊寅朔，祭社稷。丁酉，追尊帝生母罕禄鲁氏为贞裕徽圣皇后。庚子，宣靖王买奴进封益王。

夏四月戊寅，封驸马孛罗帖木儿为毓德王。庚寅，知枢密院事帖木儿不花为中书平章政事。壬寅，车驾幸上都。中书右丞耿焕罢为侍御史，王懋德为中书右丞。

五月丙午朔，河复故道。壬申，秦州山崩。

六月丁丑，赠诸王忽都答儿为云安王，追谥忠武，罗罗歹为保宁王，追谥昭勇。戊子，帖木儿补化出为江浙行省左丞相。

秋七月庚戌，定住、锁南参议中书省事。

八月甲戌朔，日有食之。戊寅，祭社稷。壬辰，立屯卫于马札罕之地。

九月戊辰，车驾至自上都。

冬十月己卯，有事于太庙。己亥，诏每日丞相伯颜，太保定住，平章政事孛罗、阿吉剌议事于内廷，平章政事塔失海牙，右丞巩卜班，参知政事纳麟、许有壬议事于中书省。是月，高丽王普塔失里来朝。

十一月壬子，那海为湖广行省平章政事，讨广西叛徭。祔武宗宣慈惠圣皇后、英宗庄静懿圣皇后、明宗贞裕徽圣皇后于太庙。癸亥，安置诸王不兰奚于梧州。

十二月丙子，诏群臣议懿璘质班皇帝庙谥。诸王也孙帖木儿来献马。

是年，太庙惟举冬享。江浙大旱，自春至于八月不雨。

三年春正月癸卯，广州增城县贼朱光卿伪称大金国，改元赤符，指挥使狗札里、江西行省左丞沙的以兵讨之。辛亥，上懿璘质班皇帝尊谥冲圣嗣孝皇帝，庙号宁宗。癸丑，立宁夏屯田万户府。戊午，畋于柳林，凡三十五日。监察御史丑的、宋绍明进谏，帝赐以金币。丑的等固辞，帝曰：“昔魏征进谏，唐太宗赏之，未尝不受。汝其受之。”

二月壬申朔，日有食之。陈州贼胡闰儿作乱，河南行省左丞庆童以兵讨之。壬午，以上太皇太后册宝，恭谢太庙。甲申，定服色、器皿、舆马之制。辛卯，广西徭贼复叛，湖广行省平章政事那海、江西行省平政事秃儿迷失海牙以兵讨之。丙申，太保定住卒。

三月戊午，立宏吉剌氏为皇后。是月，天雨线。

夏四月甲戌，有星孛于王良，至七月壬寅没于贯索。以立皇后，告谢太庙。己卯，车驾幸上都。辛卯，合州大足县贼韩法师伪称赵王，行省参知政事举里等以兵讨之。己亥，惠州归善县贼聂秀卿、覃景山等作乱，江西行省左丞沙的以兵讨之。是月，禁汉人、南人习蒙古、色目文字。

五月辛丑，民间讹言拘刷童男、童女，一时嫁娶殆尽。甲寅，哈八儿秃、秃坚帖木儿并为太尉。西番叛，镇西王世子党兀班死之。宣政院使也先帖木儿以兵讨西番。

六月戊寅，追赠丞相安童推忠佐运开国元勋、东平忠宪王。是月，大霖雨京师，河南北俱大水。

秋七月己亥，封平章政事巩卜班为西平王。庚子，彗星见天市垣。丙午，车驾幸失剌斡耳朵。丁未，车驾幸上都之龙冈，洒马湩祭天。壬子，车驾幸乾元寺。是月，狗札里、沙的获朱光卿，广州平。

八月戊辰，祭社稷。壬午，京师地震，太庙梁柱裂，文宗神主及御床皆碎。是月，车驾至自上都。

九月己酉，立四川、湖广、江西、江浙行枢密院。

冬十月乙亥，江浙行省参知政事搠思监提调海运。

十一月丁巳，诏脱脱木儿袭脱火赤荆王封，仍命其妃忽剌灰同治兀鲁特事。

十二月己巳，有事于太庙。是月，马札儿台为太保。

四年春正月丙申，以地震大赦天下。辛酉，寿王乃马歹知行枢密院事。是月，修曲阜孔子庙。

二月丁卯，罢河南、江西、江浙、湖广、四川等处行枢密院。戊辰，祭社稷。庚午，畋于柳林。

三月辛酉，中书平章政事阿吉剌监修《至元条格》。告祭南郊。诸王玉里不花为知枢密院事。国王朵儿只为辽阳行省左丞相，以乃蛮台袭国王。

夏四月，京师雨红沙，昼晦。辛未，探马赤、只儿瓦歹为中书平章政事。癸酉，脱脱为御史大夫。乙亥，阿吉剌罢为奎章阁大学士。己卯，车驾幸上都。胡闰儿伏诛。

五月，阿吉剌复为中书平章政事。

六月辛巳，袁州贼周子旺僭称周王，寻伏诛。南胜县贼李志甫围漳州，浙江行省平章政事别不花以兵讨之。

秋七月丙辰，巩昌山崩。

八月癸亥朔，日有食之。戊辰，祭社稷。丙子，京师地震。甲申，云南老告蛮酋八那来献象马，立老告军民总管府。是月，车驾至自上都。

冬十月辛卯，有事于太庙。

十一月丁卯，立绍熙府军民宣抚都总使司。壬午，四川散毛洞蛮叛。

十二月戊戌，立邦牙等处宣慰司都元帅府。壬寅，汪家奴知枢密事，宣徽使别儿怯不花为御史大夫。庚戌，加荆王脱脱木儿元德上辅广中宣义正节振武佐运功臣。

五年春正月癸亥，禁滥予僧人名爵。

二月戊戌，祭社稷。

三月，中书平章政事阿吉剌出为辽阳行省平章政事。

夏四月，车驾幸上都。

秋七月丁丑，封皇姊月鲁公主为昌国大长公主。戊寅，诏诸王位下官毋入常选。

八月丁亥，车驾至自上都。戊子，祭社稷。

冬十月辛卯，有事于太庙。甲午，伯颜为大丞相，加元德上辅功臣，赐七宝玉书、龙凤金符。

十一月戊辰，河南行省掾范孟端诈为诏书，杀行省平章政事月鲁帖木儿、右丞劫烈、廉访使完者不花等，执大都路儒学提举归旸，旸不屈。未几，孟端伏诛，擢旸为监察御史。十一月，中书省断事官头麟等使高丽，执高丽王普塔失里以归。

十二月辛卯，复立都水庸田使司于平江。是月，伯颜杀郯王彻彻秃，贬宣让王帖木儿补化，夺其印。

六年春正月甲戌，立司禋监，奉太祖、太宗、睿宗御容。

二月甲申朔，权止今年印钞。戊子，祭社稷。己亥，中书大丞相伯颜罢为河南行省左丞相，诏曰：

朕践位以来，命伯颜为太师、秦王、中书大丞相，而伯颜不能安分，专权自恣。欺朕年幼，轻视太皇太后及朕弟燕帖古思。变乱祖宗成宪，虐害天下。加以极刑，允合舆论。朕念先朝之故，尚存悯恤。今命伯颜出为河南行省左丞相，所有元领诸卫新军并怯丹人等，诏书到时，即许散还。

是日，太保马札儿台为太师、中书右丞相，太尉塔失海牙为太傅，知枢密院事塔马赤为太保，御史大夫脱脱为知枢密院事，汪家奴为中书平章政事，岭北行省平章政事也先帖木儿为御史大夫。壬寅，诏除知枢密院事脱脱外，诸王、大臣不得带弓刀辄入宫禁。己酉，彗星见，状如纷絮。

三月甲寅，漳州人陈君用杀李志甫，以君用同知漳州路总管府事。辛未，迁伯颜于南恩州阳春县。丁丑，治书侍御史达识帖睦迩为奎章阁大学士。辛巳，彗星见。是月，释高丽王普塔失里，复其位。

夏四月己丑，有事于太庙。庚寅，同知枢密院事铁木儿达识为中书右丞。丙午，封马札儿台为忠王，赐号答剌罕，马札儿台固辞。是月，立高丽女奇氏为第二皇后。

五月己未，追封镇西王世子党兀班为凉王，谥忠烈。丙子，车驾幸上都。

六月丙申，撤文宗庙主，徙太皇太后于东安州安置，放燕帖古思于高丽。诏曰：

昔我皇祖武宗皇帝升遐之后，祖母太皇太后惑于憸慝，俾皇考明宗皇帝出封云南。英宗遇害，我皇考以武宗之嫡，逃居朔漠，宗王大臣同心翊戴，肇启大事，于时以地近，先迎文宗暂总机务。继知天理人伦之攸当。假让位之名,以宝玺来上,皇考推诚不疑,即授以皇太子宝。文宗稔恶不悛,当躬迎之际,与其臣月鲁不花、也里牙、明里董阿等谋为不轨,使我皇考饮恨上宾。归而再御宸极,海内闻之,靡不切齿。

又私图传子,乃构邪言,嫁祸于八不沙皇后,谓朕非明宗之子,俾朕出居高丽。祖宗大业,几于不继。上天不佑,随降陨罚。叔婶不答失里怙其势焰,不立朕,而立朕之幼弟懿璘质班,奄复不年,诸王、大臣以贤以长,扶朕践阼。

每念治必本于尽孝,事莫先于正名,赖天之灵,权奸屏黜,永惟鞠育罔极之恩,忍忘不共戴天之义。既往之罪,不可胜诛,其命太常撤去图帖木儿庙主。不答失里本朕婶母,僭膺太皇太后之号,迹其闺门之祸,离间骨肉,罪恶尤重,揆之大义,宜削鸿名,徙东安州安置。燕帖古思昔虽幼冲,理难同处,朕终不陷于覆辙,专行残酷,其放诸高丽。当时贼臣月鲁不花、也里牙已死,其以明里董阿等明正典刑。

监察御史崔敬言燕帖古思不宜放逐,不报。己亥,成纪县山崩地坼。庚戌,桃源县山崩。

秋七月戊午,有事于太庙。以蝗旱相仍,颁罪己诏于天下。己未,亦璘真班为御史大夫。丁卯,杀燕帖古思。不答失里皇后寻亦赐死。戊寅,翰林学士承旨腆哈等删修《大元通制》。是月,禁色目人妻叔母。

八月壬午,也先帖木儿为御史大夫。戊子,祭社稷。帝至自上都。

九月辛亥,明里董阿伏诛。丙寅,诏今后勿籍罪人妻女。

冬十月甲申,尊皇考明宗为顺天立道睿文智武大圣孝皇帝。帝亲祼太室,右丞相马札儿台为亚献,知枢密院事阿鲁图为终献。壬寅,右丞相马札儿台为太师,脱脱为中书右丞相,宗正札鲁忽赤铁木儿不花为中书左丞相。是月,中书平章政事汪家奴知枢密院事。

十一月乙卯,以亲祼礼成,御大明殿受群臣朝。

十二月,复科举取士法。戊子,罢太禧宗禋等院,改奎章阁为宣文阁。

新元史卷二四

本纪第二四

惠宗二

至正元年春正月己酉朔，改元，诏曰：

朕惟帝王之道，德莫大于克孝，治莫大于克贤。朕早历多艰，入承大统，仰思祖宗付托之重，战兢惕厉，于兹八年。慨念皇考，久劳于外，甫即大位，四海觖望，夙夜追慕，不忘于怀。乃以至元六年十月初四日奉册宝，追上皇考曰顺天立道睿文智武大圣孝皇帝，被服衮冕，祼于太室，式展孝诚。十有一月六日，勉徇大礼庆成之请，御大明殿受群臣朝。

自去春畴咨于众，以知枢密院事马札儿台为太师、右丞相，寻即控辞，养疴私第。朕悯其劳日久，不忍烦之以政，俾解机务，仍为太师。知枢密院事脱脱，早岁辅朕，克著忠贞，乃命为中书右丞相；宗正札鲁忽赤帖木儿不花尝历政府，嘉绩著闻，命为中书左丞相；并录军国重事。夫三公论道，以辅予德，二相秉政，以弼予治。其以至元七年为至正元年，与天下更始焉。

丁巳，有事于太庙。免天下税粮五分。

二月戊寅，祭社稷。乙未，加封皇姊不答昔你为明彗贞懿大长公主。

三月甲寅，复给帖木儿补化宣让王印，镇淮西。召威顺王宽彻不花还。

夏四月丁丑，道州贼唐大二、蒋仁五等作乱，陷江华县。甲申，有事于大庙。庚寅，车驾幸护圣寺。中书右丞铁木儿达识为中书平章政事，中书左丞阿鲁灰为右丞，参知政事许有壬为左丞。庚子，杭州大火。复封马札儿台为忠王。是月，车驾幸上都。

六月，崇明、通、泰等州海溢。

秋七月己卯，有事于太庙。

八月戊申，祀社稷。车驾至自上都。

九月壬寅，许有壬进讲仁明殿，帝悦，赐宴宣文阁，仍赐貂裘文币。

冬十月丁未，有事于太庙。

十一月丙子，道州贼何仁甫等作乱。

十二月乙卯，诏年八十以上蒙古人赐缯帛二端，其余以高年耆德旌之，免其杂役。壬戌，云南车里蛮叛，平章政事脱脱木儿以兵讨之。

二年春正月丙戌，开京师金口河，役夫十万，功卒不就。

二月壬寅，颁《农桑辑要》。戊申，祭社稷。

三月戊寅，廷试进士七十八人，赐拜住、陈友仁等及第、出身有差。

夏四月辛丑，冀宁路平晋县地震，声如雷鸣，裂地尺余。乙巳，有事于太庙。是月，车驾幸上都。

五月丁亥，江浙行省平章政事只而瓦台为河南行省平章政事。

六月壬子，济南山崩水涌。

秋七月庚午朔，惠州罗浮山崩。辛未，有事于太庙。己亥，庆远路徭贼莫八作乱，陷南丹、左右两江等路，脱脱赤颜以兵讨之。是月，佛郎国来献异马。

八月庚子朔，日有食之。戊申，祭社稷。

九月己巳，湖广行省平章政事巩卜班讨道州贼平之。辛未，车驾至自上都。

冬十月己亥朔，日有食之。丁未，有事于太庙。壬戌，遣使祭曲阜孔子庙。

十一月甲申，免云南明年差税。

十二月壬寅，申服色之禁。丙辰，云南蛮酋死可伐叛。癸亥，阿鲁、秃满答儿等，坐谋杀右丞相脱脱，伏诛。

三年春正月丙子，中书左丞许有壬乞病归。丁丑，有事于太庙。乙酉，中书平章政事纳麟罢。庚寅，汰怯薛丹。

二月戊戌，祭社稷。丁未，辽阳吾者野人叛。是月，巩昌府宁远、伏羌二县山崩、水溢。

三月戊寅，诏作新风宪，内官不法者，监察御史劾之，外官不法者，行台监察御史劾之。是月，诏修辽、金、宋三史。

夏四月丙申朔，日有食之。乙巳，有事于太庙。是月，车驾幸上都。五月，河决白茅堤。

六月壬子，命经筵官一月三进讲。帝优礼讲官，赐酒馔，又以高年疲于奔走，命乘舟太液池。

秋七丁卯，有事于太庙。成寅，立永昌等处宣慰司。河南自四月至七月，霖雨不止。

八月甲午朔，朵思麻宣慰司同知锁儿哈等以兵讨四川上蓬锁吃贼。戊戌，祭社稷。是月，车驾至自上都。

九月甲子，道州贼唐大二、蒋仁五伏诛，其党蒋丙伪号顺天王，陷连、桂二州。

冬十月戊戌，以亲祀南郊，告祭于太庙。至宁宗室，帝问曰："朕宁宗兄也，当拜否？"太常博士刘闻对曰："宁宗虽弟，其为帝时，陛下臣之。春秋时鲁闵公弟，僖公兄，宗庙之祭，未闻僖公不拜。"帝乃下拜。己酉，有事于南郊。癸丑，签枢密院事韩元善为中书参知政事。己未，以郊祀礼成，大赦天下，文官普减一资，武官升散官一等，蠲民间田租五分，赐高年帛。

十一月辛未，有事于太庙。

十二月丁未，江浙行省左丞相别儿怯不花为中书左丞相。

四年春正月辛未，有事于太庙。辛巳，定守令黜陟法：六事备者，升一等；四事备，减一资；三事备，迁；六事俱不备，降一等。六事者，农桑、学校、词讼、盗贼、赋役及平常法也。庚寅，河决曹州，未几，又决于汴梁。

二月戊戌，祭社稷。是月，贺惟一为中书平章政事。

三月壬寅，特授八秃麻朵儿只为征东行省左丞相，嗣高丽国王。癸丑，河南行省平章政事纳麟为中书平章政事，集贤大学士姚庸为中书左丞。是月，中书右丞相脱脱等表进《辽史》一百一十六卷。

夏四月，车驾幸上都。

五月甲辰，右丞相脱脱罢，阿鲁图为中书右丞相。乙巳，封脱脱为郑王。是月，河决白茅堤、金堤，平地水深二丈，北入会通河，曹、濮、济、兖皆罹水患。

秋七月戊子朔，温州飓风，海溢，地震。己丑，有事于太庙。

八月戊午，祭社稷。益都路盐徒郭你赤作乱。

九月丁亥朔，日有食之。辛亥，秦从德为江浙行省参知政事，提调海运。

冬十一月丁亥朔，以民饥，禁抑配食盐，复令民入粟补官。是月，中书右丞相阿鲁图表进《金史》一百三十七卷。

十二月戊寅，徭贼寇靖州。

五年春正月辛卯，有事于太庙。

二月戊午，祭社稷。

三月辛卯，廷试进士七十有八人，赐普颜不花、张士坚等及第、出身有差。是月，以天灾、河患，下诏罪己。诸路盗贼，去限二十日者，赦之。前所免租外，被灾者全免之。已纳者准明年补免。

夏四月，车驾幸上都。

五月己丑，敕云南驱口给行粮放还，其不愿还者听。辛卯，翰林学士承旨巙巙卒。

六月，卢州人张顺出米赈饥，旌其门。

秋七月丁亥，河决济阴。己丑，有事于太庙。丙午，中书平章政事铁木儿达识为御史大夫，巩卜班为中书平章政事。

八月戊午，祭社稷。是月，车驾至自上都。

九月壬午朔，日有食之。辛丑，中书右丞达识帖睦迩罢为翰林学士承旨，参知政事搠思监为右丞，资政院使朵儿只班为中书参知政事。

冬十月壬子，中书平章政事贺惟一为御史大夫，赐姓蒙古氏，名太平。乙卯，有事于太庙。辛酉，遣使巡行天下，诏曰：

> 朕自践阼以来，至今十有余年，托身亿兆之上，耳目所及，岂能周知。虽夙夜忧勤，觊安黎庶，而和气未臻，灾眚时作，岂承宣之寄，纠劾之司奉行有未至欤？若稽先朝成宪，遣官分道奉使，宣布朕意，询民疾苦，疏涤冤滞，蠲除烦苛。体察官吏贤否，明加黜陟，四品以上停职申请，五品以下就便处决。一切兴利除弊之事，悉听举行。

江西行省左丞忽都不丁、吏部尚书何执礼巡两浙江东道，前云南行省右丞散散、将作院使王士宏巡江西福建道，大都路达鲁花赤拔实、江浙行省参知政事秦从德巡江南湖广道，吏部尚书定僧、宣政院签事魏景道巡河南江北道，资政院使蛮子、兵部尚书李宪巡燕南山东道，兵部尚书不花、枢密院判官靳义巡河东山西道，宣政院同知伯家奴、宣徽院佥事王也速迭儿巡山北辽东道，判湖北道宣慰使阿乞剌、两淮运使杜德远巡云南行省，上都留守阿牙赤、陕西行省左丞王冲巡甘肃永昌道，大都留守答儿麻失理、河南行省参知政事王守诚巡四川行省，前西台御史中丞定定、集贤侍讲学士苏天爵巡京畿道，平江路达鲁花赤左答纳失里、都水监贾惟贞巡海北海南广东道。辛未，阿鲁图等表进《宋史》四百九十六卷。至是，三史告成。帝谕阿鲁图等曰："史既成书，前人善者，朕当取以为法，恶者取以为戒。然为臣者,亦当知之。卿等其以前代善恶之事自勉。”是月,吕思诚为中书参知政事。

十一月甲午,《至正条格》成。奉元人陈望林伪称燕古思太子,伏诛。

十二月丁巳,定荐举守令法。

六年春二月庚戌朔,日有食之。是月,山东地震七日。

三月,山东盗起。戊申,遣中书参知政事锁南班防盗于东平。

夏四月壬子,辽阳路吾者野人及水达达并叛。癸丑,颁行《至正条格》。甲寅,中书参知政事吕思诚为中书左丞。乙卯,有事于太庙。丁卯,车驾幸上都。万户买住等讨吾者叛贼,死之,诏恤其家。

五月壬午,广西象州盗起。丁亥,盗窃太庙神主。火儿忽答以兵讨吾者叛贼。丁酉,立河南山东行都水监。

六月己酉,汀州贼罗天麟等陷长汀县,元帅府经历真保、万户廉和尚等以兵讨之。丁巳,亦秋七月,己卯,有事于太庙。丙戌,太保伯撒里为辽阳行省左丞相。丁亥,散毛洞叛酋覃全在降,授散毛誓崖等处军民安抚使。丙申,朵儿只班为中书右丞,答儿麻为中书参知政事。

八月丙午,江浙行省左丞忽都不花、江西行省右丞秃鲁讨汀州贼,平之。戊申,祭社稷。是月,车驾至自上都。

九月戊子,邵武府地震。

冬十月,靖州徭贼寇武冈,湖南宣慰元帅完者帖木儿等以兵讨之。

闰月癸酉,罗天麟伏诛。乙亥,赦天下,免差税有差。靖州徭贼陷黔阳县。

十二月丁丑,改谥明宗生母仁献章圣皇后曰庄献嗣圣皇后。己卯,立山东东西道宣慰司都元帅府。甲午,置海剌秃屯田。复立八百等处宣慰司。辛丑,吉剌班为太尉。壬寅,山东、河南盗起,左右阿速卫指挥使不儿图等以兵讨之。是月,右丞相阿鲁图罢。

七年春正月甲辰朔，日有食之。己酉，有事于太庙。壬子，中书左丞相别儿怯不花为右丞相，寻罢。丁巳，复立东路都蒙古军元帅府。庚申，云南老了蛮降，立老了耿冻路军民总管府。

二月己卯，山东地震。庚辰，中书参知政事锁南班为中书右丞，道童为中书参知政事。丙戌，宦者伯颜帖木儿为大司徒。是月，阿吉剌知枢密院事，整治军务。

三月戊午，敕中书省编《六条政类》。乙丑，云南王孛罗来献死可伐之捷。

夏四月己卯，有事于太庙。辛巳，达本、贺方使占城国。通政院使朵郎吉儿为辽阳行省参知政事。己丑，翰林学士承旨定住为中书右丞。庚寅，别儿怯不花复为中书右丞相，中书平章政事铁木儿塔识为左丞相。是月，车驾幸上都。河东大旱，民多饿死。

五月乙丑，右丞相别儿怯不花罢。

六月，太师马札儿台免官，安置西宁州。御史大夫太平复为中书平章政事，福寿为中书参知政事。彰德路大饥，民相食。

秋七月丁巳，江南行台御史大夫纳麟为御史大夫。是月，吴天保陷溆浦、辰溪等县。徙马札儿台于甘肃。脱欢为中书右丞，孔思立为中书参知政事。

九月戊申，车驾至自上都。甲寅，诏举才学之士以备侍从。丁巳，中书左丞相铁木儿塔识卒。辛酉，御史大夫朵儿只为中书左丞相。甲子，集庆路盗起，镇南王孛罗不花以兵讨之。丁卯，吴天保寇宝庆，湖广行省右丞相沙班军败死之。

冬十月辛未，有事于太庙。丙戌，亦怜只答儿叛。戊戌，西番叛，陷哈剌火州。忽都不花为中书平章政事。

十一月庚戌，湖广行省平章政事苟尔，以兵讨徭贼吴天保。以河决，遣工部尚书迷儿马哈谟行视金堤。甲寅，吴天保陷靖州。丁巳，中书平章政事太平为中书左丞相。己未，中书参知政事韩嘉讷为中书平章政事。

十二月丙子，以连年水旱，选台阁名臣二十六人为知州县令，仍许民间利害实封上闻。中书平章政事韩嘉讷为御史大夫。

是年置中书议事平章四人。晋衍圣公秩三品。

八年春正月戊戌，也先帖木儿知枢密院事。丁未，有事于太庙。己未，河决。是月，湖广行省右丞秃赤等讨平莫磐洞诸蛮，获其酋杨鹿五。

二月癸酉，御史大夫纳麟加太尉，致仕。乙亥，罢海剌秃屯田。是月，立行都水监于郓城。

三月丁酉，辽东贼锁火奴作乱，妄称金后，水达达路脱脱禾孙火鲁火赤讨斩之。壬寅，以福建盗起，立分元帅府于汀、漳二州。癸卯，廷试进士七十有八人，赐阿鲁辉帖木儿、王宗哲等及第、出身有差。壬戌，徽州路达鲁花赤哈剌不花有政绩，赐金帛旌之。

夏四月乙亥，帝幸国子学。晋衍圣公秩二品。丁丑，有事于太庙。辽阳贼董哈剌作乱，镇抚使钦察讨斩之。己卯，海宁州盗起，翰林学士秃坚不花以兵讨之。是月，车驾幸上都。脱脱为太傅。

五月庚子，广西山崩、水涌。

六月丙戌，立司天台于上都。

秋七月丙申朔，日有食之。乙巳，有事于太庙。旌大都节妇巩氏门。乙卯，遣使祭曲阜孔子庙。丙辰，阿剌不花为大司徒。

八月，车驾至自上都。

冬十月丁亥，广西叛蛮寇道州。

十一月，台州人方国珍作乱，江浙行省参知政事朵儿只班以兵讨之。太不花为中书平章政事，忽都不花为中书右丞。

九年春正月丁酉，有事于太庙。

二月戊寅，祭社稷。

三月己巳，大司农达识帖睦迩为湖广行省平章政事。吴天保复陷沅州。

夏四月丁丑，有事于太庙。知枢密院事钦察台为中书平章政事。己卯，燕南道廉访使韩元善为中书左丞。是月，车驾幸上都。

五月戊戌，命太傅脱脱提调大斡耳朵。庚子，筑黄河金堤。是月，河东注沛县，遂成巨浸。

秋七月庚寅，监察御史斡勒海寿劾侍御史哈麻及其弟雪雪交结脱忽思皇后近侍。御史大夫韩嘉讷以闻，章三上。免哈麻、雪雪官，出海寿为陕西廉访副使，韩嘉讷罢为宣政院使。甲午，也先帖木儿为御史大夫。乙未，湖广行省左丞相亦怜真班知枢密院事。中书右丞相朵儿只罢，依前为国王。左丞相太平罢为翰林学士承旨。

闰月辛酉，太傅脱脱复为中书右丞相。庚午，也可札鲁忽赤搠思监为中书右丞，同知枢密院事玉枢虎儿吐华为中书参知政事。戊子，命岐王阿刺乞镇西番。

八月甲辰，集贤大学士伯颜为中书平章政事。是月，车驾至自上都。

九月甲子，诏中外建言者，委官选其可行之事以闻。

冬十月辛卯，有事于太庙。丁酉，改宣文阁为端本堂，命皇子入端本堂读书。

十一月戊午朔，日有食之。

十二月丁未，吴天保陷辰州。脱忽思皇后诉斡勒海寿于帝，免海寿官，并杖流韩嘉讷于奴儿干。

十年春正月丙辰朔，中书右丞搠思监为平章政事。玉枢虎儿吐华为中书右丞。壬戌，立四川容美洞总管府。

夏四月丁酉，大赦天下。是月，车驾幸上都。

秋八月壬寅，车驾至自上都。

九月辛酉，祭三皇庙如祭孔子庙礼。

冬十月乙未，敕中书省，御史台，集贤、翰林两院，集议钞法。

十一月壬子朔，日有食之。己巳，诏天下以中统钞一贯权铜钱一千文，准至元宝钞二贯，仍铸至元通宝钱并用。

十二月辛卯，大司农秃鲁等兼领都水监，集河防官议治河。己酉，方国珍寇温州，江浙左丞孛罗帖木儿以兵讨之。

是岁，京师丽正门楼有人言祸福。鞫之，自称冀州人，俄不知所往。

新元史卷二五
本纪第二五

惠宗三

十一年春正月乙卯，有事于太庙。庚申，江浙行省左丞孛罗帖木儿以兵讨方国珍。是月，清宁殿灾。

二月，立湖南分元帅府于宝庆路。

三月庚戌，立山东分元帅府于登州。丙辰，廷试进士八十三人，赐朵列图、文允中等及第、出身有差。壬戌，征建宁处士彭斌为端本堂说书，不至。

夏四月壬午，贾鲁为工部尚书、总治河防使，发民夫十五万、兵二万，开河合于故道，凡二百八十余里。乙酉，有事于太庙。封河渎神为灵源神祐宏济王。改永顺安抚司为宣抚司。丁酉，孟州地震。辛丑，师壁安抚司蛮酋田驴什用、盘顺府蛮酋墨奴什用降。是月，罢沂州分元帅府。车驾幸上都。

五月己酉朔，日有食之。辛亥，颍州妖贼刘福通作乱，陷颍州。壬申，同知枢密院事秃赤以兵讨刘福通。

六月，刘福通陷朱皋及罗山、上蔡等县。孛罗帖木儿讨方国珍，兵败，为国珍所执。

秋七月丙辰，广西大水。命大司农卿达识帖睦迩、江浙行省参知政事樊执敬招谕方国珍。

八月丁丑朔，中兴地震。戊寅，祭社稷。丙戌，萧县妖贼芝麻李等作乱，陷徐州。是月，车驾至自上都。罗田妖贼徐寿辉等作乱。

九月壬子，御史大夫也先帖木儿知枢密院事，与卫王宽彻合兵讨河南妖贼。壬戌，废高丽王迷思监朵儿只，以前王弟伯颜帖木儿袭高丽国王。是月，刘福通陷汝宁府及光、息二州。徐寿辉陷黄州路。

冬十月己卯，有事于太庙。癸未，知枢密院事老章以兵讨河南妖贼。辛卯，中书参知政事松寿分省济宁。

十一月丁巳，河功告成，召贾鲁入朝，授集贤大学士，脱脱世袭答剌罕。是月，徐寿辉僭号天完国皇帝，建元治平。

十二月丙戌，治书侍御史乌古孙良桢为中书参知政事。辛丑，也先帖木儿复上蔡县，获贼将韩咬儿，诛之。

十二年春正月戊申，竹山贼孟海马陷襄阳路总管柴肃死之。己酉，有事于太庙。庚戌，宣政院使月鲁不花为中书平章政事。丙辰，徐寿辉遣其将丁普郎等陷汉阳。丁巳，陷兴国府。己未，徐寿辉将邹普胜陷武昌，威顺王宽彻不花、湖广行省平章政事和尚弃城走。刑部尚书阿鲁以兵讨山东妖贼。乙丑，徐寿辉将鲁法兴陷安陆府，知府丑驴及其妻侯氏死之。丙寅，以河平，大赦天下。辛未，徐寿辉陷沔阳府。推官俞述祖死之。壬申，陷中兴路，山南道廉访使卜礼牙敦败绩，死之。是月，逯鲁曾为淮东添设元帅，讨徐州贼。四川行省平章政事月鲁帖木儿为总兵官，与右丞长吉讨兴元、金州贼。知枢密院事月赤察儿率兵马指挥使宝童讨徐州贼。

二月己亥朔，定远人郭子兴作乱，陷濠州。丁丑，集贤大学士贾鲁为中书添设左丞。江北河南道廉访使哈蓝朵儿只为荆湖北道宣慰使都元帅，守襄阳。癸未，命诸王秃坚镇扬州，宁王牙安沙镇四川。乙酉，徐寿辉陷江州，总管李黼死之，遂陷南康路。丙戌徐寿辉陷岳州，遂分兵陷归州。戊子，赦徐州贼。立安东、安丰分元帅府。辛丑，邓州贼王权陷澧州，指挥使俺都剌哈蛮等复之。褒赠死事者宣徽使帖木儿等二十七人。壬寅，御史大夫纳麟为江南行台御史大夫，仍兼太尉。命诸王孛兰奚与翰林学士承旨八剌守大名。是月，徐寿辉将欧普祥陷袁州。中书参知政事帖里帖木儿分省济宁。

三月丁未，徐寿辉将陶九陷瑞州。壬子，河南行省平章政事太不花复南阳府。癸丑，行纳粟补官法。辛酉，诸王阿儿麻以兵讨商州等处贼。巩卜班知行枢密院事。甲子，徐寿辉将项普略陷饶州，遂陷徽州、信州，饶州知州魏中立、信州总管于大本俱死之。丁卯，江南行台御史大夫帖木哥为甘肃行省平章政事。戊辰，诏依世祖旧制，用南人为中书省、枢密院、御史台官。江浙行省左丞相亦怜真班为江西行省左丞相，以兵讨饶、信诸州贼。庚午，台州路达鲁花赤泰不花与方国珍战于黄岩之州港，死之。陇西地震百余日，改定西为安定州，会州为会宁州。是月，徐寿辉寇南昌，平章政事道童等败之。

闰三月甲戌朔，钟离人朱元璋从郭子兴于濠州。壬午，大理宣慰使答失八都鲁为四川行省添设参知政事，与平章政事咬住讨山南湖广贼。乙酉，徐寿辉将陈普文陷吉安路，吉安人罗明远起兵复之。立淮南江北行中书省，治扬州。壬辰，大都留守兀忽失为江浙行省添设右丞，以兵讨饶、信贼。丁酉，湘广行省参知政事铁杰复岳州。戊戌，翰林学士承旨晃火儿不花、湖广行省平章政事失列门并为淮南江北行省平章政事，淮东元帅蛮子为右丞，燕南道廉访使秦从德为左丞，陕西行台侍御史答失秃、山北道廉访使赵琏为参知政事。庚子，枢密副使悟良哈台为中书添设参知政事。是月，四川行省平章政事咬住复忠、万、夔、云阳等州。方国珍不肯降，江浙行省左丞左答纳失里以兵讨之。也先帖木儿军溃于沙河，以中书平章政事蛮子代之。召也先帖木儿还，仍为御史大夫。陕西行台御史大夫朵尔直班、监察御史蒙古鲁海牙、范文等劾其丧师辱国，不报。左迁朵尔直班为湖广行省平章政事，蒙古鲁海牙等为各路添设佐贰官。

夏四月癸卯朔，日有食之。临川贼邓忠陷建昌路。己酉，有事于太庙。甲寅，御史大夫搠思监为中书平章政事。丙辰，宜黄贼涂佑、建宁贼应必达陷邵武路，总管吴按摊不花讨斩之。建宁贼复陷福宁州，知州王伯颜死之。辛酉翰林学士承旨浑都海牙为中书平章政事，四川行省参知政事桑哥失理复渠州。辛未，荆门州知州聂炳复荆门州。是月，车驾幸上都。四川行省平章政事咬住复归州，与峡州总管赵余禠败贼将李大业等，遂复峡州。畏兀儿亦都护月鲁帖木儿、豫王阿剌忒纳失里等以兵讨襄、邓、南阳贼。

五月壬申朔，答失八都鲁复襄阳。戊寅，台州人陈子由等率民兵夹攻方国珍，命行台御史大夫纳麟给以宣敕。己卯，咬住复中兴路。安置瀛国公子和尚赵完普于沙州，禁与人交通。癸未，建昌人戴良以民兵复建昌路。是月，答失八都鲁败贼于襄阳。

六月己丑，遥授绍庆路宣慰使杨延礼不花湖广行省左丞。丙申，周伯颜陷道州。

秋七月丁丑，有事于太庙。庚辰，项普略陷杭州路，参知政事樊执敬死之。济宁路总管董抟霄复杭州，遂复徽州。辛巳，通政院使答儿麻失理、枢密副使秃坚不花以兵讨徐州贼。己丑，周伯颜陷宝庆路。庚寅，右丞相脱脱请亲讨徐州贼，许之。辛卯，脱脱为行枢密院使。丁酉，杜秉彝为中书添设参知政事。湖南副元帅小云失海牙、总管兀颜思忠以兵复宝庆路。是月，徐寿辉将王善陷福安、福宁等县。

八月癸卯，方国珍寇台州，浙东元帅也忒迷失、福建元帅黑的儿败之。甲辰，同知枢密院事哈麻为中书添设右丞。己酉，知枢密院事咬咬、中书平章政事搠思监、也可札鲁忽赤福寿并从脱脱讨贼。壬子，札撒温孙为河南行省右丞，偰哲笃为淮南行省左丞。丙辰，秃思迷失为淮南行省平章政事。丁卯，诏脱脱以答剌罕、中书右丞相分省于外，节制各处军马，听便宜从事。是月，车驾至自上都。徐寿辉将俞君正复陷荆门州，知州聂炳死之。其别将党仲达复陷岳州。

九月乙亥，俞君正复陷中兴路，判官上都死之。咬住与俞君正战于楼台，败绩。丁丑，中兴人范中率民兵复中兴路。乙酉，脱脱至徐州。丁亥，命知行枢密院事阿剌吉从脱脱讨贼。辛卯，脱脱复徐州，李二伏诛，其党彭大、赵君用奔濠州。庚子，脱脱加太师，振旅还京师。

冬十月丁未，有事于太庙。甲寅，知枢密院事阿乞剌为太尉、淮南行省平章政事。乙丑，霍山崩。

十一月辛未，江浙行省平章政事庆童以兵讨常州贼。癸未，江浙行省右丞帖里帖木儿以兵讨方国珍。

十二月辛亥，诏以杭、湖、常、信、广德诸路皆克复，赦诖误者，蠲其夏税、秋粮，命有司抚恤之。辛酉，卜颜不花、阿儿灰复潭、岳等州。

是年，海运不通。立都水庸田司于汴梁路。

十三年春正月庚午朔，中书添设左丞哈麻为中书右丞，中书添设参知政事悟良哈台为添设右丞，乌古孙良桢为中书左丞。壬申，陕西行省平章政事卜答失里为总兵官。癸酉，有事于太庙。乙亥，中书右丞秃秃以兵讨商州贼。丙子，方国珍降。庚辰，杜秉彝为中书参知政事。庚寅，知枢密院事老章复襄阳及唐州。

二月丁未，祭先农。

三月己卯，命脱脱以太师开府。是月，命帖里木儿、左答纳失里同招谕方国珍。

夏四月庚子，甘肃行省平章政事锁南班为永昌路宣慰使，以兵讨叛蛮愚鲁罢等，仍给平章政事俸。乙巳，有事于太庙。是月，车驾幸上都。

五月辛未，江西行省左丞相亦怜真班、江浙行省右丞老老，元帅韩邦彦、哈迷同复饶州，蕲黄贼皆奔溃。癸酉，太尉阿剌吉为岭北行省左丞相。封知行枢密院使伯家奴为武国公，同诸王孛罗帖木儿讨贼。壬午，中书右丞贾鲁卒于军中。乙未，泰州人张士诚作乱，陷泰州兴化县，遂陷高邮，知府李齐死之。士诚僭号大周国诚王，建元天祐。

六月丙申朔，置詹事院。丁酉，立皇子爱猷识理达腊为皇太子，告祀天地、宗庙。右丞相脱脱兼太子詹事。庚子，知枢密院事失剌拔都、平章政事答失八都鲁同复安陆府。甲辰，以立皇太子，大赦。己酉，高昌王月鲁帖木儿卒于军中。辛亥，诸王完者都及张士诚战于泰州，死之。诸王八秃及刘福通战于亳州，死之。

秋七月丁卯，有事于太庙。壬申，湖广行省参知政事阿鲁辉复武昌及汉阳府。壬辰，诸王只儿哈忽卒于军中。

八月癸卯，诸王阔儿吉思、帖木儿来献马。诸王只儿哈郎讨金山贼，卒于军中。是月，车驾至自上都。资政院使脱火赤复江州路。中书平章政事咬住左迁为淮西元帅。郭子兴将朱元璋陷滁州。

九月乙丑朔，日有食之。乙亥，广平王咬咬坐讨贼无功，削其王爵，降为河南行省平章政事。壬辰，南台御史大夫纳麟致仕，仍为太尉。丁酉，有事于太庙。

冬十月丁未，广西元帅甄崇福复道州，周伯颜伏诛。庚戌，授方国珍徽州路治中，国珍不受命。立水军都万户府于昆山州。是月，江浙行省平章政事卜颜帖木儿等讨徐寿辉于蕲水，大败之，寿辉遁，获其伪官四百余人。

十一月丁亥，江西行省右丞火你赤复富州、临江府，遂复瑞州。

十二月癸丑，西安王阿剌忒纳失进封豫王，封其弟答儿麻为西安王，镇崇吉儿之地。陕西行省平章政事孛罗等复均、房诸州。彭大子早住僭称鲁淮王，赵君用僭称永义王。

是岁，自六月不雨，至于八月。

十四年春正月辛未，有事于太庙。丙戌，宣政院使答儿麻监藏遥授陕西行省平章政事，整治西番。是月，答失八都鲁复峡州。

二月戊戌，祭社稷。己未，湖广行省平章政事苟儿为淮南行省平章政事，以兵讨张士诚。是月，吕思诚为湖广行省左丞。湖广行省右丞伯颜普化、江南行台御史中丞蛮子海牙等会湖广行省平章政事也先帖木儿讨沿江贼。立镇江水军万户府，江浙行省右丞佛家闾领之。

三月癸亥朔，日有食之。己巳，廷试进士六十二人，赐薛朝晤、牛继志等及第、出身有差。甲戌，诸王速哥帖木儿以兵讨宿州贼。丙子，刘福通陷颍州。是月，答失八都鲁为四川行省平章政事，兼知行枢密院事，总荆襄各路军马从宜调遣。

夏四月癸巳朔，介休县地震、水涌。是月，车驾幸上都。江西、湖广大饥。江浙行省参知政事阿儿温沙为行省右丞，浙东宣慰使恩宁普为行省参知政事，以兵讨方国珍。

五月，安丰贼围庐州，湖广行省参知政事阿儿灰为行省右丞，以兵援庐州。命荆王答儿麻失理镇河西，讨西番贼。郭子兴将朱元璋陷全椒县。

六月辛卯朔，张士诚寇扬州。丙申，达识帖睦迩败绩于扬州，诸军皆溃。诏佛家闾会达识帖睦迩复进兵。己酉，赵君用、彭早住陷盱眙县。庚戌，陷泗州。

秋七月壬申，刑部尚书阿鲁募兵于汝宁州，讨泗州贼。

八月，车驾至自上都。江西行省左丞相亦怜真班卒。

九月庚申，湖广行省左丞吕思诚为中书右丞。辛酉，知枢密院事月赤察儿为平章政事。诏脱脱以太师、中书右丞相，总制诸王、诸行省、各翼军，讨张士诚。甲子，封高丽国王脱脱不花为沈王。将作院使臧卜为中书参知政事。

冬十月甲午，有事于太庙。戊戌，答失八都鲁、太不花等会讨安丰贼。

十一月丙寅，敕中书省、枢密院、御史台，凡奏事先启皇太子。辛未，脱脱大败张士诚于高邮。乙酉，脱脱分兵复六合县。是月，答失八都鲁复郑、均、许三州。

十二月丙申，中书平章政事定住为左丞相，宣政院使哈麻、永昌宣慰使锁南班为中书平章政事。御史大夫也先帖木儿罢，宣徽使汪家奴为御史大夫。丁酉，削太师、右丞相脱脱官爵，安置淮安路，其弟也先帖木儿安置宁夏路。河南行省平章政事太不花为行省左丞相，中书平章政事月阔察儿加太尉，集贤大学士雪雪知枢密院事，同领诸路征进军马。戊戌，中政院使桑哥失里为中书添设右丞。

庚子，冀国公秃鲁加太尉。己酉，绍兴路地震。是月，命威顺王宽彻不花仍镇湖广。甘肃行省右丞嵬的以兵讨西番贼。徭贼寇衡州，万户许脱因死之。京师大饥，有父子相食者。

十五年春正月戊午，宣微使黑厮为中书平章政事，河南行省左丞许有壬为集贤大学士，辽阳行省左丞奇伯颜不花为行省平章政事。癸亥，有事于太庙。甲子，诸王秃坚帖木儿卒于军中。丁丑，徐寿辉将倪文俊复陷沔阳府。威顺王宽彻不花子报恩奴及倪文俊战于汉川，死之，宽彻不花奔陕西。是月，安置脱脱于亦集乃路。郭子兴陷和州。

闰月壬寅，调右卫军人屯田京畿，以本管万户督其勤惰。

二月己未，刘福通立韩林儿为皇帝，僭号宋，又称小明王，建元龙凤。戊辰，太傅、御史大夫汪家奴为中书右丞相，平章政事定住为左丞相。庚午河南行省平章政事咬咬为辽阳行省左丞相。壬申，立淮东等处宣慰使司都元帅府。丙子，达识帖睦迩为中书平章政事。是月，以刑部尚书董铨等与江西行省平章政事火你赤专任征讨，先降曲赦，谕以祸福，如执迷不悛，克日进兵。

三月癸巳，徐寿辉陷襄阳路。甲午，汪家奴摄太尉，持节授皇太子玉册，锡冕服九旒，谒太庙。辛丑，改窜脱脱于云南镇西路，籍其家。是月，中书右丞相汪家奴罢。

夏四月乙丑，中书右丞臧卜、左丞乌古孙良桢分省彰德路。癸酉，中书左丞相定住为右丞相，平章政事哈麻为左丞相，太子詹事桑哥失里为中书平章政事，雪雪为御史大夫。丁丑，知枢密院事众家奴加太傅。是月，车驾幸上都。遣翰林待制乌马儿、集贤待制孙㧑招谕张士诚，为士诚所杀。宁国路山崩。

五月壬辰，答失八都鲁复襄阳路。削河南行省左丞相太不花官爵，仍命从答失八都鲁征进。壬寅，蛮子海牙与朱元璋战于峪溪口，败绩。庚戌，倪文俊陷中兴路，都元帅朵儿只班死之。是月，命淮南行省平章政事咬住、淮东道廉访使王也先迭儿招谕张士诚。

六月癸酉，四川行省平章政事答失八都鲁为河南行省平章政事。乙亥，诸王倒吾卒于军中。己卯，陕西行省平章政事秃秃加号答剌罕。丁亥，遣将作院判官乌马儿等招谕朱元璋，章佩监丞普颜帖木儿等招谕倪文俊。是月，朱元璋陷太平路，总管靳义死之，其别将徐达陷溧水州。国王朵儿只卒于军中。

秋七月辛卯，有事于太庙。壬辰，朱元璋攻集庆路。壬寅，倪文俊复陷武昌、汉阳等路。

八月戊辰，中书平章政事达识帖睦迩为江浙行省左丞相，便宜行事。甲戌，大宗正府札鲁忽赤迭里迷失为甘肃行省平章政事。云南蛮死可伐降，置平缅军民宣抚司。四种蛮酋向思胜降，改安定州为军民安抚司。是月，车驾至自上都。淮南行省左丞相太平统诸军讨淮南贼。蕲黄贼陷宣州，致仕礼部尚书汪泽民死之。

九月癸未，知岭北行枢密院事纽的该为中书平章政事。戊戌，朱元璋将郭天叙等攻集庆路，败死。己亥，倪文俊围岳州。是月，移脱脱于阿轻乞之地。

冬十月丁巳，立淮南行枢密院于扬州。甲子，命中书左丞斡栾、前中书右丞吕思诚议亲祀郊庙典礼。中书右丞拜住为平章政事。丙子，以郊祀，命皇太子告祀太庙。己卯，翰林学士承旨庆童为淮南行省平章政事。

十一月壬辰，有事于南郊，皇太子为亚献，摄太尉右丞相定住为终献。甲午，太不花为湖广行省左丞相，讨湖广贼，还所夺河南行省左丞相宣命。戊申，右丞相定住以太保致仕。庚戌，徐寿辉陷饶州路。辛亥，高丽王伯颜帖木儿赐号亲仁辅义宣忠奉国彰惠靖远功臣。河南贼陷怀庆路。是月，答失八都鲁败刘福通于夹河。

十二月丁巳，中书参知政事月伦失不花、陈敬伯分省彰德。己未，哈麻矫诏杀脱脱于阿轻乞之地。乙亥，下罪己诏，大赦。是月，答失八都鲁败刘福通于太康，遂围亳州。韩林儿奔安丰。立兴元路宣慰使司都元帅府于兴元路。中书平章政事拜住分省济宁。

十六年春正月壬午，改福建宣慰使司都元帅府为福建行中书省。戊子，有事于太庙。乙巳，辽阳行省左丞相咬咬为太子詹事，翰林学士承旨朵列帖木儿同知詹事院事。戊申，云南蛮酋阿芦来献方物。庚戌，左丞相哈麻有罪免。辛亥，御史大夫雪雪有罪免。复以定住为右丞相，搠思监为御史大夫。是月，倪文俊迎徐寿辉，建伪都于汉阳。

二月壬子朔，张士诚陷平江路。甲寅，右丞相定住仍兼太保，总裁中书一切机务。丙辰，安置哈麻于惠州，雪雪于肇州，寻皆杖杀之。甲戌，封蛮蛮为靖安王。丙子，蛮子海牙及朱元璋战于采石，败绩。己卯，遣集贤直学士杨俊民致祭曲阜孔庙。是月，张士诚据平江，遂陷松江、常州诸路。

三月壬午，徐寿辉寇襄阳。庚寅，朱元璋陷集庆路。行台御史大夫福寿、行省平章政事阿鲁灰、参知政事百家奴、治书侍御史贺方、达鲁花赤达尼达思俱死之。丙申，倪文俊陷常德路。丁酉，朱元璋将徐达等陷镇江路，平章政事定定、守将段武俱死之。立行枢密院于杭州，行省左丞相达识帖睦迩兼知行枢密院事，节制诸军，许以便宜从事。戊申，方国珍复降，授海道运粮万户。

夏四月辛亥，搠思监为中书左丞相。壬子，张士诚陷湖州。癸丑，朱元璋陷金坛县。丙辰，资政院使普化为御史大夫。庚申，河南行省左丞卜兰奚为湖广行省平章政事。丁卯，陕西行台御史大夫朵朵为陕西行省左丞相。大司农咬咬为辽阳行省左丞相。知枢密院事实理门分院济宁。是月，车驾幸上都。

五月丙申，倪文俊陷澧州路。

六月乙卯，朱元璋将邓愈等陷广德路。

秋七月己卯朔，朱元璋称吴国公，总江南行中书省事。遣中书省断事官撒迪罕谕高丽国王发兵讨贼。是月，张士诚遣其弟士德陷杭州，行省平章政事左答纳失里死之。未几，苗军元帅杨完者、万户普贤奴与士德战，大败之，遂复杭州。

八月丙辰，奉元路判官王渊以义兵复商州。庚午，倪文俊陷衡州路，都元帅甄崇福死之。甲戌，彗星见于张。是月，车驾至自上都。河决山东，大水。

九月庚戌，汝颍贼李武等陷潼关，参知政事述律杰死之。壬午，豫王阿刺忒纳失里、同知枢密院事定住以兵复潼关。丙申，潼关再陷，阿刺忒纳失里又克之。戊戌，贼陷陕州及虢州。太尉纳麟复为江南行台御史大夫，迁行台于绍兴路。是月，兵部尚书察罕帖木儿复陕、虢二州

冬十月丁未朔，有星堕于大名路，化为石如狗头。是月，中书右丞吕思诚罢为大司农卿。乙丑，赵君用陷淮安路，廉访使褚不花死之，镇南王孛罗不花被执，不屈，与其妻俱赴水死。是月，太尉也先帖木儿罢。

十一月，置分枢密院于沂州。刘福通略山东、河北，京师大震。

十二月庚申，达识帖睦迩大破刘福通于太康。倪文俊陷岳州路，威顺王子歹帖木儿死之。湖广行省参知政事也先帖木儿、左江义兵万户王祖胜，合兵复衡州。

十七年春正月丙子朔，日有食之。伯颜秃古思为大司徒。

二月癸丑，以河南诸军屡捷，赦天下。戊辰，知枢密院事脱欢复邳州。壬申，亳州贼毛贵陷胶州，知枢密院事脱欢死之。甲戌，倪文俊陷陕州。是月，李武、崔德陷商州。察罕帖木儿与李思齐援陕西，以察罕帖木儿为陕西行省左丞，李思齐为四川行省左丞。

三月乙亥，义兵万户赛甫丁、阿迷里丁据泉州叛。庚辰，毛贵陷莱州，山东宣慰副使释加纳死之。甲午，毛贵陷益都路，前海南海北道宣慰使王英死之。丁酉，毛贵陷滨州。戊戌，中书平章政事帖里帖木儿为御史大夫，悟良哈台、斡栾并为中书平章政事。是月，诏河南行省左丞相答失八都鲁至京师，加开府仪同三司、太尉，改四川行省右丞相。

夏四月乙卯，毛贵陷莒州。辛酉，咬咬为甘肃行省左丞相。丁卯，朱元璋将徐达陷宁国路，百户张文贵死之。是月，车驾幸上都。

封江西行省平章政事火你赤为营国公。

五月戊寅，平章政事赤老温、帖木儿复武安州等三十余城。壬午，池州路总管陶起祖叛降于朱元璋。丙申，搠思监为右丞相，太平为左丞相，诏天下。免今岁粮税之半。

六月甲辰朔，实理门为中书右丞，分省济宁。己未，帖里帖木儿、老的沙并为御史大夫。庚申，朱元璋将赵继祖陷江阴州。是月，刘福通分其兵为三道：关先生、破头潘、冯长舅、沙刘二、王士诚寇山西，白不信、大刀敖、李喜喜寇陕西，毛贵寇山东，声势大振。

秋七月庚辰，朱元璋将胡大海陷徽州路，建德路万户吴讷死之。戊子，李稷为御史中丞。丙申，胡大海陷休宁县，行省参知政事杨完者败绩。己丑，黄河义兵万户田丰叛，陷济宁路，义兵万户孟本周败之，遂复济宁。甲午，御史中丞完者帖木儿为中书右丞，河南道廉访使俺普为中书参知政事。是月，立四方献言详定使司。归德府知府林茂、万户时公权叛，降于刘福通。

八月癸丑，刘福通陷大名路，遂陷卫辉路。乙丑，陕西行台御史中丞伯嘉讷为陕西行省平章政事，淮南行省参知政事余阙为淮南行省左丞，参知政事杨完者为右丞，方国珍为江浙行省参知政事。是月，车驾至自上都。知枢密院事纽的该以兵讨山东贼。朱元璋将缪大亨陷扬州路。张士诚降，以士诚为太尉，其弟士德为淮南行省平章政事。

九月癸酉，婺源州元帅汪同、祁门元帅马国奕，俱叛降于胡大海。甲戌，江浙行省平章政事夏章亦叛降。丙子，老的沙为中书平章政事。戊戌，太不花复大名路。辛丑，诏中书右丞也先不花、御史中丞成遵宣抚彰德、大名等路。是月，纽的该加太尉，统诸军守东昌。徐寿辉将陈友谅杀倪文俊。

闰月丙午，右丞相搠思监、左丞相太平，并加开府仪同三司。乙丑，关先生、破头潘等陷潞州。丙寅，进寇冀宁，察罕帖木儿败之。

冬十月辛未朔，朱元璋将常遇春陷池州。戊寅，设分詹事院。是月，白不信、李喜喜等陷兴元，遂寇凤翔，察罕帖木儿、李思齐屡败之，贼入四川。知枢密院事答里麻失里与贼战于曹州，败绩，答里麻失里死之。静江路山崩、地陷。

十一月壬寅，察罕帖木儿败贼于壶关。戊午，河南行省平章政事答兰为中书平章政事，御史中丞李献为中书左丞，陕西行台中丞卜颜帖木儿、枢密副使哈剌那海、司农少卿崔敬、侍御史陈敬伯皆为参知政事。己巳，参知政事八都麻失里为中书右丞。

十二月丁酉，象山县山崩。庚子，四川行省右丞相答失八都鲁卒于军中。

是岁，倪文俊将明玉珍入四川。义兵万户余宝杀知枢密院事宝童，叛降于毛贵。河南大饥。

十八年春正月丙午，陈友谅陷安庆，淮南行省右丞余阙及万户李宗可死之。乙卯，朱元璋将邓愈陷婺源州。甲子，不兰奚知枢密院事。丙寅，田丰陷东平路。丁卯，不兰奚及毛贵战于好石桥，败绩。是月，孛罗帖木儿为河南行省平章政事，统其父答失八都鲁原管军马。

二月己巳朔，中书右丞塔失帖木儿、左丞乌古孙良桢提调西山民寨，分守要害。毛贵陷沧州。癸酉，毛贵陷济南路，达鲁花赤爱的死之。河南行省右丞董抟霄与毛贵兵战于南皮之魏家庄，死之。辛巳，太不花为中书右丞相，讨山东贼。壬午，田丰复陷济宁路。甲申，陷辉州。丙戌，纽的该弃东昌走，复拜中书添设左丞相。丁亥，察罕帖木儿复泾州、平凉。戊子，田丰陷东昌路。辛卯，安童为中书参知政事。

三月己亥朔，右丞相搠思监加太保。庚子，毛贵陷般阳路。癸卯，王士诚陷晋宁路，总管杜赛因不花死之。甲辰，察罕帖木儿复晋宁路。己酉，孛罗帖木儿复濮州。庚戌，毛贵陷蓟州。征四方兵入卫京师。乙卯，毛贵寇漷州，枢密副使达国珍败绩于枣林，死之。同知枢密院事刘哈剌不花败毛贵于柳林，贵走济南。丙辰，朱元璋将邓愈陷建德路，参知政事不花等弃城走。丁巳，田丰陷益都路。

夏四月庚午，淮南行省右丞杨完者败绩于徽州。辛巳，杨完者攻建德路，复败。壬午，田丰陷广平路，诏元帅方脱脱复广平。癸未，颁军民事宜十一条。甲申，陈友谅陷龙兴路，遣其将康泰寇邵武路。庚寅，翰林学士承旨蛮子为岭北行省平章政事。甲午，陈友谅将王奉国陷瑞州路。是月，车驾幸上都。李思齐、张良弼杀同知宣慰司事拜帖木儿。

五月戊戌朔，察罕帖木儿复冀宁路。方国珍为江浙行省左丞，兼海道运粮万户。李思齐杀同佥枢密院事郭择善。庚子，察罕帖木儿为山西行省右丞，兼行台侍御史、同知河南行枢密院事。壬寅，刘福通陷汴梁，迎伪主韩林儿都之。甲辰，太尉阿吉剌为甘肃行省左丞相。乙巳，察罕帖木儿部将关保败贼于高平。庚戌，陈友谅陷吉安路。乙卯，削太不花官爵，安置益州。知行枢密院事悟良哈台节制河北诸军，河南行省平章政事周全节制河南诸军。辛酉，陈友谅陷抚州路。

六月戊辰朔，日有食之。刘哈剌不花执太不花送京师，中道杀之。察罕帖木儿为陕西行省平章政事。庚辰，关先生、破头潘陷辽州，遂陷晋宁路及汾州，晋宁人乔彝、王佐，汾州人国子助教张岩起，俱不屈死。是月，江南行台御史大夫拜住哥杀绍兴路达鲁花赤迈里古思。

秋七月丁酉朔，周全以怀庆路叛降于刘福通。丁未，不兰奚复般阳路，未几复陷。丙寅，完不花、脱脱木儿为中书平章政事。是月，京师大水。

八月乙丑，江浙同签枢密院事员成叛降于朱元璋。庚辰，陈友谅陷建昌路。辛巳，王士信以胜州叛降于毛贵。庚寅，老的沙为御史大夫。

九月丁酉朔，关先生等陷完州。壬寅，命中书参知政事普颜不花、治书侍御史李国凤经略江南。福建行省平章政事庆童为江南行台御史大夫。丙午，关先生等陷平定州。乙丑，陈友谅陷赣州，江南行省参知政事全普庵撒里及总管哈海赤死之。

冬十月辛未，胡大海陷兰溪州，执廉访使赵秉中。壬午，右丞相搠思监为御史燕赤不花所劾，诏收其印绶。乙酉，御史答里麻失里等复劾之，不报。壬辰，关先生等陷大同路。

十一月乙未，普化帖木儿为福建行省平章政事。癸卯，陈友谅陷汀州路。丁未，田丰陷顺德路。

十二月乙丑朔，日有食之。癸酉，关先生等陷上都，焚宫阙。壬午，朱元璋攻婺州，行省参知政事石抹宜孙以兵来援，败绩。甲申，同佥枢密院事宁安、安庆都事李相以婺州叛降于朱元璋，浙东廉访使杨惠、达鲁花赤僧住死之。

新元史卷二六
本纪第二六

惠宗四　昭宗

十九年春正月甲午朔，陈友谅遣其将王奉国寇信州路，江东廉访副使伯颜不花的斤败之。乙巳，朵儿只班为中书平章政事。丙午，关先生、破头潘等陷辽阳，懿州路总管吕震、广宁路总管郭嘉死之。

二月甲申，叛将梁炳寇辰州，达鲁花赤和尚败之，以和尚为湖广行省参知政事。是月，诏孛罗帖木儿移兵镇大同。详定使王时为中书参知政事。明玉珍分兵陷嘉定，行省左丞相完者都、平章政事朗革歹、参知政事赵资死之。

三月癸巳朔，陈友谅陷襄阳。辛丑，兵马司指挥周哈剌歹等谋反，事觉伏诛。

夏四月癸亥朔，知枢密院事佛家奴复金、复诸州。甲子，天寿节，诏曰："方今宜敬天地，法祖宗，以自修省。朕初度之日，群臣勿贺。"皇太子及左丞相太平等固请，不听。

五月壬辰朔，日有食之。陕西行台御史大夫完者帖木儿为陕西行省左丞相，便宜行事。是月，山东、河南、河东、陕西等路飞蝗蔽天，民大饥。

六月辛巳，宣徽使燕古思为御史大夫。是月，陈友谅陷信州，伯颜不花的斤死之。

秋七月壬辰朔，右丞相搠思监出为辽阳行省左丞相。乙巳，朱元璋将常遇春寇衢州，廉访使宋伯颜不花固守拒之。戊申，国王曩家歹、中书平章政事也先不花，知枢密院事佛家奴、黑驴等，会讨辽阳贼。

八月辛酉朔，倪文俊余党陷归州。戊寅，察罕帖木儿复汴梁路，刘福通挟其伪主韩林儿奔安丰。己卯，察罕帖木儿为河南行省平章政事，兼同知河南行枢密院事、陕西行台御史中丞，依前便宜行事。

九月癸巳，中书平章政事帖里帖木儿出为陕西行省左丞相。丁未，常遇春陷衢州，总管汤浩死之，执廉访使宋伯颜不花。是月，兵部尚书伯颜帖木儿等征海运于张士诚。

冬十月庚申，方国珍为江浙行省平章政事，时国珍已降于朱元璋，遂拒命。

十一月壬寅，朱元璋将胡大海陷处州。

十二月丁卯，关先生等入高丽，陷义州。戊辰，朱元璋将常遇春攻杭州。

是月，杀中书左丞成遵、参知政事赵中、参议萧庸。

二十年春正月癸卯，关先生等陷大宁路。壬子，危素为中书参知政事。

二月戊午朔，左丞相太平罢为太保，留守上都。庚申，福建行省参知政事袁天禄以福宁州叛，降于朱元璋。是月，御史大夫老的沙为中书平章政事。阳翟王阿鲁辉反，屯于木儿古彻兀之地。

三月戊子朔，彗星见。田丰陷保定路。甲午，廷试进士三十五人，赐买住、魏元礼等及第、出身有差。己巳，贼陷冀宁路。壬子，辽阳行省左丞相搠思监为中书右丞相。

夏四月庚申，遣大司农都事乐元臣招谕田丰，丰杀之。辛未，佥行枢密院事张居敬复兴中州。

五月丁亥朔，日有食之。乙未，陈友谅分兵陷辰州。己亥，绊住马为中书平章政事。

闰月庚午，陈友谅弑徐寿辉于采石，僭称皇帝，国号汉，改元大义。己未，甘肃行省左丞相阿吉剌为太尉。戊寅，胡大海陷信州。

六月壬子，石抹宜孙败绩于庆元县，死之。

秋七月辛酉，孛罗帖木儿败贼于台州。乙亥，孛罗帖木儿为总兵官，总领诸军，仍便宜行事。

八月乙未，贼陷永平路。庚戌，江浙行省左丞相达识帖睦迩加太尉，兼知江浙行枢密院事，便宜行事。

九月乙卯朔，遣参知政事也先不花谕孛罗帖木儿、察罕帖木儿毋越境相攻。壬戌，贼陷孟州及赵州。癸未，贼犯上都，右丞忙哥帖木儿败绩。

十月甲辰朔，张良弼为湖广行省参知政事。丙戌，迭儿必失为太尉，守大斡儿朵。

十一月甲寅朔，河清三日。

十二月辛卯，贼陷广平路。

二十一年春正月癸丑朔，大赦天下。遣中书平章政事达识帖木儿、参知政事七十谕孛罗帖木儿、察罕帖木儿各罢兵还镇。乙丑，察罕帖木儿败贼于杞县。

二月甲申，同佥枢密院事迭里帖木儿复永平府及滦州。是月，江南行台御史八撒剌不花杀广东道廉访使完者都等，据广州以叛。

三月丁酉，泗州守将薛显叛降于朱元璋。

夏四月辛巳朔，日有食之。湖广行省参知政事张良弼为陕西行省参知政事。

五月癸丑，明玉珍陷嘉定路。是月，陕西贼李武、崔德等降于李思齐。

六月丙申，察罕帖木儿率所部讨山东贼。

秋七月辛酉朔，日有食之。辛亥，察罕帖木儿复东昌，遂复冠州。

八月庚子，福建行省平章政事普化帖木儿为江南行台御史大夫。是月，察罕帖木儿败田丰于东平州，丰降。棣州贼俞宝、东平贼王士诚、东昌贼杨诚、济南贼刘珪等皆降。

九月戊午，知枢密院事老章获阿鲁辉，送于京都，伏诛。封老章为和宁王，加太傅。是月，遣兵部尚书彻彻不花等征海运于张士诚。中书平章政事定住出为陕西行省平章政事。

冬十月癸巳，察罕帖木儿为中书平章政事，兼知河南、山东等处行枢密院事。是月，关先生、破头潘、沙刘等入高丽。

十一月戊辰，河自三门碛至孟津五百余里皆清，凡七日。是月，关先生等陷高丽东都，高丽王伯颜帖木儿奔福州。

是岁，京师大饥。

二十二年春正月甲寅，诏李思齐讨四川张良弼，平襄汉。乙丑，高丽将郑世云等复东京，沙刘、关先生等俱伏诛。丁卯，太尉完者帖木儿为陕西行省左丞相。也先不花为中书右丞。

二月丁丑朔，盗杀陕西行省右丞塔不歹。乙酉，彗星见于危。

三月戊申，白气起虚危，其长竟天。戊辰，明玉珍僭称皇帝，国号大夏，改元大统。是月，孛罗帖木儿为中书平章政事，位第一，加太尉。

夏四月丙子朔，彗星见于虚危。乙未，贼陷安州。是月，辽阳行省同知高家奴获破头潘，诛之。

五月乙巳朔，赛甫丁、阿里迷丁寇福州路，行省平章政事燕只不花败之。行省参知政事陈友定复汀州路。辛未，明玉珍分兵寇兴元、巩昌等路。是月，高丽王伯颜帖木耳遣使来告捷。

六月辛巳，彗星见紫微垣。戊子，田丰、王士诚杀察罕帖木儿以叛。以察罕帖木儿养子扩廓帖木儿为中书平章政事，兼知河南、山东等处行枢密院事，一应军马，并听节制。

秋七月，河决范阳县，漂没民居。

八月，张士诚杀淮南行省左丞汪同。集贤院侍讲学士忻都使高丽，赐高丽王伯颜帖木耳龙衣、御酒。

九月癸卯朔，刘福通以兵援田丰，扩廓帖木儿大败之。甲辰，权置山北道廉访司于惠州。戊辰，也速为辽阳行省左丞相、知行枢密院事。

冬十月壬申朔，邵宗愚杀八撒剌不花。

十一月乙巳，扩廓帖木儿复益都，田丰、王士诚伏诛。庚戌，扩廓帖木儿复莒州，山东悉平。庚申，扩廓帖木儿加太尉。癸亥，明玉珍陷清州。

十二月庚子，中书平章政事佛家奴为御史大夫。是月，废高丽国王伯颜帖木儿，立塔思帖木儿为国王。遣崔帖木儿以兵送塔思帖木儿至高丽，为高丽人所败。遣尚书张昶授朱元璋江西行省平章政事，元璋不受。

二十三年春正月乙巳，贼陷大宁路。

三月辛丑，彗星见东方。中书平章政事爱不花分省冀宁，扩廓帖木儿拒之。丙午，大赦天下。丁未，廷试进士六十二人，赐宝宝、杨輗等及第、出身有差。是月，立广西行中书省，廉访使也儿吉尼为平章政事。立胶东行中书省及行枢密院，袁宏为行省参知政事。

夏五月，爪哇国遣使贡方物。

六月壬寅，授江南下第举人为府、州儒学提举。是月，李家奴使高丽，收高丽国王印。

秋七月壬戌，朱元璋与陈友谅战于鄱阳湖，友谅败死。其子理奔武昌，僭称皇帝，改元德寿。丁丑，马良为中书参知政事。

八月丁酉朔，日本人寇高丽，蓬州守将刘暹败之。

九月丁卯朔，遣爪哇使者还，赐爪哇国王三珠虎符及文币。是月，张士诚自称吴王。遣户部侍郎孛罗帖木儿征海运，士诚拒命。

冬十月己酉，削太傅太平官爵，安置吐蕃；右丞相搠思监矫诏杀之。扩廓帖木儿遣金枢密院事任亮复安陆府。

是岁，御史大夫老的沙、知枢密院事秃坚帖木儿奔于孛罗帖木儿。

二十四年春正月丙寅朔，朱元璋自称吴王。是月，崔帖木儿与高丽人战于定州,败绩。

二月癸丑,伪汉主陈理降于朱元璋。

三月辛卯,削孛罗帖木儿官爵。

夏四月甲午朔,命扩廓帖木儿讨孛罗帖木儿。乙未,孛罗帖木儿举兵反。壬寅,孛罗帖木儿遣其将与秃坚帖木儿陷居庸。癸卯,知枢密院事。也速、太子詹事不兰奚与秃坚帖木儿战于皇后店,败绩。甲辰,皇太子奔古北口。乙巳,秃坚帖木儿至清河,京师大震。丁未,诏曰:

> 自至正十一年妖贼窃发,选命将相分任乃职,视同心膂。岂期搠思监、朴不花夤缘为奸,互相蒙蔽,以致在外宣力之臣,因而解体,在内忠良之士,悉陷非辜;又奋其私仇,诬构孛罗帖木儿、老的沙等同谋不轨。朕以信任之专,失于究察。今宗王伯颜帖木儿等远来控诉,朕为恻然兴念。而搠思监、朴不花犹饰虚词,簧惑朕听。其屏搠思监于岭北,窜朴不花于甘肃,以快众愤。

也速为中书左丞相。庚戌,秃坚帖木儿入京师。孛罗帖木儿加太保,秃坚帖木儿为中书平章政事。辛亥,秃坚帖木儿军还。是月,孛罗帖木儿杀搠思监、朴不花。

五月甲子,河清。戊辰,孛罗帖木儿引兵犯京师。中书参知政事危素罢为翰林学士承旨。

六月甲寅,扩廓帖木儿遣其将白锁住入卫。

秋七月丙戌,孛罗帖木儿入居庸;皇太子军于清河,也速军于昌平,皆不战而溃。丁亥,皇太子奔冀宁。戊子,孛罗帖木儿营于健德门外,与秃坚帖木儿、老的沙入觐于宣文阁。丁丑,朱元璋将徐达陷庐州,戊寅,遣别将常遇春徇江西。庚寅,孛罗帖木儿为中书左丞相,老的沙为中书平章政事,秃坚帖木儿为御史大夫,也速知枢密院事。

八月壬辰朔,日有食之。壬寅,孛罗帖木儿为中书右丞相,节制天下兵马。是月,张士诚杀江南行台御史大夫普化帖木儿,江浙行省左丞相达识帖木儿自杀。

九月甲申，徐达陷中兴路。

冬十月己未，召皇太子还京师。复高丽国王伯颜帖木耳官爵，槛送崔帖木儿于高丽。

十一月，高丽人杀崔帖木儿。

十二月庚寅，徐达陷辰州，遣别将陷衡州。

二十五年春正月癸亥，封李思齐为许国公。己巳，常遇春陷宝庆路。

二月己丑朔，福建行省平章政事陈友定攻处州，不克。

三月丙寅，孛罗帖木儿幽皇后奇氏于诸色总管府。丁卯，中书平章政事老的沙为右御史大夫，别帖木儿为左御史大夫。吏部侍郎王朵列秃使高丽，册高丽国王伯颜帖木耳为太尉，赐龙衣、御酒。

夏四月己丑朔，朱元璋将胡深陷建宁松溪县。乙卯，扩廓帖木儿将关保克大同。

五月，京师天雨氂。乙亥，常遇春陷安陆府，己卯，陷襄阳。

六月戊子，黎安道为中书参知政事。辛丑，湖广行省左丞周文贵复襄阳路。乙巳，皇后奇氏还宫。乙卯，太尉火你赤为御史大夫。是月，陈友定败胡深于建宁，获之。

秋七月乙酉，孛罗帖木儿伏诛。丙戌，函孛罗帖木儿首至冀宁，召皇太子还，大赦天下。黎安道、方脱脱等伏诛。

八月癸卯，诏皇太子承制用人，并准正授。丁未，皇后宏吉刺氏崩。壬子，洪宝宝、帖古思不花、捏烈秃并为中书平章政事。是月，中书右丞袁涣出为河南行省右丞。

九月，扩廓帖木儿扈从皇太子至京师。壬午，伯撒里为太师、中书右丞相，扩廓帖木儿为太尉、中书左丞相、录军国重事、知枢密院事，兼太子詹事。是月，方国珍为淮南行省左丞相，分省庆元。

冬十月壬寅，哈刺章知枢密院事。丁未，老的沙伏诛。秃坚帖木儿遁于八儿思之地，岭北行省左丞相山僧等以兵讨之。戊申，资政院使秃鲁为御史大夫。升中书平章政事沙蓝答儿为头平章。

闰月庚申，五十八知枢密院事。辛未，封扩廓帖木儿为河南王，代皇太子亲征，总制关陕、晋、冀、山东等处并迤南一带军马，听便宜行事。辛巳，脱脱木儿为中书右丞，达识帖睦迩为中书参知政事。

十二月乙卯，立第二皇后奇氏为皇后，改为肃良合氏。癸亥，帖林沙为中书参知政事。是月，秃坚帖木儿伏诛。

二十六年春正月己酉，崇政院使孛罗沙为御史大夫。壬子，完者知枢密院事。是月，沙蓝答儿为中书左丞相。

二月癸丑朔，立河淮水军元帅府于孟津。甲戌，免天下一切泛杂差徭。是月，明玉珍死，其子升僭立，改元开熙。

三月癸未朔，罢洛阳、嵩县等处宣慰司。甲午，蛮子、脱脱知枢密院事。扩廓帖木儿遣其将关保等攻张良弼于鹿台。乙未，廷试进士七十二人，赐赫德普化、张栋等及第、出身有差。

夏四月辛未，徐达陷安丰；平章政事竹贞来援，败绩。

五月甲辰，脱脱不花为御史大夫。

六月壬子朔，汾州介休县地震。绍兴路山阴县山裂。己未，遣知枢密院事买驴守直沽。

秋七月辛巳朔，日有食之。徐沟县地震。甲申，李思齐为太尉。

八月戊寅，李国凤为中书左丞。

九月丙戌，方国珍为江浙行省左丞相，其弟国瑛等并为行省平章政事。己亥，中书平章政事失列门为御史大夫。

冬十月甲子，扩廓帖木儿遣其弟脱因帖木儿等屯济宁。

十二月，朱元璋迎韩林儿至建康，中道杀之。

二十七年春正月癸巳朔，朱元璋始称吴元年。庚子，松江府守将王立忠叛，降于吴将徐达。

二月庚申，七十为中书平章政事，月鲁不花为御史大夫。乙丑，詹事月鲁帖木儿为御史大夫。

夏四月丙午，上海县民钱鹤皋起兵复松江府，兵败，死之。

五月乙酉，完者帖木儿为中书右丞相。辛卯，知枢密院事，失列门为岭北行省左丞相。己亥，俺普为中书平章政事。

六月丙午朔，日有食之，昼晦。丁未，有龙出皇太子寝殿井中。丁卯，沂州山崩。

秋八月丙午，命皇太子总天下兵马，扩廓帖木儿与李思齐、秃鲁、张良弼等东西并进。庚戌，扩廓帖木儿部将貊高袭陷彰德路。诏削扩廓帖木儿兵权，命貊高讨之。辛亥，封帖木儿不花为淮王。壬子，立大抚军院，以皇太子领之。癸丑，封伯撒里为永平王。甲寅，右丞相完者帖木儿、翰林学士承旨答尔麻、平章政事完者帖木儿并知大抚军院事。丙辰，同知詹事院事李国凤为同知大抚军院事，参知政事，完者帖木儿为副使。辛酉，中书右丞帖里帖木儿为太尉、添设中书左丞相。丙寅，立行枢密院于察罕脑儿，陕西行省左丞相秃鲁兼知行枢密院事。壬辰，帖里帖木儿兼知大抚军院事。中书右丞陈敬伯为中书平章政事。

九月辛巳，吴将徐达克平江路，执张士诚以归，杀之。己丑，也速以右丞相分省山东，阿蓝答里以左丞相分省大同。乙巳，立中书分省于真定路。丁未，有事于太庙。

冬十月壬子，落扩廓帖木儿太傅、中书左丞相并兼领诸职，大赦天下。甲寅，火你赤为中书平章政事。乙丑，丁好礼为中书添设平章政事。

十一月壬午，徐达陷沂州，王宣叛降。丙戌，平章政事月鲁帖木儿，知枢密院事完者帖木儿，平章政事伯颜帖木儿、帖林沙，并知大抚军院事。戊子，徐达陷峄州。壬辰，方国珍叛，降于吴。乙未，貊高为中书平章政事，中书左丞相帖里帖木儿为大抚军院使。庚子，徐达陷滕州。辛丑，徐达陷益都路，行省平章政事保保叛降，宣慰使普颜不花、总管胡浚、知院张缦皆死之。

十二月癸卯朔，日有食之。丁未，徐达陷般阳路，戊申，陷济宁路，己酉，分兵陷莱州，遂陷济南及东平路。庚申，杨诚、陈秉直为中书平章政事。丙寅，庄家为中书参知政事。庚午，吴将汤和陷福州，行宣政院使朵朵死之。

二十八年春正月壬申朔，中书平章政事伯颜帖木儿为御史大夫。乙亥，吴王朱元璋称皇帝，定有天下之号曰大明，建元洪武。壬辰，明将汤和陷建宁府。庚子，汤和陷延平府，参知政事文殊海牙等叛降，平章政事陈友定死之。

二月壬寅朔，削扩廓帖木儿爵邑，命秃鲁、李思齐等讨之。癸卯，武库灾。癸丑，明将常遇春陷东昌，平章政事申荣、王炳元死之。甲寅，明将杨璟陷宝庆府。甲子，汀州路总管陈谷珍叛降于明。丙寅，常遇春陷棣州。

三月甲戌，江西分省右丞何真籍广东户口，叛降于明。癸未，杨璟陷常宁州，丙戌，陷武冈州。庚寅，彗星见于西北。壬辰，明将廖永忠陷潮州。丙申，明将邓愈陷南阳路。己亥，徐达陷汴梁路。

夏四月辛丑朔，明兵陷英德州及连州、肇庆等路。戊申，脱因帖木儿等与徐达战于河南塔儿湾，败绩。河南行省平章政事梁王阿鲁温叛降于明。壬子，常遇春陷嵩州。丁巳，明兵陷永州，行省右丞邓祖胜死之。庚申，福昌元帅张兴钧、许州守将谢孚、陈州守将杨崇俱叛降于明。壬戌，明兵陷陕州。癸亥，明将冯宗异入潼关，李思齐、张思道等俱败遁。

五月庚午朔，明兵陷道州。是月，廖永忠陷梧州、浔州、柳州等路。

六月壬戌，杨璟陷靖江，平章政事也儿自尼死之。

秋七月戊子，象州守将阿思兰叛降于明。丁酉，彬州守将左手杨叛降于明。

闰月己亥朔，扩廓帖木儿杀貊高、关保。庚子，徐达陷卫辉路，壬寅，陷彰德路，丁未，陷广平路。壬子，明将常遇春陷德州。丁巳，罢大抚军院，杀知大抚军院事伯颜帖木儿，复扩廓帖木儿官爵。皇太子总天下兵马，裁决庶务如前诏。戊午，明兵陷清州，辛酉，进至直沽，右丞相也速等溃走。癸亥，平章政事俺普等与明兵战于河西务，败绩。甲子，常遇春陷通州，知枢密院事卜颜帖木儿败绩，死之。诏太常礼仪院使阿鲁浑等奉太庙列室神主，同皇太子北行。乙丑，诏淮王帖木儿不花监国，庆童为中书左丞相，同守京师。丙寅，帝御清宁殿，召见群臣，议幸上都。左丞相失列门、知枢密院事黑厮、参知政事郭庸及宦者赵伯颜不花固谏，不从。是夜，出建德门，率三宫后妃、皇太子幸上都，群臣扈从者左丞相失列门、平章政事兼知枢密院事哈剌章、平章政事臧家奴、右丞定住、参知政事哈海、翰林学士承旨李百家奴、观音奴等百余人。丁卯，车驾次居庸关，诏右丞相也速入援。

八月庚午，翰林学士承旨李百家奴兼知枢密院事。是日，徐达陷京师；淮王帖木儿不花，中书左丞相庆童，前中书平章政事丁好礼，参知政事郭庸，集贤学士闵本，翰林待制黄哻，太子司经郎拜住，大乐署令赵宏毅等俱死之。乙亥，中书左丞相失列门卒。辽阳行省丞相也速不花为中书左丞相，纳哈出为辽阳行省丞相。壬申，车驾至上都。乙酉，纳哈出加太尉。壬寅，行枢密院副使乃蛮台自军中入觐。甲辰，明将薛显出古北口，守将枢密院佥事张益奔行在。

九月乙丑，明兵陷保定路，遂陷真定路。戊午，鼎住为中书平章政事。丁卯，诏高丽王将兵入援。

冬十月辛丑，封扩廓帖木儿为齐王。

十一月丙午，封也速为梁王，加太保。万户韩札儿败明兵于韩店。是月，诏皇太子出屯于红罗山。

十二月丁卯，扩廓帖木儿与明将徐达战于保安州，败绩。也速攻古北口，不克。

二十九年春正月丙申朔，颁新历于高丽。庚子，诸王晃火帖木儿将兵入卫，封晃火帖木儿为威定王。甲辰，命也速率所部屯全宁州，为上都屏蔽。扩廓帖木儿为中书右丞相。高丽国遣使贡方物。

二月庚辰，也速围通州，不克。

三月庚子，明兵陷奉元路，御史桑哥失里、三原县尹朱春俱死之。丙子，明兵陷凤翔府，李思齐奔临洮。

夏四月乙丑朔，诏晃火帖木儿、也速分道趋京师。辛未，也速攻永平路不克。乙亥，明兵陷巩昌，总帅汪灵、真保等俱叛降。忽都帖木儿为上都留守。丁丑，李思齐以临洮叛降于明。己卯，明主遣使赍手书来。

五月甲午朔，日有食之。辛丑，张良臣以庆阳叛降于明。

六月丁卯，也速与明将常遇春战于全宁州，败绩。甲戌，明兵陷大兴州，执中书右丞脱火赤。乙亥，车驾幸应昌府。河南王普化、中书平章政事鼎住等留守上都。丁丑，晃火帖木儿与明兵战于新开岭，败绩，晃火帖木儿死之。己卯，常遇春陷上都，河南王普化、中书平章政事鼎住俱死之。辛亥，扩廓帖木儿部将韩札儿复原州，遂复泾州。

八月癸亥朔，诏脱列伯、孔兴攻大同以图恢复。丙寅，脱列伯、孔兴败绩于大同，脱列伯被执，孔兴为部将所杀。

九月癸巳，诏扩廓帖木儿入卫。丁酉，哈剌章加太保。戊戌，郡王阿怜吉歹统五投下部众屯会州。

冬十月丁未，明主复遣使赍手书来。

十一月庚寅，扩廓帖木儿攻兰州，不克。

十二月丁酉，帝不豫。

三十年春正月壬辰，帝疾瘳。癸巳，明将徐达、李文忠、汤和分三道来伐。三宝奴赍手诏征扩廓帖木儿入卫。

二月，李文忠陷兴和，进至察罕脑儿，平章政事竹贞败绩。

夏四月乙丑，扩廓帖木儿与徐达战于沈儿峪，败绩。丙戌，帝崩于应昌，在位三十七年，年五十有一。太尉完者、知枢密院事观音奴奉梓宫葬于起辇谷。群臣上庙号曰惠宗皇帝，国语曰乌哈图汗。明祖以帝能顺天命，退避而去，上尊谥曰顺帝。

昭宗皇帝，讳爱猷识理达腊，惠宗长子也。母曰完者都皇后。至正十三年，册立为皇太子。二十八年，从惠宗奔上都。

三十年夏四月，惠宗崩于应昌，皇太子即皇帝位。五月丁酉，李文忠败太尉蛮子、平章政事沙不丁、朵儿只、八剌等于白海子之骆驼山，进次开平，平章政事上都马等叛降于文忠。太尉买驴与明将孙兴祖战于落马河，兵败，死之。辛丑，李文忠趋应昌，未至百余里，获使者，始知惠宗已崩。甲辰，应昌陷，帝以数十骑奔和林。文忠穷追至北庆州，不及而还。既而，扩廓帖木儿至和林，帝以国事任之，改元宣光。

宣光元年，明太祖洪武四年也，辽阳行省平章刘益及王右丞以金、复、海、盖等州降于高丽。十月，高丽兵陷五老山寨，枢密副使哈剌不花为所获。

二年春正月，明大将徐达来伐，由雁门趋和林。三月，明将蓝玉败扩廓帖木儿于土拉河。夏五月，扩廓帖木儿大破明徐达兵于岭北。自是，明兵不复渡漠。

三年二月，遣伯都帖木儿、玉山不花使于高丽，以玺书赐高丽王曰："顷因兵乱，迁于北。今以扩廓帖木儿为相，几于中兴。王亦世祖之孙也，宜助朕复正天下。"是时，高丽称和林为北元。伯都帖木儿等入境，王欲杀之，群臣以为不可。于是王夜见伯都帖木儿，托言目疾，恐明人知之也，使还，附苎布以献。

四年夏四月，扩廓帖木儿遣兵攻雁门，不克。十一月，扩廓帖木儿自将攻大同，亦不克。

五年夏四月，明将蓝玉陷兴和，败国兵于白酒泉。五月，帝徙帐于金山，丞相扩廓帖木儿卒。七月，明将李文忠败国兵于大宁高州。初，明人陷应昌，获皇子买的里八剌，明太祖封为崇礼侯；至是遣归，并以手书通好。

六年春，伯颜帖木儿攻延安，为明将傅友德所败，降于明。

七年秋八月，有番僧自和林至高丽，谓高丽人曰："帝将以沈王孙为高丽国王。"高丽人执之。后知其妄，释不问。

八年夏四月，帝崩于金山。群臣上庙号曰昭宗皇帝，国语曰必里克图汗。

弟脱古思帖木儿嗣，惠宗第二子也，改元天元，在位十年，国语曰乌萨哈尔汗。自脱古思帖木儿以后世次，详《宗室世表》。

史臣曰：惠宗自以新意制宫漏，奇妙为前所未有，又晓天文灾异。至元二十二年，白气起虚危，扫太微垣，台官奏山东应大水。帝曰："不然，山东必陨一良将。"未几，察罕帖木儿果为田丰所杀。其精于推验如此。乃享国三十余年。帝淫湎于上，奸人植党于下，戕害忠良，隳其成功。迨盗贼四起，又专务姑息之政，縻以官爵，豢以土地，犹为虎傅翼，恣其抟噬。孟子有言：安其危，而利其灾，乐其所以亡者。呜呼，其帝之谓欤！然北走应昌，获保余年；视宋之徽、钦，辽之天祚，犹为厚幸焉。昭宗以下，文献无征。惟宣光八年之事，间存一二，故附载于本纪云。

新元史卷二七
表第一

宗室世表

元至顺中，修《经世大典》，奎章阁学士虞集请赐《脱卜赤颜》。翰林学士承旨塔失海牙曰：“《脱卜赤颜》不可以传外人。”事格不行。故其《帝系篇叙录》曰：“国家宗系，外廷不得而知，就简牍之可见者，谨著之。”旧史《世系表》，实本于《经世大典》，宜其疏舛也。《脱卜赤颜》，今之《秘史》。与《秘史》相出入者，又有拉施特之书。拉施特见蒙古金字族谱者也。盖《脱卜赤颜》与拉施特所见者，皆当时所禁秘，今得据之以讨论得失，亦庶几信史矣。若昭宗以下之世次，则泰西人所著《蒙古钱谱》具载之，证以《蒙古源流》，不合者盖鲜。故备著于篇，以资考订焉。太祖分封子弟填服荒远。其后乃颜、海都虽有阋墙之衅，然昭宗北走和林，不失旧物历二三百年。成吉思汗之族，雄长北边，至今日犹为中国之藩服，然后知先王封建之制，为不可易也。作《宗室世表》。

烈祖以前世表

一世	二世	三世	四世	五世	六世	七世	八世	九世	十世	十一世	十二世
孛而帖赤那	巴塔赤罕	塔马察	豁里察儿蔑儿台	阿兀站孛罗温	撒里合察兀	也客弥敦	挦锁赤	合儿出	孛儿只吉歹蔑儿干	脱罗豁勒真伯颜	都蛙锁豁儿 朵奔蔑而干生二子：别勒古纳台、不古纳台，

为塔立斤派；其妻阿兰豁阿梦与神遇，又生三子：不忽合塔吉、不合秃撒只、勃

十三世	十四世	十五世	十六世	十七世	十八世	十九世	二十世	二十一世	二十二世	二十三世	二十四世
											孛端察儿，为尼而伦派。
别勒古讷台后为别勒古讷特氏。 不古讷台											

后为不古讷特氏。 不忽合塔吉后为合塔斤氏。 不合秃撒勒只后为撒勒												

	巴阿里歹	后为巴阿邻氏。	沼兀列歹	后为沼兀列氏。
只兀特氏。	孛端察儿	孛儿只斤氏，生三子。		

把林失亦剌秃合必失	蔑年土敦 生七子，二子知名。	合赤曲鲁克	海都 生三子。	伯升豁儿多黑申	敦必乃薛禅 生九子，知名者八。	葛术虎	那吉牙歹 后为那牙勤氏。			
						葛忽剌急里怛	巴鲁剌台 后为巴鲁剌思氏。			
						合产	额儿点图巴鲁			

剌
后为
也客
巴都
剌思
氏。
脱朵延
巴鲁剌
后为
兀出
巴鲁
剌思
氏。
不答安　哈剌喇
愓　歹

								后为不答安惕氏。			
							葛赤浑	阿答儿歹后为阿答儿斤氏。			
							合不勒可汗生七	斡勤巴儿合黑后为	莎儿合秃主儿	薛扯别乞	

	台出		主儿乞氏。	子。							
	翁古儿	蒙哥秃乞颜	把儿坛把阿秃儿								
不古札八	忽察儿	捏坤太石	生四子，为乞牙特氏。								
		也速该把阿秃儿 追谥烈祖神元									

皇帝。	
答阿里台斡惕赤斤	
不里孛可	忽秃黑秃蒙列儿
	合答安把阿秃儿
拙赤可汗	忽图剌可汗

								生三子。	吉儿马兀		
									阿勒坛斡惕赤斤		
								忽兰巴阿秃儿	也客扯连	纳邻客延	
								脱朵延斡惕赤斤			

							布等哲儿				
							勤达贝				
					察剌孩领忽生四子。	想昆必勒格后为泰亦赤兀氏。	俺巴孩可汗生十子,知名者一。	合答安太石	塔儿忽台乞邻勒秃黑		
									忽邻儿		
									阿兀出		
						别速台后为别速					

特氏。	
坚都赤那	
后为赤那思氏。	
王烈克勤赤那	
斡罗讷儿	抄真斡儿帖该
后为斡罗讷儿	

台氏。

都儿鲁亦图后为晃火坛氏。

阿鲁剌后为阿鲁剌惕氏。

雪你惕

后为雪你惕氏。

合卜秃儿合忽后为合卜秃儿合忽氏。

格尼格思

后为

			纳臣把阿秃儿四子。	兀鲁兀歹后为兀鲁兀惕氏。 忙忽歹后为忙忽台氏。 失主兀		格尼格思氏。					

				歹 后为失主兀惕氏。 朵豁剌歹 后为朵豁剌歹氏。							
	札只剌歹 孛端	土古兀歹	不里不勒赤鲁	合剌合答安	札木合						

察儿虏札儿赤兀榻阿当罕兀良合真氏前夫遗腹子。

烈祖弟答阿里台官人世表

一世	二世	三世	四世	五世	六世	七世	八世	九世	十世	十一世	十二世
答阿里台斡惕亦斤	大纳耶耶	小哥									
		宁海王阔阔出至元九年五月，给诸王阔阔出青海	也里干	哈鲁罕 宁海王亦思蛮 宁海王拔都儿延祐五年，	益王买奴泰定三年正月壬子，封宣靖王。至顺	益王浑都帖木儿					

		银符二。		敕赐金印，螭纽。 宁海王阿海	二年，给印，金镀银印，龟纽。后至元二年二月，进封益王。 阿鲁						

烈祖诸子世表

一世	二世	三世	四世	五世	六世	七世	八世	九世	十世	十一世	十二世
拙赤合撒儿相传有四十子，惟五子知名。	也古旧表淄川王也苦无封王、赐印年分。	火鲁火孙									
		贝达克									
	也生哥	爱每根	势都儿	齐王八不沙							

				大德十一年封。必烈虎							
				黄兀儿	齐王月鲁帖木儿 延祐三年七月封为保恩王,赐金印,	齐王失烈门					

螭纽。六年三月进封恩王，赐金印，兽纽。泰定三年，嗣其父齐王位。

别儿帖

					木儿						
		伯木儿									
		野仙帖木儿									
	秃忽	阿不干									
	巴忽克塔儿	彻儿吉歹	乞卜察克	台出							
				霍剌台							
			苏图								
			库克								

			图丹土喝塔								
			台儿吉儿	巴魄							
				布剌儿吉							
				孛儿台							
					吐哥帖木儿						
					为义						
					阑克						

	哈剌儿珠七子。	帖木儿			汗						
		沙里									
		木哥都	布克儿台								
			库伦沙喝								
		忽图哥	阿儿思兰								
		沙儿速克塔	忽占								

			札马赤								
		孟岱儿	乌而杰时木拉								
		忽儿达哈									
哈准	按只吉歹	察忽喇	忽剌忽儿	胜哈纳儿							
			济南王也只里至元								

			二十四年封。大德十一年，武宗即位，以罪诛。								
			吴王朵列纳。大德十一年七	吴王泼皮。							

	吴王朶儿赤
	吴王搠思监
月丁丑，封济王。至大五年赐印，皇庆元年改封吴王。	吴王木楠子至顺元年，

帖木哥	只不干	塔察儿	阿木鲁	乃颜							
		哈丹	老的								
		忽剌出									
			进封济阳王木楠子为吴王，其济阳王年封阙。								

斡赤斤		国王	辽王脱脱 延祐三年封，天历元年上都陷，死之。	以叛诛。 八都 天历元年，以聚众剽掠，诏捕之。 辽王牙纳失里 天历二年八月封，世							

系缺。

寿王脱里出封年阙。

孛罗

寿王乃蛮台至大元年封。

也不干

兀剌儿吉歹

								奥速海			
								察剌海			
						卯罕	掰鲁蛮	孛罗歹从诸王阿秃作乱。			
						本伯					
						也只					
						不只儿					
								八乞出	帖木迭儿		
								袭剌谋亦作			

			昔剌木，从海都叛。								
	撒答吉		八里牙亦作不里牙屯，以叛诛。	三宝							
	哈失歹										
	察只剌										
	斡端	爱牙哈	别里帖	囊家							

至正二十一年，以平阿鲁辉帖木儿，加封。	斡罗思罕	思剌歹
帖木儿		
赤 至元二十八年正月，给印。		哈八儿都
		斡鲁台

									脱帖	帖实		
								燕锡	脱帖木儿	气都哥		
							忻都	也坚黄兀儿				
											白虎 中统元年，夺白虎及袭剌	

	谋岁赐及所属民户人，并赐塔察儿。										
别勒古台	罕都虎	霍历极	塔出	只儿哈郎							
				佛宝							
			按灰								

	也速不花	广宁王爪都 中统三年，封爪都为广宁王，赐驼纽金镀银印，至元十三年三月，赐	帖木儿									

		螭纽金印。									
			纳牙亦作乃颜，与叛王乃颜同名。	脱铁木儿							
	口温不花	灭里吉歹	潢察								
			抹札儿								
			撒里蛮	薛彻干							

			阔阔出								
		翁吉剌歹	广宁王彻里帖木儿	广宁王速浑察 至顺元年七月，封赐螭纽金印。	广宁王浑都帖木儿 至正十三年九月卒。						
					广宁王帖木儿不花						

至正十四年正月袭封，为浑都帖木儿子，或为弟，史无明文。

太祖诸子世表

一世	二世	三世	四世	五世	六世	七世	八世	九世	十世	十一世	十二世
术赤	鄂尔达 白斡尔朵第一汗，称东奇卜察克。	科齐 第二汗，至元十七年嗣。	伯颜 第三汗，大德五年嗣。	萨西卜克 第四汗，至大二年嗣。	爱必散 第五汗，延祐二年嗣。	漆穆泰 第七汗，至正四年嗣。		乌鲁斯 第八汗，至正二十一年嗣。	托克脱起 第九汗，明洪武八年嗣。		
									贵力察克	博拉克 第十	哈萨克

	三汗，明永乐十八年嗣。	第十二汗，明洪洪二十四年嗣。
帖木儿西奇察卜克第三十三汗。	科得鲁克帖木儿西乞卜察克第二十七年。	帖木儿没里克第十汗,明洪武八年嗣。

乞阿台西奇卜察克第三十八汗。	
沙的伯丁克西乞卜察克，第二十八汗。	孛罗台西奇卜察克第二十九汗。
穆尔克合札爱必散弟。第六汗，延祐七年嗣。	

札剌勤王，西乞卜察克第三十一汗。	客裏木白尔的，西奇卜察克第三十二汗。
托克塔迷斯，第十一汗，明洪武九年嗣。	
秃里合勤札	

起巴儿西奇卜察克第三十三汗。

札八儿白尔的西奇卜察克第三十四汗。

							十三世	十四世	十五世	十六世	十七世
							科鲁克穆罕默德帖木儿子，西奇卜察克第三十九汗。	马哈马特西奇卜察克第四十汗。	喀西木占尼伯克	合辛	
									阿卜特尔克里木	阿卜特尔阿曼	
								阿哈马特西奇卜察	萨伊特阿哈马特西奇	喀西木	亚的喀耳

		卜察克第四十四汗。	克第四十三汗。								
	阿克古伯克	穆尔塔扎西奇卜察克汗。									
亚古穆齐	白尔的伯克										
特尔维尔	赛克海特尔	赛耶克阿哈马									

									特西奇卜察克汗。		
								巴克的雅儿	赛克阿佛利雅尔	沙哈阿里	
										占阿里	
一世	二世	三世	四世	五世	六世	七世	八世	九世	十世	十一世	十二世
	拔都宪宗六年卒。	撒里答第二汗。	乌拉赤								

	金斡尔朵第一汗，称西奇卜察克。	托托罕	巴尔图	秃拉不花昆逐克，又作宽彻天历二年八月，封肃王。							
			忙哥帖	阿力贵							

			木儿至元元年嗣位，十八年卒，第四汗。	赤							
				脱古列儿	月思别皇庆元年嗣位，后至元六年卒，第七汗。	帖尼伯克第八汗。					
							札尼别后至元六年嗣。十六年卒，第九汗。	毕而谛伯克第十汗。			
								科尔纳第十一汗。			
				宁肃王脱脱至元				努鲁斯第十二汗。			

自此国内乱，诸王起兵相争，皆非拔都胄裔。

二十七年嗣位，至大元年封，二年赐金印、驼纽，皇庆元年卒。第六汗。

脱脱蒙哥

至元

								十八年嗣位，二十三年废，第五汗。			
									晏狄万		
									乌拉奇		
客列儿	马哈木特克	乌鲁克谟罕默德	哈散西奇卜察			阿里伯克	图而齐帖木儿	萨里察	乌龙帖木儿	脱脱帖木儿	

伊伯剌罕			克第二十一[illegible]。								
达尼雅尔	客失迷										
纳邻帖弗剌台	客赤	塔失帖木儿其后人为客里木济农，译言郡									
门格里第一											

王也，传至大清乾隆间，始为俄罗斯所并。

伯勒克至元元年卒。第三

		博勒克其后人为
		亚地咯耳
	阿巴儿该耳其后人为不合克浩罕国	帖木儿赛克
	帖布剌台赛克	合占拖
	伊伯剌罕倭古伦	阿剌白沙哈
	孛罗台合勒札西奇卜察克第十八汗。	
	孟古帖木儿	
	巴达库儿	
	哲齐卜儿	
	勒哈都儿	
汗。	昔班蓝斡尔朵汗。	

机洼汗。				噶罕西奇卜察克第二十四汗。	额尔班西奇卜察克第二十三汗。						
阿卜剌克		忒耳威思	哈赤谟罕默德	阿里倭古伦	托克卜克坤的西奇卜察克第二十						

		赛因特 阿合马			二汗。						
泮西木	可楚穆	伊巳克		起西耳都特西奇卜察克第十四汗。	起西耳西奇卜察克第十三汗。						

	土斡耳	塔塔儿	诺垓其后人称失出儿秃鲁干。								
察合台	莫图根	不里	阿毕世喀	口口大王	南忽里大王	南失里太子					
			合萨儿								

			帖木儿不花 至元二十八年，封肃远王，赐印。	南答失里							
			阿只吉	越王秃剌 大德十一年七	越王阿剌忒纳失里 天历初，以						

				月封。 威远王忽都帖木儿 至治三年七月封赐驼纽金印。	推戴功，赐还其父越王印。						

合剌旭烈兀第二汗。宪宗元年袭汗位，未

谟八里克沙第五汗。至元三年嗣，是年为

赤因铁木儿与铁失弑英宗，伏诛。

		至国而卒。	博拉克所弑。								
		帖散笃哇	博拉克第六汗，至至元三年立，七年卒。	不合帖木儿							
				笃哇	也先不						

				第九汗。至元十一年立，大德十年卒。	花 第十三汗，至大二年嗣，延祐五年卒。						
					宽阇某花 第十一汗，		敷来德	穆罕默德 第二十一			

汗，至正二年嗣，是年卒。二十汗阿里莎儿塔为太宗后人。
岛特火者
大德十二年嗣，至大元年卒。古特鲁克火者分封阿母河南、印度河东。

					怯伯第十二汗。延祐弑达里忽,自为监国。后立也先不花,卒。五年,复立。至	燕只吉台第十四汗,至治元年嗣,是年卒。	突而厥	恺必失哇				

治元年秋七月乙酉卒。

笃来帖木儿第十五汗,至治元年嗣,二年卒。

森札儿	忒尔马塞楞 第十六汗，至治二年嗣，至顺元年卒。
真吉赛 第十七汗，	宰斡默

元统二年嗣，后至元元年卒。

布尊第十八汗，后至元元年嗣，四年

						卒。					
					额不干	也速帖木儿第十九汗，后至元四年嗣，六年卒。	帖木儿失哇				
					塞而解	巴颜库					

输里

第二十四汗，至正八年嗣，十八年卒。二十三汗达尼斯乃赤太宗后人。

					阿密而	特库鲁克	爱里阿思				
				布里亚							
				忽拉哇夷							
			亦速儿								
						月思伯克帖木儿					
						察合台五					

	合占第二十二汗至正三年嗣，六年卒。嗣汗位者为
世孙，不详世系。	也先木儿
	恩勒可帖木儿
	托咯帖木儿第八汗，至元九年立，十一年卒。
	揩打密
	不戴

太宗后人。此后攘夺纷起，至明洪武二年，为帖木儿所灭。
达里忽第十三汗，至大元年立，二年，怯伯剌杀之。
也速蒙哥第三汗，定

	宗命也速蒙哥嗣汗位，宪宗时合剌旭烈兀妃杀之。											
	贝达儿	阿鲁忽第四汗，中	楚班									

基颜

阿儿岱

合赞

统二年嗣，至元三年卒。

聂古伯第七汗，至元七年嗣，九年，攻海都，战殁。

撒巴

		尼古塔儿察合台孙，未详其父。									
拖雷	忽都秃										
	旭烈兀	阿八哈第二汗，至元二年嗣，十九	阿鲁浑第四汗，至元二十一年嗣，	合赞第六汗，元贞元年讨贝杜，	阿儿术						

		年卒。	二十八年卒。	诛之，嗣汗位，大德八年卒。							
				哈儿班答 第七汗，大德八年嗣，延祐三年卒。	不赛因 第八汗，延祐三年嗣，后至元二年卒，诸将	摩罕默德沙哈音失立国于发尔斯地，延祐六年立，	阿博益克沙 至正二年嗣，十三年为木札尔非所				

				并。	至正二年卒。	立阿里不哥后阿尔帕为嗣，为拔都孙穆萨所废。					
						察罕帖木儿第十三汗，	阿剌佛郎	盖哈图第五汗，至元二			

			十八年嗣，元贞元年为贝杜所弑。	脱脱木儿	后至元五年嗣，七年卒。						
		喀儿来哥	贝杜	阿里	穆萨第十汗后，至元二年嗣，因乱分						
			苏凯								

						党争立。					
								哈喇不花	尼古塔儿牙世摩特第三汗，至元十九年嗣，二十一年被弑。		

		蒙哥帖木儿	哈山								
			台术								
			阿思别儿吉	宽彻	帖儿克特蒙格	谟罕默特第十一汗，后至元二年嗣，四年卒，术赤孙秃格					

						帖木儿立。					
			特须默德	撒哈		特色天须哈	西宁王速来蛮第十五汗，后至元六年嗣，天历二年封西宁王，至顺	太子养吉沙据莫高窟至正二年造像碑补，速来蛮四子，旧纪至			

正十二年有宁王牙安沙，十三年又作牙罕沙，疑即养吉沙。

速哥沙

三年给印。

阿速歹	脱火赤	
		幽王喃忽里 延祐七年嗣。旧史《诸王表》：西宁
		幽王出伯 大德八年封威武西宁王，赐金印，大

王，忽塔的迷失，金印、螭纽，天历二年封。旧纪：至顺三年命甘肃行省为幽王卜

德十一年进封幽王，未详世次，当是旭烈兀诸孙。

颜帖木儿建第,至正十二年,赐豳王惠厘金系一腰。此三王均未详世次。

		布勤亦作毕景，又作白克实		威武西宁王阿哈伯未详世次	威武西宁王亦里黑赤元统元年五月嗣。						

族式喀泼

钦助

库尔迷失

旭烈

空库干台

出木哈儿

俱阿八哈弟。

			兀第九子之子,未详其父名。								
	阿里不哥	明理帖木儿	申汗	素喜	阿儿帕嗣旭烈兀后汗位。						
		定王药	定王薛	定王察							

里台	泰定四年封。
彻干	至治三年九月泰定帝即位，授以其父金印。
木忽儿	大德三年正月封定远王，赐金涂银印，龟纽。九年改封威定王，换赐金印，

		驼纽。至大元年进封定王，换赐金印、兽纽。									
		乃刺忽不花	孛颜帖木儿	燕大王据旧表，燕上有夺字。							

铁木儿脱

完者帖木儿

冀王孛罗

大德十年，封镇宁王，赐金印、驼纽，延祐四年，进封冀

			王，金印、兽纽。								
		刺甘失甘	镇宁王那海至治三年封。								
	拨绰	薛必烈杰儿	楚王忽都至元二十七年，	楚王脱烈帖木儿至大四年	楚王八都儿嗣位年阙。	楚王燕帖木儿嗣位年阙。					

速哥帖木儿	朵罗不花
嗣。延祐二年，坐累从西番。天历二年正月，复封楚王。	镇远王也不干
封镇远王，赐鎏金龟纽银印。大德十一年，进封楚王，赐金印。	

				至治三年二月，置镇远王也不干王傅官属。							
	末哥	永宁王昌童中统二年	永宁王伯帖木儿。	永宁王伯颜帖木儿。							

封，改其父末哥皇弟玉宝，赐金印，驼纽。

塔失帖木儿

大德二年封，无

			国邑名，赐金镀银印，驼纽。								
	岁哥都	速不歹	脱脱木儿	也速不坚							
			哈鲁孙								
	雪别台		月鲁帖木儿								

			延祐四年封，无国邑名。								
			买驴也先								
阔列坚	河间王忽察封年阙。	河间王忽鲁歹至元二年二月封。	河间王也不干从乃颜叛，夺封。								
			八八 世祖	兀秃思帖木儿							

			赐银印，龟纽，至元二十年叛，夺印。	合宾帖木儿 延祐四年绍，以世祖所赐八八印赐合宾帖木儿。							
			拜答寒 至元七年，封赐金镀银印，								

			驼纽。 也灭干大德四年，封赐鎏金印，五年七月卒。	八八剌大德五年嗣，赐金印，驼纽。	安定王脱欢皇庆三年九月封。	安定王朵儿只班					

太宗诸子世表

一世	二世	三世	四世	五世	六世	七世	八世	九世	十世	十一世	十二世
合失	海都	汝宁王察八儿	汝宁王完者帖木儿	汝宁王忽剌台							
		斡鲁温孙 延祐二年三月，赐金银驼纽，无									

国邑名。
塔合察儿
秃曲灭
萨儿班
阿巴干

阔端	灭里吉歹	也速不花 至元元年七月，赐金印，驼纽。
	蒙哥都	亦怜真
	只必帖	

木儿			
帖必烈			
曲烈鲁	汾阳王别帖木儿延祐四年闰四月封。	荆王也速也不干泰定元年九月乙酉封，赐金印。	荆王脱灭赤 荆王脱脱木儿

阔出	失列门	孛罗赤	靖辽王合歹至元二十六年正月封，金镀银印，龟纽。	襄宁王也速不干至大二年三月封，赐金印，驼纽。							
			襄宁王阿鲁灰								

哈剌察儿	脱脱	月别吉									
		沙蓝朵儿只									
合丹	睹尔赤	小薛	星吉班								
	也不干	陇王火郎撒至大元年十二月封，赐金									

	也迭儿	印。旧史《诸王表》有陇王忽鲁歹、陇王忻都察，未详世次。									

	也孙脱										
	火你	咬住									
	乞卜察兀										
灭里	脱忽	俺都剌	爱牙赤	阳翟王太平泰定元年正月，							

				赐金印。							
			阳翟王秃满至大元年八月封，赐金印。	阳翟王曲春	阳翟王帖木耳赤	阳翟王阿鲁辉帖木儿至正二十年以叛诛。阳翟王忽都帖木儿					

定宗诸子世表

一世	二世	三世	四世	五世	六世	七世	八世	九世	十世	十一世	十二世
忽察	亦儿监藏										
	完者也不干										
脑忽											
禾忽	南平王秃鲁 至元										

九年封，赐印龟纽。十三年，改赐涂金银印，驼纽。

察拔特

宪宗诸子世表

一世	二世	三世	四世	五世	六世	七世	八世	九世	十世	十一世	十二世
班秃											
阿速台											
玉龙答失 至元元年封，赐金印，驼纽，无国	撒里蛮 卫王完泽 元贞二年赐印。	郯王彻彻秃 至治二年十二									

邑名。	大德六年二月封卫安王，赐金印。至大三年五月，进封卫王。	月，封武宁王，赐金印。至顺二年二月，晋封郯王。									
		卫王宽彻哥									

		未详世次，疑亦完泽子。									
河平王昔里吉	兀鲁思不花										
	并王晃火帖木儿延祐五年二月，	答沙亦思的 完者帖木儿									

	封嘉王，赐印。泰定二年六月，改封并王。 嘉王火儿忽封年阙。	抚宁王御里帖木儿至正二年十二月辛亥封。									

世祖诸子世表

一世	二世	三世	四世	五世	六世	七世	八世	九世	十世	十一世	十二世
朵儿只											
皇太子真金追谥文惠明孝皇帝，庙号裕宗，三子。	晋王甘剌麻至元二十七年十月壬申，封梁王，赐	梁王松山至元三十年，赐梁王印。	梁王王禅延祐七年五月丁未，封云南王。泰定	云南王帖木儿不花泰定元年十月，封至顺元年，夺							

	兽纽金印。大德六年卒。泰定帝入继大位，追谥光圣仁孝皇帝，庙号显宗。		元年进封梁王。致和元年奉命讨大都兵，败死。	爵，流吉阳军。							

		湘宁王迭里哥儿不花 大德十一年七月丁巳,封北宁王,赐螭纽金印。至大四年	湘宁王八剌失里 泰定帝即位,封湘宁王,金印、螭纽。致和元年奉命勤王,败								

死。	四月，改封湘宁王，换金印。至治末卒。	
脱不花	魏王阿木哥 答剌麻八剌庶子。武宗封	答剌麻八剌 至元二十九年卒。武宗入

蛮子

西靖王阿鲁至顺元年九月甲午封。

魏王孛罗帖木儿嗣位

赐兽纽金印。泰定元年六月卒。

继大位，追谥昭圣衍孝皇帝，庙号顺宗。

安西王	安西王	安西王	年嗣。至正十三年五月，讨贼被害。 唐兀台 答儿蛮 失里 孛罗								

忙哥剌 至元九年十月封，赐螭纽金印，十年，进封秦王，别赐兽纽金印，十五年冬	阿难答 大德十一年二月，有罪赐死。 按檀不花 初佩秦王印，至元二	月鲁帖木儿 至治三年，泰定帝即位，令嗣安西王，后夺爵，流云南。至顺三年，坐谋									

十月卒。	十四年诏纳其印。	反诛。									
北安王那木罕至元三年封北平王，赐螭纽金印。十九年，进封											

北安 王。二 十二 年，赐 螭纽 金印。 二十 九年 卒。无 子。											
云南王 忽哥赤 至元 四年	营王也 先帖木 儿 至元	脱欢不 花 脱鲁 云南王									

八月封，赐驼纽鎏金银印。八年二月己巳，中毒卒。	十七年，赐云南王印。二十五年，换驼金印。武宗即位，进封营王换兽纽金印。至	阿鲁 元统二年五月，诏云南王阿鲁镇云南，给银字圆符。	云南王孛罗 未详世次。	梁王把匝瓦儿密 未详世次。							

	顺五年卒。										
爱牙赤至元二十二年，赐银印。	阿木干	也的古不花									
	孛颜帖木儿										
西平王奥鲁赤至元	镇西武靖王铁木儿不	云南王老的至大	豫王阿忒思纳失里								

六年十月封，赐驼纽鎏金银印。	花 大德三年封，赐驼纽鎏金银印。	二年，赐以云南王驼纽鎏金银印。	天历二年封，赐金印。 安西王答儿麻至正十三年十二月，以西安王								

								印赐之。			
								乞八			
								亦只班			
								凉王党兀班后至元六年，以党兀班太子殁	镇西武靖王搠思班封年阙。赐金镀银印，驼纽。		

	西平王八的麻的加封年阙。金镀银印驼纪。	西平王页哥班后至元三年七月，赐西平王印。	于王事，追封凉王。								
宁王阔阔出	宁王薛彻秃	宁王旭灭该									

延祐七年，四月，封宁远王。至治二年，进封宁王。
至元二十六年，封宁远王。赐龟纽鎏金银印。大德十一年，进封宁王，换兽纽金

印。皇庆二年二月卒。											
镇南王脱欢至元二十一年六月封，赐螭纽金印。大德	镇南王老章大德五年嗣。										
	镇南王脱不花老章	镇南王孛罗不花	大圣奴至正十九								

年,守信州,城陷,死之。	
	别帖木儿 答帖木儿 报恩奴
卒,脱不花嗣。泰定二年卒。	威顺王宽彻不花 泰定三年封,赐驼纽银金鋈印。
五年卒。	

接待奴

佛家奴

义王和尚 至正二十四年封。

淮南帖木儿不花 泰定三年

嗣镇南王。天历二年，让王位于孛欢不花，特封宣让王，赐螭纽金印。至正二十

文济王不花帖木儿至正十三年七

七年进封淮王，赐金印。明年，大都陷，死之。

文济王蛮子元统二年四月封，至

月嗣。

正十三年卒。

宣德王不答失理。

皇庆二年十月封安德王，赐驼纽鎏金银

	印。后进封宣德王，换螭纽金印。 忽都鲁帖木儿	阿八也不干	八鲁朵而只									

仁宗皇子

顺阳王兀都思												

不花　延祐二年封安王，赐兽纽金印。英宗即位，降封顺阳王，寻赐死。

泰定帝诸子

晋王八的麻亦儿间卜泰定元年三月封。 小薛 允丹藏卜											

文宗诸子

皇太子阿剌忒纳剌 至顺元年三月，封燕王，十二月辛亥立为皇太											

子，二年二月卒。											
燕铁古思 至元六年七月丁卯，赐死。											
太平讷											

惠宗以后世表

一世	二世	三世	四世	五世	六世	七世	八世	九世	十世	十一世	十二世
爱猷达理达腊庙号昭宗，国语必里克图汗，改元宣光，在位八	买的思八的										

年。明洪武十年卒。											
脱古思帖木儿国语乌萨哈尔汗，在位十年。洪武二十年	恩克卓里克图在位四年。洪武二十四年卒。										

卒。生三子。	额勒伯克国语尼古埒苏克齐汗，在位八年。建文二年卒。	坤帖木儿在位三年。永乐元年卒。明人谓脱古思以下篡弑相仍，乃									

		传闻之说。 鬼力赤帖木儿在位八年。永乐九年，为阿鲁台所弑。	德勒伯克在位五年卒。斡亦剌特额色库、也先先后篡立。								

		哈尔古楚克都古楞帖木儿鸿台吉	阿寨	岱总	摩伦						
			阿鲁台立为汗，在位五年。正统三年卒。	在位十四年。景泰三年，为郭尔罗斯酋彻卜登所弑。	明人称为孛来，在位二年。景泰五年，为摩里海所弑，明人称为毛里孩。						

蒙古勒克埒成吉思景泰四年，为多郭朗台吉所弑。明人称为马古可儿吉思。

阿噶巴尔济 岱总弟。景泰四年立。在位一年。
哈尔固楚克
巴延蒙克 号博勒呼第一吉囊。成化六年为永谢布之克里叶察罕
巴图蒙克 称为达延汗。达延即大元之异译。明正统以后所谓小王
图鲁博罗特 先达延汗卒。
博迪 在位四年。嘉靖二十六年卒。
达赉逊 号库登汗，在位九年。嘉靖三十五年卒。明人谓之打来孙。
图门 在位三十六年。万历二十年卒。明人谓之土蛮。
布延 在位二年。万历二十二年卒。

子也。嘉靖二十二年卒。	
等所害。	
	满都古勒在位八年。成化五年卒。无子。

十三世	十四世	十五世
莽和克	陵丹《明史》作林丹，在位三十八年。崇祯七年卒。	额儿克晃兀儿额哲，明崇祯八年，附大清。

新元史卷二八

表第二

氏族表上

蒙古氏族，凡阿兰豁阿梦与神遇生三子之后，为尼而伦派，曰：哈特斤氏、萨而助特氏、泰亦兀赤氏、哀而狄干氏、西族特氏、起讷氏、奴牙特氏、兀鲁特氏、忙兀特氏、巴邻氏、苏哈奴特氏、贝鲁剌思氏、黑特而斤氏、札只剌忒氏、布达特氏、都黑拉特氏、贝亦速特氏、苏嘎特氏、乌而讷兀特氏、亨力希牙特氏；其余为都而鲁斤派，亦称塔亦斤派，曰：都而斤氏、乌梁黑特氏、鸿火拉特氏、亦乞列思氏、呼中氏、速而徒思氏、伊而都而斤氏、巴牙乌特氏、斤特吉氏，皆为黑塔塔儿。非蒙古人而归于蒙古者，曰：札剌儿氏、苏畏亦忒氏、塔塔儿氏、蔑儿乞氏、郭而路乌忒氏、卫拉特氏、贝格林氏、布而古忒氏、忽里氏、土斡剌斯氏、秃马特氏、布而嘎勤氏、格而谟勤氏、忽而罕氏、赛哈亦忒氏，皆为白塔塔儿；曰乌拉速特氏、帖楞格特氏、客斯的迷氏、林木中乌梁黑氏，皆为野塔塔儿。盖拉施特所述蒙古支派如此。今列而序之，参以《秘史》，证其差别为《蒙古氏族表》。至色目氏族，则以见于史传者为据。陶宗仪所称蒙古七十二种、色目三十一种，舛讹重复，不为典要，故弗取焉。

哈特斤氏，亦作合塔斤氏，阿兰豁阿子布哈哈时斤之后，亦作不忽合答吉。以名为氏。

阿忽出拔都儿 太祖时，与乃蛮有盟约。							

萨而助特氏，阿兰豁阿子布撒布勒而赤之后，亦作不合秃撒勒吉。亦称珊竹氏，亦称散术台氏，又作散竹台氏。此族与太祖不睦，多被杀。

撒木合 太祖功臣。后人在西域。							

吾也而，亦珊竹氏。

图鲁华察赐号拔都。	吾也而都元帅，进封营国公，谥中勇。	雪礼亦作撒里，河间路总管。	拔不忽一名介，江东宣慰使。	珊竹歹屯田打捕司达鲁花赤。	嘉兴		
					牛儿		
					三宝《秘书志》御史中承拔辰之子，泰定四年任著作郎。		
				阿腊帖木儿宜兴州同知。			
				拔辰淮西江北道廉访佥事。			
					卜邻吉带		
					铁木儿		

					卜颜		
					吉祥奴		
					也速答儿 以上八人，皆拔不忽孙。		

纽璘，亦珊竹氏。

孛罗带 太祖宿卫。	太答儿 都元帅。	宿敦					
		纽璘 都元帅，追封蜀国公，谥	也速答儿 云南行省左丞相。	囊家台 四川行省平章政事。	答失八都鲁 四川行省左丞	孛罗帖木儿 中书右丞相。	天宝奴

		相。 识理木 云南行 省左丞。 亦只儿不 花 右丞。	拜延 四川行 省左丞。 不花台 陕西都 元帅。	八剌 蒙古万	忠武。		

			户。				

纯只海，亦珊竹氏。

纯只海 京兆行省都达鲁火赤，追封定西王，谥武穆。	昂秃儿	奚加觧 泰州达鲁花赤。	脱烈 袭父职。	帖古迭儿 袭父职。			

泰亦兀赤氏，海都次子剌剌孩领忽之后。亦作扯而黑林昆。蒙古人相传布等折儿之孙塔勤为泰亦赤兀祖。拉施特谓，蒙古金字族谱泰亦兀赤乃扯而黑林昆之后，谱内有塔勤保护海都免于札剌儿之难，故讹为塔勤之后。云扯而黑林昆长子获里哈而图古起乃、次子合必海汗之后，俱为泰亦兀赤氏。

合丹大石 合必海	土塔	术赤 与太祖	速敦				

汗之子。		交好。					
		阿达儿	塔而忽台				
			希立而秃思	忽里儿拔都儿 塔而忽台之侄。			
				盎忽呼忽助 塔而忽台之侄。			

哀而狄干氏，海都幼子昭春之后。西族忒氏，亦昭春之后。

扯力克 拔都部将。							

只讷斯氏亦作起讷氏。扯而黑林昆娶其兄拜星忽儿之妻，生二子：长根都起乃，次乌勒克斤起乃，其后为只讷斯氏。只讷译言狼也。亦称乃古兹氏。

兀鲁特氏。亦作兀鲁兀台氏。纳臣拔都儿生二子：长兀鲁兀台，次忙兀台，各以其名为氏。兀鲁兀台之孙曰术赤台。

术赤台	怯台 德清郡王。	端真拔都儿 袭郡王。					
		哈答 袭郡王。	脱欢	塔失帖木儿	匣剌不花		
				朵来			
			赤怜真班				
			庆童 袭郡王。	也里不花 袭郡王。			

者歹,亦兀鲁兀台氏:

者歹　拖雷位下千户,拉施特书作者弟诺延。		忙忽台　者歹孙。世祖时千户。其子仕于合赞。					

孛罕,兀罗带氏,即兀鲁特之异译。

孛罕　左手万户。	忽都　蒙古、汉军总管。	札忽带　千户。 忽都答立　袭父职。	阿都赤　千户。				

忙兀台氏，忙兀台之后。

畏翼							
畏答儿	忙哥 封郡王，亦作木哥寒札。拉施特书作谟特嘎忽而札。		只里兀斛乞				
			答斛鲁 袭郡王。				
	蘸木曷 追封泰安王，谥武毅。	琐鲁火都 追封泰安王，谥忠定。	博罗欢 江浙行省平章政事，追封泰安王，谥武	浑都 山东宣慰使。			

			穆。				
				伯都江南行台御史大夫，追封鲁国公，谥元献。	笃尔只将作院判官。		
				野先帖木儿知枢密院事。	尼摩星吉袭郡王。		
					亦思剌瓦星吉中政院使。		
				博罗			

				陕西行省平章政事。			

巴邻氏，亦曰八阿邻氏，又曰八邻氏。孛端察儿少子曰巴阿里歹，其子曰赤都忽勒孛阔，娶妇多，生子亦多，后为蔑年八邻氏。蒙古谓多为蔑捏，急读为蔑年。

失儿古额儿 左千户，追封淮安王，谥武定，亦作述律哥图。	阿剌里 袭父职，兼断事官，追封武安王，谥武康。	晓古台 追封淮安王，谥武靖。	伯颜 太傅，追封淮安王，谥忠武。	买的 佥枢密院事。			
				囊家台 枢密副使。	相加硕利 江南行台御史		

	纳牙阿 中军万户。	阿里黑巴罢	库库楚 从旭烈兀在西域。	朵真普	大夫。		

蒙黑儿土而干，亦巴邻氏。

蒙黑儿土而干 太祖千户。	火赤诺延 千户。						

苏哈奴特氏，与巴邻氏同祖。兄弟三人，幼者奸一婢而生子，婢畏其妻知，裹以貂裘，藏马粪中。其父过而见之，知为己子，与其妻育之。故此子虽为巴邻部人，而别称之曰苏哈奴特。蒙古击马粪之棒曰苏哈，因以为名。后以名为氏。

乌格儿噶而拉 忽敦噶而扯　兄弟二人俱为千户。	塔木哈诺颜 哈剌诺颜						

那牙勤氏，亦作奴牙特氏。上默乃汗长子察合苏之后。亦作葛术虎，以性情好学官人，名那牙吉歹，其后为那牙勤氏。察合苏长子布仑。布仑长子术赤治。拉施特因此氏误为兀鲁特。术赤治长子麦儿吉歹。麦儿吉歹长子乌咯必姫，与成吉思汗之子同游。

种索　太祖功臣，封千户。							

贝鲁拉思氏。亦曰八鲁剌解氏，又曰巴鲁剌思氏。土默乃汗第二子哈出里，亦作合赤兀，又作合产，生子躯干壮

伟，饮啖过人，名曰爱儿敦笠巴鲁剌，其后以名为氏。爱儿敦笠巴鲁剌长子曰脱丹。脱丹长子曰术彻野。术彻野长子曰攸洛堪哈力赤，与太祖诸子同游。按旧史《世系表》有大、小八鲁剌思。爱儿敦笠巴鲁剌，《秘史》作额儿点图巴鲁剌，脱丹《秘史》作脱朵延巴鲁剌。然则大、小巴鲁剌谓爱儿敦笠父子，非两氏也。

不鲁罕罕札	许儿台千户。	瓮吉剌带军器监官。	忽林失万户，加司徒。	燕不伦			
八鲁剌思千户，迁万户。							

合剌察儿，亦巴鲁剌思氏。

速忽薛禅	合剌察儿太祖功臣，为驸马帖木儿五世						

	祖。						

忽必来，亦贝鲁剌思氏。

忽必来 与弟忽都思，俱太祖功臣。 忽都思							

唵木海，八剌忽解氏：疑即八鲁剌解。

孛合出	唵木海 都元帅。	忒木台儿 行省断事官。	忽都答儿 达鲁花赤。				

札只剌忒氏。别作朱里牙忒氏，又作札答兰氏。孛端察儿虏怀孕妇人阿当罕，生子曰札只剌歹，其后以名为

氏。札木合,其部长也。

忽少兀儿 太祖命以千人,镇契丹曲而只之地。 哈柳答儿 太祖遣使王汗。							

黑得而斤氏。又作阿答儿斤氏。土默乃汗第四子合赤温,又作葛赤浑,生子曰阿答儿蔑儿蔑儿干,其人好为间谍,故名为阿答儿斤,遂以为氏。阿答儿长子那伏衮。那伏衮长子呼古。呼古长子布拉柱,与太祖诸子同游。

木忽儿忽兰 太祖							

时为千户，其后人在西域。							

布达特氏。亦作不答阿惕氏。土默乃汗第五子博歹阿库而根以争饮唊无礼，故以博歹阿名之，亦作不答阿。遂为氏。其长子塔力古台。塔力古台长子火力台。火力台长子乞儿吉歹与太祖诸子同游。

都黑拉特氏。亦作朵豁剌歹氏。纳臣拔都儿娶一妻，生子曰失主兀歹，曰朵豁剌歹，因以名为氏。或曰土默乃汗八子布等哲儿之后。

贝速特氏。亦作别速特氏。孛端察儿五世孙察剌孩领忽有子曰别速台，因以名为氏。或曰土默乃汗九子勤达贝又作乞牙台。之后，为别速氏。

哲别 太祖功臣。	生忽孙 千户。	海特亦特					
蒙都萨费儿	乌勒斯						

者别弟。 合丹 哲别族人。							

贝住，亦贝速特氏。

贝住							

戴咯，亦贝速特氏。

戴咯 其父为泰亦兀赤所杀，其母拜特儿以	都里 万户。						

二子归于太祖。							
古儿速儿千户戴喀弟。	布里察 苏干						

抄儿，亦别速台氏，徙汴梁路阳武县。

抄海	抄海	别帖	阿必察蒙古军总管领右手万户。				

苏嘎特氏。亦作秃别歹氏，又作秃别亦氏。

土薛	线真 中书右丞相，追封秦国公，谥忠献。	完泽 中书右丞相，追封兴元王，谥忠宪。	长寿 中书右丞。	买苟 中政使。			

拓拔氏，疑即秃别之转，借古名译之。

按札儿	忙汉 千户。	乃蛮 千户。					
	拙赤哥	忽伦					
		撅只海 统军千户。					

		阔阔术 礼部尚书。	燕帖木儿 江南行台监察御史。	观音奴			
					也先帖木儿	道道	
						万家驴	
			脱脱				

乌而讷兀特氏，亦作乌而恼乌特氏。为三派：一，昏乃克喝坛氏，一，阿而拉而特氏，一，乌而恼乌格楞郭特氏。

昏乃克喝坛氏，亦作晃合丹氏，又作晃豁歹氏，又作晃火坛氏，又作苏堪斤醋滩氏。抄真斡儿帖该之子都儿鲁亦图行道甚速，鼻孔出声，因称晃火坛，后以为氏。

察剌合	明里也赤哥 亦作蒙	脱伦阇里必 千户。	伯八 万户，屯守欠欠	八剌			

	力克额赤干。	苏图千户。 阔阔出又名帖卜腾格里。	州。	不兰奚 阿都兀赤河北河南道廉访使。			

阿而拉特氏，亦曰阿鲁剌氏，又作阿儿剌氏，又作阿剌纳氏。抄真斡儿帖该之子，以名为氏。

纳忽伯颜亦作纳忽阿尔	博尔术亦作孛斡儿出，	孛栾台万户，追封广平	玉昔帖木儿太傅，追	木剌忽知枢密院事，袭	阿鲁图右丞相，袭广平		哈剌章怯薛官。

兰。	又作布而古勤。右手万户,功臣第一,追封广平王,谥忠武。	王,谥忠定。	封广平王。	广平王。	王。		
				脱怜			
				秃土哈 亦作脱脱哈。御史大夫,袭广平王。			
			秃赤 御史大夫。				
			巴而赤古儿 万户。			纽的该 中书添设左丞相。	

	布拉忽儿博尔术弟。			哈班代木剌忽为广平王	咬咬以征讨无功，削王爵。		

乌而恼乌格楞郭特氏，亦作斡失纳儿氏，又曰斡剌纳儿氏，又曰斡罗纳氏。亦抄真斡儿帖该之子，以名为氏。

巴歹 启昔礼亦作哈失力克，又作乞失，千户，追封顺德王，谥忠武。	博理察追封顺德王，谥忠毅。	囊家台追封顺德王，谥忠愍。	哈剌哈孙中书右丞相，追封顺德王，谥忠惠。	脱欢江浙行省左丞相。	蛮蛮 燮理溥化		

阿术鲁，亦斡剌纳氏。

阿术鲁	不花	忽都答儿邳州万户。					
		怀都江浙行省参知政事不花兄子。	八忽答儿淮东道宣慰使。				

怯怯里，斡耳那氏，亦斡罗纳之异译。

怯怯里	相兀速卫都指挥使。	捏古解卫都指挥使。					

雪你台氏，亦作薛亦氏。抄真斡儿帖该之子，以名为氏。

哈八儿秃千户都镇抚。	察罕屯田万户府副万户。	太纳袭父职。					

格泥格思氏，亦抄真斡儿帖该之子，以名为氏。按雪你台、格泥格思二氏，俱尼而伦派。拉施特书遗之，今补。

忽难千户。							

召烈台氏。亦称沼兀烈亦惕氏，又曰朱牙特氏，又曰竹温台氏。孛端察儿又娶一妻，生子曰合必赤纳，其从嫁之婢生子曰沼兀列歹，子孙因以为氏。按朱牙特氏疑即希牙特氏，亦尼而伦派。

抄兀儿那真也可札	伴散	火鲁剌台					

鲁花赤。							

万家驴，竹温台氏。

忽珊追封范阳郡公。	阔阔术	闾马					
	蓦克笃新军千户达鲁花赤，追封范阳郡侯。	万家驴江西榷茶都转运使。	寿安				
			永安				
			定安				
			宁安				
	黑山						

都而班氏，亦曰都而斤氏，又作朵尔边氏。都蛙锁豁儿之后。为塔立斤派。阿兰豁阿与朵奔蔑儿干所生之二子，长刘勒古纳台，次不古讷台，亦塔立斤派，其后人无考。

卜儿吉 领太祖 亲军。	布拉特阿 哈 世祖时 奉使西 域。						

脱脱出，度礼班氏，乃都而班之异译。亦称朵里别歹氏。

脱脱出 上都留 守。							
锡礼门 濮州达 鲁花赤。 哈斛 濮州达 鲁花赤。							

秃里不带氏，又朵里别歹之异译。

探马赤 蒙古汉军万户。	拜延 袭父职。						

卜领勒多礼伯台氏。多礼伯即朵尔边之异译。卜领，译言城，谓有城之地。多礼伯氏也，其先脱罗合别吉为部落盟长，其弟火你赤事太祖为副统军，贵裕其后也。

贵裕 怯薛官，追封咸阳郡公。	合剌 袭父职，追封咸阳郡公。	普兰奚 山北道廉访使，追封韩国公。	月鲁帖木儿 江浙行省平章政事。	和尚			

乌梁黑特氏，亦作乌梁海氏，又作兀良合氏，又作兀里养哈兀礼氏。塔立斤派。蒙古俗，闻雷声则匿于户内不敢出，独乌梁黑特人闻雷则大呼，欲与雷声相敌。太祖时有名将者勒蔑、速不台。

者勒蔑 右翼千户，先太祖卒。	爱速不花						
	太石 即也孙帖额，袭千户。						
	爱速不花						
	塔而布						

速不台，兀良合氏，其先捏里弼与敦必乃汗有旧，生子曰孛忽都。孛忽都之孙曰哲里麻，生子曰合赤温，速不台之祖也。

合赤温	哈班	忽鲁浑	合丹 大宗正府也可札忽鲁赤。	也速䚟儿 本名帖木儿，避成宗讳改。	忽剌䚟 江浙行省平章政事。	脱因纳 陕西行台御史。	
		哈必赤					

纽的该同知都护院事。 古剌纳
探的御史中丞。 木八剌沙南阳府达鲁花赤。
尚书平章政事，追封安庆王，谥武襄。

						上都留守	
						完者不花	
						金保化	
						笃古八剌 以上五人皆也速觧儿之孙。	
		速不台 追封河南王，谥忠定。	兀良合台 大元帅，追封河南王，谥武毅。	阿术 中书右丞相，追封河南王，谥武定。	不怜吉歹 河南行省左丞相，封河南王。	童童 江浙行省平章政事。	

	哈不里		阔阔带 都元帅。				

古嘎伊而喀，亦兀良合氏。

古嘎伊而喀 速不台族人。	哈而哈孙						

鸿火拉特氏，一作空剌哈特氏，又作瓮吉剌氏，又作宏吉剌氏，又作雍吉列氏。塔立斤派。其嫡祖曰楚而鲁忽蔑儿干，弟哈拜失米生二子：长为盎乞列斯及兀而忽奴特之祖，次楚斯布陶，为阿拉奴特及鸿格里思约特之祖。长兄与弟不和，欲射之，哈拜失米畏而伏马腹下，兄怜之射其耳环，故有蔑儿干之称。其部居长城之北，近哈剌温山。旧史《特薛禅传》称：孛思忽儿，瓮吉剌氏。孛思，即板升之异译；忽儿，即库伦之异译。板升，译言屋；库伦，译言圈子。特因之族，筑室以居，稍异游牧之俗，故冠以孛思忽儿，非氏族之名。

特薛禅亦曰特因诺延。	赤古追封宁濮郡王。		怀都				
			爱不哥				
			昌吉宁濮郡王。				
			脱脱木儿				
	按陈亦作阿而赤诺延。封河西王，兼领万户，追封宁济王，谥忠	斡陈嗣万户，亦称慎古而干。					
		纳陈嗣万户。	哈海				
			脱欢				

	武，亦称塔立该而干。		斡罗陈 嗣万户。				
			帖木耳 嗣万户，赐名按察儿秃那延，封济宁郡王。	琱阿不剌 嗣万户，封鲁王。	阿里嘉室利 嗣万户，封鲁王。		
				桑哥不剌 封郓安王，追封鲁王。			
			蛮子台 嗣万户。封济宁王。				
				仙童 纳陈孙。			
		必哥					
					丑汉		

		唆儿火都千户。	阿哈千户。	孛罗沙 伯颜 蛮子 添寿 不花 火都不花 掌吉 以上七人，皆唆儿火都孙。	封安辽王。 也速答儿军站千户。		

			纳合				
			浑都帖木儿				
			斡留察儿以上三人，皆按陈孙。	脱怜千户，赐号拔都。	进不剌千户。	买住罕千户，封兖王。	
						孛罗带木儿千户，封毓德王。	
	火忽		不只儿				

	册诺延军站千户。	哈儿哈孙赐号拔都。		都罗儿懿国公。			
		脱罗木					
		忙哥陈旧传以忙哥陈为按陈从孙，今从《后妃传》。	哈儿只				
			答儿罕旧史称特薛禅裔孙，不知其世。	不只儿与火忽孙同名。	伯奢		

					哈达		
					布奔		
					乃古塔尔		
					崔和尔 自哈达以下四人,亦答儿罕子,为裨将。		
帖而该阿蔑儿 与太祖有旧,以女布赛儿克妻							

之。帖而该不欲娶，为太祖所杀。 图忽儿察 其子在西域为将。 窝忽台诺延 其子在在西域，皆特因之族。							

孛兰奚，亦瓮吉剌氏，居应昌，以后族备太祖宿卫。

忙哥	律实 千户。	孛兰奚 信州路达鲁花赤，追封范阳郡公。	脱颖溥化 河南廉访副使。				

太不花，亦瓮吉剌氏。

太不花 中书右丞相。	寿童 同知枢密院事。						

鸿火特拉氏又分五派：一盎姬拉司氏，即盎乞列斯氏。一兀而忽奴特氏，一哈拉诺特氏，即阿拉奴特氏。一呼鲁拉斯氏，即鸿格里思氏。一伊而只斤氏。又作伊而都而斤氏。土斯布陶长子为哈拉诺特氏。呼鲁拉斯、亦作火鲁剌斯氏。伊而只斤二氏，亦土斯布陶之后。伊而只斤为驴名，其始祖倒海巴婆塔黑娶契丹女骑驴而至，生子以此为名，其后人在西域多显者。

兀而忽奴特氏，亦作斡勒忽讷氏。太祖母宣懿太后之族。

乌伦 泰亦古而干	札洼儿薛禅 娶太祖幼女阿而塔楞。						

术臣贝，亦儿而忽奴特氏。

术臣贝 娶宪宗女失林公主，卒，又娶其姊哀而海公主。							

火鲁拉斯氏，土斯布陶之后有豁里剌儿蔑儿干以捕貂为业，生女阿兰豁阿，朵奔蔑儿干娶之。豁里剌儿台蔑儿干居于豁里秃马敦之阿里黑兀孙，以部内禁捕貂，乃移家于不儿罕山。其子以豁里剌儿为氏，亦译作火鲁拉斯。

蔑里吉台遣答力台告变者。							

又有竹温者，以国族为公主媵臣，冒姓瓮吉剌氏，居全宁路。

野旃	竹温台钱粮都总管府达鲁花赤。	撒而吉思铿宫相总管府副总管。					

亦乞拉思氏，亦曰亦乞列思氏，又曰亦乞列氏。为鸿吉剌氏之分派，本隶泰亦兀赤部下，后归附太祖，世为婚姻。

孛秃 追封昌王，谥忠武。	锁儿哈 追封昌王，谥武定。	札忽儿臣 追封昌王，谥忠靖。					
			忽怜 追封昌王，谥忠宣。	阿失 封昌王。	八剌失里 袭昌王。	沙蓝朵儿 袭昌王。	
					失剌浑台		
					盖藏八剌		
					阿剌纳失里		
					塔海		
					汝叔桑儿		

					只		
					监藏朵儿只		
	帖列干						
	帖木干						
			不花 忽怜从弟。				
			锁郎哈				
			唆都哥 封宁昌郡王。	不怜吉歹 封宁昌郡王。			

呼申氏,亦作许兀慎氏,又作旭申氏。塔立斤派。

博而忽 又作孛罗浑，太祖时第一千户，追封淇阳王。	脱欢 袭千户，追封淇阳王。	失列门 追封淇阳王。	木土各儿				
			月赤察儿 和林行省右丞相，封淇阳王，谥忠武。	塔剌海 中书右丞相，追封淇阳王，谥惠穆，一作辉武。	哈八沙	朵列不花	
				马剌 大宗正府也可	铁木儿也不干 左都卫		

				札鲁忽赤。	通政使。			
					完者帖木儿			
				佤头亦名脱儿赤颜，太师、录军国重事，嗣淇阳王。	按马思不花			
					阿塔火者			
				迭秃儿也不干内供奉。				
				也先铁木				

				儿 中书右丞相,嗣淇阳王。			
				奴剌丁 内供奉。			
				伯都			
		怯烈出					
	塔察儿 一名倴盏,行省兵马监元帅。	别里虎台 都元帅。					
			密察儿 横州达	阿鲁灰	亦乞里歹	八撒儿	

			鲁花赤，追封平阳郡公。				
			伯里阁不花 都元帅，追封平阳郡公，谥襄愍。	昔里伯吉			
			宋都斛 都元帅。	昔里吉嵩寿			

呼世戴伯忽，亦呼申氏。

呼世戴伯忽 太祖命							

将万人从术赤。							

速而徒思氏，亦作逊都思氏，又作速勒都孙氏，又作逊都台氏。塔立斤派。

锁而罕失剌	赤老温 太祖佐命功臣。	纳图儿 必阇赤。	察剌 随州达鲁花赤。	忽纳 江东廉访使，追封陈留郡侯，谥景桓。	式列乌台		
					脱帖穆耳 东平上千户所达鲁花赤。		
						月鲁不花 浙西廉访使，赠	老安 枢密院判官。

						辽阳行省平章政事，谥忠肃。	
						笃列图衡阳县丞。	
						完泽不完	
							百家奴完泽之侄，佚其父名。
		阿剌罕	兀都锁从阔端太子镇河西。	唐台解王府怯薛官。	健都班侍御史。		
			实理同知徽政院事。				

			亦赤老温之后。				

塔海拔都儿，亦逊都思氏。

塔海拔都儿 太祖千户。	卜花 袭千户。	阿塔海 江西行省左丞相，追封顺阳郡王，谥武敏。					

逊都思氏见于石刻者，有拜住，至正二年进士第一，山东廉访佥事。见于《秘书志》者，有那木罕，泰定元年官秘书郎。

伊而都而斤氏，为速而徒思之分族。

阿而克合萨儿 太祖遣使王汗，拉施特书作阿克礼吉育，下三字疑有误。							

巴牙乌特氏，塔立斤派，分二族：一札狄亦作者第因。巴牙乌特，住札狄河边，一格伦亦作计格楞。巴牙乌特住于沙漠。太祖与泰亦兀赤战，巴牙乌人助之，称曰贝古。

布哈古而干 千户，娶太祖女。	宏罕古而干						

格伦巴牙乌氏：

翁吉儿诺延　太祖千户。							

斤吉特氏，塔立斤派。族人无著名者，太祖分其 部众四千人与术赤，内有忽班诺延。

忽班诺延							

札剌儿氏，亦作哲来耳氏，又作札剌亦儿。白塔塔儿部族也。太祖第七世祖都答昆与札剌儿人战，大败，部众尽死，惟幼子海都获免。其后海都灭札剌儿，俘其人为奴。故孛而只斤氏不与札剌儿通婚姻。札剌儿分十族：一察特，又作札益忒，一塔克拉乌温，一空喀扫温，一枯姆萨乌忒，一乌压忒，一必而喀敦，一苦培儿，一土朗起忒，一布里，一申苦忒。太祖佐命功臣木华黎为札益忒札剌儿氏。

帖列格秃伯颜	孔温窟洼亦作古温兀阿，又作孔温兀答。追封鲁国王，谥忠宣。	木华黎左手万户，封国王，追封鲁国王，谥忠武。	孛鲁嗣国王，追封鲁国王，谥忠定。亦作孛忽儿，拉施特云名乌木呼。	塔思一名查剌温，嗣国王。	硕笃儿食邑三千户，建国王旗鼓。	忽都华袭父爵。	忽都帖木儿袭父爵。
						宝哥忽都帖木儿子，袭父爵。	道童袭父爵。
					霸都鲁追封东平王，谥武靖。旧史以霸	安童中书右丞相，追封东平王，谥忠	兀都带大司徒，追封东平王，谥忠简，进

					都鲁为塔思弟。今据元明善撰安童碑，定为塔思之第二子。	宪，追封鲁王。	封兖王。
						拜住 兀都带子，中书右丞相，追封东平王，谥忠献，进封郓王，谥文忠。	答刺麻硕理 宗仁卫都指挥使。
							因纳牙失

理	一名笃麟铁穆儿,知枢密院事。
定童	霸都鲁第二子。
霸都虎台	第三子。
和童	第四子,袭国王。
忽林池	嗣国王
速浑察	追封鲁国王,谥

				忠烈。孛鲁第二子。	乃燕 世祖赐号薛禅，追封鲁郡王。	硕德 同知通政院事，追封鲁郡公，封忠敏。	别理哥帖木儿 佥通政院事追封鲁国公。
						朵尔直班 别理哥帖木儿子，中书平章政事。	铁固思帖木儿
							笃坚帖木而

浑都不花							
	伯颜察儿						
脱欢 集贤大学士。	阿老瓦丁 江南行台御史大夫。	相威 江淮行省左丞相。					
朵儿只 中书右丞相，嗣国王。	脱脱 江浙行省平章政事。	撒蛮					
	朵蛮帖木儿 朵儿只长子，翰林学士。						

						俺木哥失里 嗣国王。	
				伯亦难 孛鲁第三子。			
				野蔑干 第四子。			
				野不干 第五子。			
				阿里乞失 追封莒王,谥忠惠。	忽速忽儿 嗣国王，追封冀王。	朵罗台 嗣国王。	
						乃蛮台 辽阳行省左丞，封宣宁郡王,进	野仙不花 中书右丞。
							晃忽儿不

						封鲁王，谥忠穆。	花
		者卜客 又作不合，千户。					
		带孙 东阿郡王	秃马台 嗣郡王。	札尔忽 征南万户。	舒温直 袭万户。		
				忽图鲁 浙江道宣慰使都元帅。	佛宝宁 宁国路总管。		
					按坛不花		
					安僧 淮东宣慰使。		

					博罗兵部尚书。		
			察阿台				
			忙哥带孙之后,佚其世次。	塔塔儿台东平达鲁火赤。	只必浙西提刑按察使。		
					秃不申东平达鲁火赤。	不老赤	
						塔宝脱因	
						阿鲁灰	
						完者不花	

						留住马五子，皆袭达鲁火赤。	
	赤老温恺赤	搠阿	那海	忙哥撒儿断事官，追封兖国公。	脱欢万户。		
					脱儿赤	明理帖木儿翰林学士承旨。	
					也先帖木儿	哈剌哈孙	
					帖木儿不花	塔木儿	

						哈里哈孙	
						伯答沙 中书右丞相,追封威平王。	马马的斤
							泼皮
							八郎

拨彻,亦札剌儿氏。

拨彻 太祖火儿赤,追封曹南王。	也柳干 都元帅,追封曹南王。	阿刺罕 中书左丞相,追封曹南王,谥忠	拜降 河南行省平章政事。				

		宣。	也速迭儿集贤大学士。				
			脱欢江南行台御史大夫。				

术赤台儿蔑朱，亦哲来耳氏。合丹，亦哲来耳氏。

术赤台儿蔑朱太祖时为将，有五子，后人多在西域。	呼图克忽儿						
	哈图儿						
	合特兀儿						

术赤昭儿开 蔑朱之弟。	浑得海 伊而嘎蔑而干						

合丹,亦哲来耳氏。

合丹 太祖时为将。	伊鲁该 以其父死,太祖保护之。 伊而奇歹	丹尼世们 从海都。					

巴拉,亦哲来耳氏。

巴拉 亦作贝拉千户。							

别速儿,亦哲来耳氏。

别速儿 太祖千户。							

赛拔,亦哲来耳氏。

赛拔 从王汗处请孛尔台皇		赛而塔克 赛拔之孙。	阿札儿				

后者。							

唆都，亦札剌儿氏。

唆都 占城行省右丞，谥襄愍。	百家奴 镇江路总管。						

塔出，亦札剌儿氏。

札剌台 征高丽元帅。	塔出 辽阳行省平章政事。	答兰帖木儿 辽阳行省参知政事。					

奥鲁赤，亦札剌儿氏，或云木华黎之近属。

豁火察	朔鲁罕	忒本台 行省事，驻兵太原、平阳、河南。	奥鲁赤 江西行省平章政事，追封郑国公，谥忠宣。	拜住 蒙古侍卫亲军副都指挥使。			
				脱桓不花 蒙古军都万户。	察罕帖木儿 蒙古军都万户。		
				普答剌吉 同知枢密院事。			
				特穆实 南宁军达鲁花赤。			

拜延八都鲁，亦札剌儿氏。

拜延八都鲁 蒙古奥鲁官。	外貌台	兀浑察 万户。	失名 曲先路左副都元帅。				
			塔海忽都 四川副都元帅。	孛罗帖木儿 袭父职。			

脱端，亦札剌儿氏。

菊者	脱端 万户。	不花 千户。					
		阿蓝答儿 千户。					

		长寿。千户。 脱欢千户，武昌路达鲁花赤。					

潮海，亦札剌儿氏。

潮海靖海县达鲁火花。	民安图袭父职。						

苏畏亦忒氏，白塔塔儿部族也。亦曰苏尼特氏。分二派，一曰喀伊伦。亦曰喀泼得伦。

亨杜绰克万户，以擅杀官吏，宪宗命阿儿浑戮之。							
萨拉贝克亨杜绰克弟，接统其众，与怯的不花征埃及，兵败而逃，旭烈兀戮之。							
察儿马根							

苏得而杀 力基 明以格 特达儿 三人皆 苏尼特 氏。							

塔塔儿氏，亦作答答带，又作脱脱里台，又作答答里带。白塔塔儿部族也，分六族：一土黑里均忒，一阿儿哥，一察斤，一古亦辛，一讷札特，一也儿忽依。答答儿六族，亦作察合安、阿勒赤、都答儿惕、阿鲁孩、阿亦里兀惕、备鲁兀惕，译音不能强合。忽都虎，察斤塔塔儿氏。亦作失吉忽都虎，失吉即察斤之异译。

忽都虎 宣懿皇 后养子。 拉施特							

以为光 献皇后 养子,误。							

忽理,土黑理均忒塔塔儿氏。

忽理 太祖欲 尽杀塔 塔儿人, 见二小 儿怜之, 命别速 皇后收 养,即忽 理兄弟 也,后为 拖雷将。							

哈剌蒙都 忽理弟。	撒里 宪宗命守巴达克山等处。	鄂而多 袭父位，有二子，皆为西域将。					

胡土虎特，塔塔儿氏，也速皇后之弟。

胡土虎特 左翼千户。							

赛马儿，古亦辛塔塔儿氏。

赛马儿诺延 旭烈兀部将。							

比孙吐哇,塔塔儿氏。

比孙比哇 太祖管马人。	聂古塔石 世祖命使于旭烈兀。						

塔思,答答里氏。

塔思 东平路达鲁火赤。	铁里哥 行军万户。	札剌儿台 福建市舶都转运使。 雍乞剌台 乞里台 浙西道					

		宣慰使。					
		忙兀台江西行省丞相。	帖木儿不花				
			孛兰奚万户。				
			亦剌出中书参知政事。				
	也速歹儿怯薛都。						
	也鲜不花监战万户。						

旦只儿，亦答答带氏。

旦只见 平阳等路达鲁火赤。	建都不花 袭父职。						

帖赤，亦答答带氏。

帖赤 四川都元帅行枢密院。	帖木儿脱 征缅都元帅。	忽都答儿 蒙古军万户。					
	帖木儿不花 四川行省平章						

	政事。						

忒木勒哥，亦答答里带氏。其先从木华黎将蒙古军，镇太原以西八州。

忒木勒哥	札剌带	拜答儿	塔海帖木儿				
	札里						
	答木						

脱因纳，旧史称答答乂氏，乂疑歹字之误。

脱脱里台氏。亦作脱脱忒氏。

纽儿杰	布智儿 也可札鲁忽赤。	好礼 水军万户府达花赤。					

		别帖木儿吏部尚书。					
		补儿答思云南宣慰使。					
		不兰奚水军万户招讨使。	完著不花				

孛儿速，亦脱脱里氏。

孛儿速宿卫官。	答答阿儿揭只烈温千户。						

按摊脱脱里氏,按摊译言金也,当是塔塔儿降于金者。

阔阔不花都元帅。	黄头探马赤元帅。	东哥马千户。					

蔑儿乞特氏,亦称蔑儿乞氏,亦曰麦里吉台氏,又曰灭儿吉解氏,别名兀都特氏。白塔塔儿部族也。分四族:一畏忽儿,一谟丹,一土塔黑麻,一起庸。按《秘史》蔑儿乞分三种:一兀都亦,一兀洼思,一合阿台。与拉施特书不合。其族人太祖杀之殆尽,惟婴儿获免。

只马儿哈札黑忽兰皇后之弟,太祖时为千户。							

伯颜,蔑儿乞氏。

按马哈儿 追封淮阳王，谥忠靖。	称海 领海百户，追封淮阳王，谥忠襄。	谨只儿 追封郑王，谥忠懿。	也速迭儿 平章政事。				
			雪你台				
			燕帖木儿 中政使。				
			教化的 尚服使。				
			伯颜 中书大丞相，封秦王。				
			伯要台				

			马札儿台 中书右丞相，封德王。	脱脱 中书右丞相，封郑王。 也先帖木儿 御史大夫。	哈剌章 中书右丞相，封申国公。 三宝奴 知枢密院事。		

阔阔，亦蔑里吉氏，世居不里罕哈里敦地，国初举族内附。

阔阔 中书左丞。	坚童 河南行省平章						

	政事。						

绍古儿，亦蔑里吉氏。

绍古儿名磁路等都达鲁花赤。	拜都袭父职。	忽都虎邳州万户。					

曲列尔，亦蔑里吉氏。一作迈礼吉真氏。

曲列尔济南路达鲁花赤。	阔阔台监十路总管。						

脱脱，亦默而吉台氏。

默而吉台 追封范阳郡公。	吾都儿 追封范阳郡公。	帖古迭儿 吴县达鲁花赤，追封冀国公。	脱脱 翰林学士承旨、平章政事。	安僧	张保		

郭而路乌特氏，亦曰朵鲁伯解氏。白塔塔部族也，其牧地与鸿火剌特、伊而只斤、贝而忽特相近，不与太祖为敌，太祖亦善待之。

阿不干诺延。	布抡台 为大将，有名。						
	土塔哈诺延 助阿里不哥以叛，世祖宥而用	布月忽儿					

	之,使征海都。有间之者,奔于阿里不哥。子布月忽儿,后归于成宗。						
哈剌欲儿赤阿不干族人,为旭烈兀部下大将。							

朵鲁伯斛氏。

叶谛弥实江西道宣慰使。	伯帖穆而千户。						
	怯里乞忽帖穆而						
	纽邻万户达鲁花赤。						
	囊加觯						
	野先帖木儿同知咸平府。						
	保保同知江						

	阴州。						

卫拉特氏，亦作外剌氏，又曰斡亦剌氏。白塔塔儿部族也，其牧地在郭克苦兰河，分五族：一哈剌乌孙，一西亦吞，一阿富，一乌角而只，一察干。

忽都哈别乞	哈答一作土纳勒赤，又作脱列勒赤，尚太祖孙女火雷公主。						
	脱亦列赤亦作也纳勒赤，又作亦纳，尚太	不哈帖木儿	乌楚屯娶阿里不哥女奴木罕				

	祖女阔阔干公主。						
阔阔干		博儿得注娶世祖女,不知名。称为也不干。按此即旧史《公主表》之延安公主。封延安王。			乌鲁黑		
					只英		
		巴而实不哈		西剌泼			
			比格勒迷失				

具格林氏，亦曰梅林氏。其人非蒙古，又非畏兀儿，以语言同居赛喝次山，亦白塔塔儿十五种之一。

贝而忽忒氏，亦曰布而古忒。与秃马特同族，白塔塔部族也，分三族：一贝而忽忒氏，一呼里氏，一土斡剌斯氏。其后三族合一。

术赤罕阿鲁浑大王处为大将。	萨塔立迷失有贤名。						

秃马特氏，亦作秃别亦氏。白塔塔儿部族也。

布而嘎勤氏、格而谟勤氏，同为白塔塔儿部族，居巴而忽真土格罗姆之地，族人无著名者。

忽而罕氏、赛哈夷氏，同为白塔塔部族，助太祖攻泰亦兀赤。

捏古台氏。相传太祖少时尝遇侵暴，夜与从者七人至于大石之崖，解带加领上以为礼，而祷曰："若有天命，必有来助者。"俄有十九人前来请自效，是为捏古台氏。其族有四：一播而祝吾，一厄知吾，一脱和剌吾，一撒哈儿秃。按撒哈儿即赛哈夷之异译，脱和剌即土斡剌之异译，播而祝即布而嘎之异译，然则捏古台氏乃土斡剌、布而嘎、赛哈夷诸族之总名，其后分析各为一种耳。

乞奴，播而祝吾捏古台氏。

乞奴	火失答儿 永丰县达鲁花赤，赠渔阳县郡伯。	卜里牙秃思 靖州路总管。	笃列图 天历庚午进士右榜第一人，江南行台监察御史。				
			观音奴				
			孛罗				

忽都达儿，亦捏古解氏，居云中。

伯帖木儿	阿屯赤诺延	火者 泰兴县达鲁花赤。	阿散 赠礼部尚书，追封云中	忽都达儿 婺州路总管。	捏古思 吴江州同知。		

			郡侯。		捏古烈		

乌拉速特氏、帖楞郭特氏、客思的迷氏，俱野塔塔儿部族也。知药性，能治疾病。乞儿吉思叛，三族从之。太祖平乞儿吉思，仍归附。

乌梁海氏，称为林木中乌梁海，以别于塔立斤派。不事游牧，生女詈之，则云嫁与牧羊人以为大辱，野塔塔儿部族也。

乌达奇 左右翼千户，领千人守太祖陵寝，在不儿罕山哈儿敦之地。	哀乃克 宪宗时为大将。						

乌梁海有一族，曰虎思斡罗斯，后入于蒙古。

怯烈氏，亦曰克巧亦氏。言语风俗大率类于蒙古。只儿起特、董鄂亦特、土马乌特、萨起牙、哀里牙特皆其支派。拉施特书以昔起约特、即萨起牙。哀里堪、即哀里牙。与兀鲁特、八邻等部并举，亦非蒙古人而入于蒙古者。

脱不花							
怯烈哥							
昔剌斡忽勒	孛鲁欢中书右丞相，追封云王。	也先不花湖广行省右丞相，追封瀛王，谥文贞。	亦怜真湖广行省左丞相，追封冀王，谥忠定。	拜住哥江南行台御史大夫。			
				捌思监中书右丞相。	观音奴宣徽使。		
			秃鲁				

			一作秃忽鲁，中书右丞相，追封广阳王，谥清献。				
			答思 湖南宣慰使。				
			怯烈 中政使。				
			按摊 中书右丞相，追封赵国公，谥贞	阿荣 奎章阁大学士。			

			孝。				
		木八剌御史中丞。					
		不花帖木儿四川行省平章政事。					

镇海，亦怯烈氏，事太宗，为十七投下之一。

镇海亦作称海，中书右丞相。	要束木札鲁花赤。			脱火赤袭千户。	保保千户。		
	勃古思						

	保定路达鲁花赤。						
	阔里吉思		脱烈 靖州路达鲁花赤。		赫思 河南河北道廉访佥事。		
		八十八 河东道廉访佥事。	也里不花 百户。				
		按摊不花 淮东廉访副使。					
		庄家 千户。					

		塔哈赤 宏州达鲁花赤。					

槊只腯鲁华，亦怯烈氏。

槊只腯鲁华 太祖将，追封卫国公，谥武敏。	撒吉思卜华 真定等路万户监军，追封卫国公，谥忠武。						
	明安答儿 万户，追封卫国	腯虎 世祖赐号拔都。					

	公，谥武毅。						
		普兰奚 徽政使。					

怀都，亦怯烈氏。

怀都	速哥 山西大达鲁花赤，追封宣宁王，谥忠襄。	长罕					
		玉吕忽都撒					
		哈里都					
		忽兰	天德于思				

		袭父职，追封云国公，谥康忠。	袭父职，追封云国公，谥显毅。				
		忽都儿不花					
		不花					

哈散纳，亦怯烈氏。

哈散纳 平阳、太原两路达鲁花赤。	捏古伯	撒的迷失	木八剌 西域亲军都指挥使。				
			秃满答	哈喇章			

阿剌不花，亦怯烈氏，徙开平。

阿剌不花 江西行省参知政事，追封赵国公，谥忠襄。	达理麻识理 知大抚军院事。						

勖实带，亦克烈氏。

昔里吉思 炮手军千户。	元帅 袭父职。	勖实带 一名土希，河南炮手军千户。	慕颜帖木儿 炮手军千户。				

奇尔氏伊埒库们，事王汗为千户，为奇尔氏。奇尔，亦怯烈之异译。

伊埒库们	图卜巴哈	约速射尔					
	齐里克						
	萨里斡罕	布尔哈千户，追封昌国公，谥庄愍。	达实密泉府大卿，追封高昌王，谥惠。	阿拉直巴宣政使。			
		苏布特达巴		布拉尼敦翰林学士承旨。			
	合拉翰罕						

拔实，凯烈氏，即怯烈之异译。

拔实 集贤学士、河西廉访使。	博罗帖睦尔						

凯烈氏阿思兰之子孙,别为兰氏

阿思兰 冀宁路达鲁花赤。		谙都剌 益都路总管。	燮里坚 新喻州同知。				

燕只吉台氏。亦作衍只吉氏,又作晏只吉觧氏。自燕只吉台氏以下,均不详其氏族所出。

赤太 马步军都元帅。	纳忽 从宪宗伐宋,有	掬旅局	彻里				

	功。						

阿忽台，亦燕只吉歹氏

忙怯秃千户。		阿忽台中书左丞相，追封和宁王，谥忠献。	自当侍御史。				
			别儿怯不花中书右丞相，封冀王，谥忠宣。	达世帖木而中书平章政事。			

按赤歹氏，亦燕只吉歹之异译。

八思不花宣抚使。	忽押忽河中府达鲁花赤。	药里吉思云南行省左丞相。	完泽湖广行省右丞相。				

彻兀台氏。

雪里坚诺延千户。	麦吉千户。	麦里赐号答剌罕。 桑忽答儿	秃忽鲁				

伲濇沃鳞氏。

杰烈 镇太原，谥襄毅。	博秩	益道理世 冀宁路达鲁花赤。	僧家讷 一名钧，广东道宣慰使。				

哈儿柳温台氏，世家朔漠，徙许州长葛县。

哈八秃	马马 中千户。	彦智杰 中千户。					
		海庐 同知许州事。					
		伯颜					
		万奴					

兀速儿吉氏。

曷剌 辽阳行省左丞。	不花 中书参知政事。						

察台氏。

乞台 千户。	哈赞赤 千户，同知大都督府事。						

朿吕糺氏。

答不巳儿 征行万户。	脱察剌 袭父职。	重喜 婺州路达鲁花	庆孙 征行上万户。	孛兰英 袭职。			

		赤。					

直脱儿，蒙古氏。

阿察儿 太祖博儿赤。	直脱儿 涿州达鲁花赤。	哈兰木 益都万户。	忽剌出 江浙行省平章政事。				

速哥，蒙古氏。

忽都忽儿	速哥 佥四川行枢密院事。	寿不赤 河东万户府达鲁花赤。					

失里伯，蒙古氏。

怯古儿秃	莫剌合	失里伯 淮西道宣慰使。	哈剌赤 曲靖等处宣慰使。				

也速，蒙古氏

月阔察儿 太尉。	也速 中书右丞相。						

朵儿不花，蒙古氏

朵儿不花 江西行省平章	达兰不花						

政事。							

哈答孙，蒙古氏

散海秃 追封陇西郡公。	剌真 追封秦国公，谥安禧。	哈答孙 浙东道宣慰使，追封秦国公，谥昭宣。	塔海 翰林学士承旨。	脱脱木儿 秘书少监。			
				塔海忽都			
				伯颜不花			
			朱苟	斗奴			
			拜住	八匝八尼			
			阔阔	六十二			

			定住	道兴			

新元史卷二九

表第三

氏族表下

色目人，曰畏吾氏，唐兀氏，康里氏，乃蛮氏，雍古氏，钦察氏、又为伯牙吾氏，阿速氏，迦叶弥儿氏，赛夷氏，乌思藏掇族氏、族颍氏、突甘斯氏，感木鲁氏，回回氏、其别曰答失蛮、迭里威失、木速蛮、木忽四氏，于阗氏，阿里马里氏，昔里马氏，八瓦耳氏，古速鲁氏，也里可温氏、亦回回别族，哈剌鲁氏，阿鲁浑氏，尼波罗氏，忽鲁木石氏。

畏吾氏，本回鹘之裔，音转为畏吾。或云畏兀，又作伟兀，又作卫兀。本在和林之地。唐末衰乱，徙居火州，古高昌国也。太祖初兴，其王巴而术阿而忒的斤举国入觐，太祖以公主妻之，自是世为婚姻。凡世言高昌、北庭者，皆畏吾部族。

月仙帖木儿 亦都护。	巴而术阿而忒的斤 亦都护。	玉古伦赤的斤 嗣亦都护。	马木剌的斤 嗣亦都护。	火赤哈儿的斤 至元三年，嗣亦都护。	纽林的斤 《诸王表》作都花的斤。至大初，嗣亦都护。	帖木儿补化 嗣亦都护、高昌王，中书左丞相、御史大夫。	不答失里 中书平章政事，嗣亦都护、高昌王。
						錢吉 一作藏吉，嗣亦都护、高昌王。	和赏 嗣亦都护。元亡，降于明，授高昌卫同知指挥使司事。
						太平奴	

	亦都护、高昌王。按:旧史以为篯吉弟。虞集《高昌王世勋碑》纽林的斤止有二子,则太平奴疑非纽林的斤之子。						
桑哥 嗣亦都护。	月鲁帖木儿 嗣亦都护、高昌	钦察台					

						王。未详何人之子。	
					雪雪的斤驸马都尉、中书丞相、高昌王。	朵儿的斤驸马都尉、江浙行省丞相、荆南王。	伯颜不花的斤江东廉访使，谥桓敏。
							也先不花

孟速思，畏吾贵族也，世居别失八里。

八里术	阿里息思里，一作的。本部都统。	孟速思断事官，谥敏惠，追封武都王，改谥智敏。	脱因宣政院使，太府卿。	察牙孙四川行省左丞。			
				僧家奴行大司农少卿。			

				本牙失里 同知澧州路事。				
				五十 唐州达鲁花赤。				
				答纳失里				
			帖儿不花 翰林学士承旨。	黑哥				
				德福				
				脱烈不花				
				长寿				

			小云者 安西路同知总管府事。				
			也迭列 平凉府达鲁花赤。	阿思兰 开成路达鲁花赤。			
			买奴 翰林学士承旨，章佩卿。	阿儿滩	亦怜真八 买奴之孙。		
				朵儿只班 翰林侍读学士。			

			阿失帖木儿 翰林学士承旨，追封武都王，谥忠简。	别帖木儿 庐州路达鲁花赤。				
				忽秃 真州达鲁花赤。				
				宽者 太常少卿。				
				火你				
			乞带不花					
			叔丹					

			吉州路达鲁花赤。				
			月古不花 中书左丞。	狗儿 檀州达鲁花赤。			
				长安			
			火你赤 云南都元帅。	善善			
				不花			
			唐兀带 四川宣慰使、都元帅。	朵儿只			
				教化			

				牙八古 长安 伯颜察儿 以上五人，皆唐兀带之子。			

洁实弥尔，亦畏吾氏。

	八察脱忽邻 追封齐国公，谥庄靖。	野薛涅 追封齐国公，谥恭惠。	玉笃实 同知宣政院事，追封齐国公，谥忠穆。				
			洁实弥尔	答儿迷失	阿难答失		

			宣政使，追封齐国公，谥文忠。	里 宣政院使。	里		
				散散 云南行省右丞。			
				速速 湖广行省右丞。			
				阿育八剌			
				阿麻剌失里			
				亦麻剌失里			

				阿育失里　以上五人，皆洁实弥之孙。			

小云石脱忽怜，亦畏吾世族。

小云石脱忽怜　真定路断事官。	八丹　隆兴府达鲁花赤，遥授中书右丞。	阿里　鹰房千户。					
		石得　安西王相府官。					
		德眼					

		汝宁府达鲁花赤。					
	速浑察 从旭烈兀至西域。						
	哈剌哈孙 中书右丞,行中书省事。	阿散 甘肃行省平章政事。	班祝 河南、山西佥肃政廉访使。				
		刺真 一作腊真,中书平章政事,兼翰	察乃 中书平章政事。	孛孛实 河东道宣慰使。			
				老汉			

		林学士承旨。		亦辇真辽阳行省左丞。 老章知枢密院事，和宁王。 草地里真定路达鲁花赤。 揑列秃宫傅。 答剌海			

				罗罗 江东道廉访使。 撒马笃 中书参知政事。 伯颜帖木儿 光禄少卿。			

玉龙阿思兰都大，亦畏吾世族。都大者，华言巨室也。

玉龙阿思兰都大 追封范阳郡公。	哈剌阿思兰都大 太祖时为宿卫，	阿塔海牙 追封赵国公。	阿思兰海牙 中书平章政事。	忙欢 都水少监。	宝哥 宿卫。 宝山		

	追封范阳郡公。				宿卫。		
				月禄海牙			
			赛因海牙同佥宣徽院事。				

哈刺亦哈赤北鲁，亦畏吾氏。

哈刺亦哈赤北鲁	月朵失野讷 都督，兼独山城达鲁花赤。	乞赤宋忽儿 袭父职，赐号答刺罕。	塔塔儿				
			忽栈				
			火儿思蛮				
			月儿思蛮 袭父职。	阿的迷失帖木儿	阿邻帖木儿	沙刺班 中书平	

				秘书太监。	翰林学士承旨。	章政事，宣政院使。	
						秃忽鲁	
						六十	
						咱纳禄	

偰氏，其先世曰暾欲谷，本突厥部。突厥亡，遂臣回纥，世为国相，居偰辇河，因以偰为氏。数世至克直普尔，袭本国相、答剌罕，赐号阿大都督。辽主授以太师、大丞相，总管内外藏事，国人称之曰藏赤立。其子曰岳弼。岳弼七子：曰达林，曰亚思弼，曰衢仙，曰博哥，曰博礼，曰合剌脱因，曰多和思。

亚思弼	仳理伽帖穆尔 黄溍集作普华，						

袭国相、答剌罕。							
岳璘帖穆尔 太宗时，充断事官。	益弥势普华						
	都督弥势普华						
	怀来普华						
	都尔弥势 广西廉访使。						
	八撒普华						
	旭烈普华						

		和尚					
		合剌普华 广东都转运盐使，追封高昌郡公，谥忠愍。	偰文质 吉安路达鲁花赤，追封云中郡侯，谥忠襄。	偰玉列 延祐五年进士，翰林待制，兼国史院编修官。	偰列图 上虞县达鲁花赤。		
				偰直坚 泰定元年进士，宿松县达鲁花赤。			
				偰哲笃 延祐二	偰百僚逊 至正五		

				年进士，江浙行省参知政事。	年进士，应奉翰林文字。 偰理台 偰帖该 偰德其 偰吉思 偰赉 偰弼 以上皆偰哲笃子。			

				偰朝吾 至治元年进士，同知济州事。			
				偰列篪 至顺元年进士，河南路经历。			
			越伦质	善著 泰定四年进士，同知湘潭州事。	正宗 至正五年进士。		
					阿儿思兰 至正八		

		独可理普华			年进士。			
		脱烈普华						
多和思	撒吉思 山东行省大都督，迁经略、统军二使，兼益都达鲁花赤，追封云中郡公。		答里麻 陕西行台中丞。					
			约著 隆禧院使，以伯父及父名皆有里字，因以里为					

			氏。				

廉氏。布鲁海牙官廉访使，子孙以廉为氏。

牙儿八海牙	吉台海牙	布鲁海牙 真定、顺德诸路宣慰使，追封魏国公，谥孝懿。	廉希闵 蕲黄等路宣慰使。				
			廉希宪 一名忻都，中书平章政事，谥文正，进封恒阳王。	廉孚 佥辽阳行省事。			
					廉阿年八哈 浦江县达鲁花赤。		
					希宪诸		

孙。

廉恪 台州路总管。

廉恂 一名迷只儿海牙。中书平章政事。

廉忱 邵武路总管。

廉恒 御史中

丞。

廉惇 陕西行省左丞。

廉希恕 湖广行省右丞，行海北道宣慰使。

廉希尹

廉希颜

廉希愿

廉希鲁	
廉希贡 昭文馆大学士，蓟国公。	
廉希中	
廉希括	
阿鲁浑海牙 广德路达鲁花赤。	廉惠山海牙 翰林学士承旨。
廉希贤 一名中	

	阿里普海牙	益特思海牙	都海牙，礼部尚书，国信使。				

贯氏。阿里海牙平江南有功，其子曰贯只哥，子孙因以贯氏。

阿散合彻	阿里海牙 湖南行省左丞相，谥武定，进封江陵王。	忽失海牙 湖广行省左丞。					
		贯只哥 江西行	小云石海涯	阿思兰海牙			

		省平章政事，封楚国公，谥忠惠。 和尚 湖南道宣慰使。 拔突鲁海涯 阿昔思海涯	翰林侍读学士，追封京兆郡公，谥文靖。 忽都海涯 两淮万户府达鲁花赤。	慈利州达鲁花赤。 八三海涯			

		突里弥实海涯	合滴力海涯 阿里海牙孙				

唐古直，亦畏兀人，子孙以唐为氏。

唐古直 达鲁花赤。		唐仁祖 翰林学士承旨，追封洹国公。	唐恕 翰林待制。				

全氏，亦畏吾人。乞台萨理，一名万全，其后因称全氏。

乞赤也奴亦纳里	阿台萨理 追封赵国公，谥端愿。	乞台萨理 释教都总统，同知总制院事，追封赵国公，谥通敏。	畏兀儿萨理 中书右丞，行泉府太卿。				
			阿鲁浑萨理 中书平章政事，追封赵国公，谥文定。	岳住 一作爻著，江西、河南行省平章政事。	普达 同佥行宣政院事。		
					答里麻		
					安僧 章佩监。		

					仁寿 长秋寺卿。		
				久住 翰林侍读学士，以兄子安僧为后。	久住 翰林。		
				买住			
			岛瓦赤萨理				
			全普奄撒里 江西参知政事，				

			死,谥敬哀。				

鲁氏,亦畏吾人。迦鲁纳答思之子,以父名为氏。

迦鲁纳答思 翰林学士承旨,大司徒。	铁柱 靖州路达鲁花赤。	重喜 崇仁县达鲁花赤。					
		曼陀罗释理					

大乘都,亦畏吾世族

伯益赫 追封秦国公,谥	月朵识脱忽邻 封秦国	大乘都 翰林学士,追封	大理都 枢密院参议官。				

康懿。	公，追谥安惠。	秦国公，谥文敏。	大慈都翰林学士承旨。崇福院使。				
			别帖木儿陕西怯连都总管。				
			本牙失里				
			僧奴乌程县达鲁花赤。				
		大悲都					

		宣政院提点所达鲁花赤。					

小乘都，亦畏吾世族。

小乘都 追封秦国公。	腆藏帖林护迪 追封秦国公。	安藏 翰林学士，追封秦国公，谥文靖。	斡儿妥迪钦 徽州路同知。	阙间 德安知府。 九九			

叶仙鼐，亦畏吾氏

土坚海牙	叶仙鼐 陕西行	完泽 中书平					

	省平章政事，追封巩国公，谥忠敏。	章政事。					

昔班，亦畏吾氏。

阔里别斡赤 本国坤闾城达鲁花赤。	昔班 中书右丞，翰林学士承旨。	斡罗思密 浙东宣慰使。	咬住 宗正府札鲁花赤。				

阿礼海牙，亦畏吾氏。

脱列 集贤大	野讷 同知枢						

学士。	密院事，追封赵国公，谥忠靖。 阿礼海牙陕西行台御史大夫，中书平章政事。						

脱力世官，亦畏吾氏。

八思忽都	帖哥术罗罗斯副都元帅，同知宣慰司事。	脱力世官罗罗斯宣慰使，兼管军万户。	唆南班罗罗斯副都元帅，同知宣慰司事。				

脱烈海牙，亦畏吾氏。

阔华八撒术	八剌术	阇里赤	脱烈海牙淮东宣慰使，追封恒山郡公。				
			观音奴				

塔塔统阿，亦畏吾氏。

塔塔统阿追封雁门郡公。	玉笏迷失						
	力浑迷失						
	速罗海						

	笃绵 封雁门郡公。	阿必实哈 陕西行省平章政事。					

铁哥术，亦畏吾氏

达释	野里术	铁哥术 婺州路达鲁花赤，追封云国公，谥简肃。	义坚亚礼 湖州路达鲁花赤。 月连术 安陆府同知。	海寿 杭州路达鲁花赤，追封范阳郡侯，谥惠敏。			

			八札 同知宣政院事。				

月鲁哥,亦畏吾氏。

达即拿 追封凉国公,谥康武。	脱因 追封凉国公,谥安僖。	月鲁哥 大宗正府也可札鲁花赤,追封高昌王,谥庄肃。	买闾 治书侍御史,大承华普庆寺都总管。	定住 达里麻 吃剌失思 朵儿只 忽都帖木儿			

				也先帖木儿			

阿台脱因，亦畏吾氏。

和礼纳 赠中书平章政事，追封昌国公。	阿台脱因 河南行省平章政事，秦国公。	买住 江西行省平章政事。	禀雅实立 吴江州达鲁花赤。				
			相哥实立 广东廉访佥事。				
			普达实立 江西行省左右司郎中。	五十四	观音奴		

			阿兰纳实立　岳州路平江州达鲁花赤。				

孛罗帖木儿，高昌人。

孛罗帖木儿　襄阳路达鲁花赤。	马哈失力　孛罗帖木儿从子。						

昔里哈剌，亦畏吾氏。

昔里哈剌 湖广行省平章政事，追封秦国公，谥襄靖。	和尚 铁冶都提举。	久住 临江、赣州两路治中	五十四				
	咬住	法华奴					
		宝月					
		宝晋 以上四人皆昔里哈剌孙。					
			宝贤 以上二人皆昔里哈剌				

			曾孙。				

文书奴，亦畏吾氏。

文书奴 翰林直学士，提举湖广学校官。	护林 汉阳府达鲁花赤。						
	野先 国子司业，范阳郡侯。	赫赫 湖广行省郎中。	保坚				

忙兀的斤，亦畏吾氏。

朵罗术	忙兀的斤 中尚院	明里 泸州达	脱禾 湖南道	班迪 昭孝营			

	使，追封蓟国公，谥忠简。	鲁花赤。	宣慰使。	缮司大使。			
		八札不花安丰路达鲁花赤。					
		秃忽赤裕州达鲁花赤。					
		德奴光州达鲁花赤。					
		塔纳监察御史。					

忽都不花
忽脫
脫脫 宿州同知。

七山
亦迪不花
脫不花
曲林不花
太平
脫烈不花

			朵里不花					
			不儿罕忽里					
			万僧奴					
			和尚					
			给只哥					
			燕帖木儿					
			德僧					
			缚住马					
			伴伴					

			忙哥帖木儿	禾上				
			以上十四人，皆忙兀的斤孙。	兴哥				
				山僧				
				海僧				
				观音奴				
				福僧				
				以上七				

				人皆忙兀的斤曾孙。			

普颜,亦畏兀氏。

撒里阿塔 赠恒山郡公,谥孝懿。	普颜脱忽怜 谥静忠。	爱全 追封赵国公,谥文静。	宗统怯得 都鲁迷失				
			小云石 昌国州达鲁花赤。				
			普颜 淮西江北道肃政廉访	黄头 同知诸暨州事。			

			使。	神保佥浙东海右道肃政廉访使事。			
			忽都鲁笃尔弥失奎章阁大学士，赵国公，谥文穆。				

拜降，亦畏吾氏。

忽都追封渔阳郡侯。	拜降工部尚书，资国院使，谥						

	贞惠。						

唐兀氏，故西夏国。太祖平其地，称其部众曰唐兀氏。仕宦次蒙古一等。其俗以旧羌为蕃河西，陷没人为汉河西，然仕宦者皆舍旧氏而称唐兀云。元昊出拓跋部落，唐末始赐姓李，宋初又赐姓赵，国亡仍称李，居贺兰于弥部，又号于弥氏，或称乌密氏，亦称吾密氏。太祖经略河西，有守兀纳剌城者，夏宗室之子也，城陷不屈死，子惟忠。

李惟忠 益都淄莱军民都达鲁花赤，追封滕国公，谥忠襄。	李恒 中书左丞，行省荆南，追封滕国公，谥武愍。	散木鱘 一名世安。江西行省平章政事。	屺 一名薛彻。翰林直学士。	保			
			屿 一名薛彻秃。怀远大将军，袭	顺			

					万户。			
					岩 栖霞县达鲁花赤。			
					峙			
					峡 江西行省理问。			
					繁	囊家真 一名世雄。益都淄莱万户。		
						逊都台		

		一名世显。同知湖南宣慰司事。					

又有李桢者，亦西夏国族。乌密之族，又有察罕。

曲也怯律	曲也怯祖 太祖时为皇子察合台札鲁忽赤。	阿波古	亦立撒合 陕西行省平章政事。				
			立智理威 湖广行省左丞，追封秦国公，谥忠惠。	买讷 翰林学士承旨。	答里麻 内府宰相，立智理威孙。		
				韩嘉讷			

	察罕 马步军都元帅，领尚书省事，追封河南王，谥武宣，赐姓蒙古氏。	木花里 蒙古军万户，追封梁国公，谥武毅。	答哈兀 陕西行台监察御史。	御史大夫。			

卜颜帖木儿，亦乌密氏

阿木	卜颜贴木儿 江浙行省平章政事,阿术兄子。						

暗伯,唐兀世族。

僧吉陀 太祖时秃鲁哈,必阇赤。	秃儿赤 文州礼店元帅府达鲁花赤。	暗伯 知枢密院事,追封宁夏郡公,谥忠遂。	阿乞剌 知枢密院事。				
			亦怜真班 湖广行省左丞。	答里麻			
				普达失里 翰林学			

				士承旨。			
				桑哥八剌同知称海宣慰司事。			
				哈蓝朵儿只宣政院使。			
				桑哥答思岭北行省平章政事。			
				沙嘉室理岭北行省参知			

				政事。 易纳室理 大宗正府也可札鲁忽赤。 马的室里 佥书枢密院事。 马剌失里 内八府宰相。			

昔里氏，唐兀世族，以别于国姓，称小李，讹为昔李。本沙陀族，徙居酒泉郡之沙州。答加沙仕其国为必吉，华言宰相也。

答加沙 赠太傅，追封魏国公，谥康懿。	昔里钤部 一名益立山，也可札鲁火赤，大名路达鲁花赤，追封魏国公，谥贞献。	爱鲁 袭大名达鲁花赤，云南行省右丞，追封魏国公，谥忠节。	教化 中书平章政事，太尉，封魏国公。				
			也先帖木儿				
			骨都歹				
		罗合 大名路行军千户。					
		小钤部 大名路达鲁花					

		赤。	万奴侍从官，昔里钤部孙。				

野蒲氏，亦作也蒲氏，世为西夏将。

也蒲甘卜	昂吉儿江浙行省平章。	昂阿秃庐州蒙古汉军万户府达鲁花赤。					
		暗普唐兀秃鲁花千	教化的世袭千户，昂吉				

		户,海南海北道廉访使。	儿孙。				

朵罗台,亦唐兀氏

小丑 太祖赐名怯延亢兰,为怯怜口行营弓匠百户。	塔儿忽台 袭父职。	朵罗台 芍陂屯田千户所达鲁花赤。 阔阔出 监察御史,大宁路总管。	脱欢 四川廉访佥事,枢密院断事官。				

星吉,亦唐兀氏。

朵吉 怯烈马赤，追封秦国公，改封雍王。	搠思吉朵儿只 怯烈马赤，追封代国公，改封凉王。	搠思吉 怯烈马赤，追封赵国公，改封邠宁王。	星吉 江西行省平章政事，赠江西行省丞相，追封威宁王，谥忠肃。	剌哈咱识理 利用监太卿。 答儿麻八拉 佥辽阳行枢密院事。 达尔麻识理 改名吉昌，仕明。 宝山 宝座			

拜延,亦河西人。

火夺都	拜延 蒙古汉军管军万户。	答察儿 兴化金州万户府达路花赤。					

来氏,亦河西之族,居宁夏。

术速忽里	来阿八赤 湖广行省右丞。	寄僧 雷州路总管。	完者不花 潮州路同知。				
			秃满不花				
			也先不花				
			太不花				

高氏，河西世族。

高逸 仕夏为大都督府尹。	良惠 仕夏为右丞相，追封宁国公，谥康靖。	智耀 翰林学士，中兴等路提刑按察使，追封宁国公，谥文忠。	长寿 佥行枢密院事。				
			睿 江南行台御史中丞，追封宁国公，谥贞简。	纳麟 太尉，江南行台御史大夫。	安安 行枢密院判。		
					琐 枢密院经历。	玉林 行台御史，广东廉访佥事。	

杨氏，世居宁夏，亦唐兀世族。

失刺 追封夏国公，谥忠定。	失刺唐吾台 给事裕宗潜邸，追封夏国公，谥忠定。	教化 江西湖北道廉访使，追封夏国公，谥襄敏。	衍饬 江南行台监察御史。				
		朵儿只 御史中丞，集贤大学士，赠司徒，追封夏国公，谥襄愍。	不花 河东山西道廉访佥事。				
			文殊奴 监察御史。				

斡氏，唐兀贵族。有斡道冲者，为夏宰相。朵儿赤，其曾孙也。

斡札簀 中兴路副管民官。	朵儿赤 云南廉访使。	仁通 云南行省理问。	斡玉伦徒 工部侍郎。				

刘氏,世居张掖。

完泽 监察御史,陕西道廉访副使,追封彭城郡侯。	沙剌班 江西道廉访使。 观音奴 刑部郎。 锁住 忙哥帖木儿 蒙古翰						

	林院应奉。						

余阙，唐兀氏，本武威人，居庐州路录事司。

铣节	铣节 按此两世同名，据《进士录》。	沙剌藏卜 《录》作屑耳为。	余阆				
			沙剌八				
			洪保				
			余阙 元统元年右榜进士第二人，淮南行省右丞，追封豳国	德生			

			公，谥忠宣。 福寿				

丑闾，亦唐兀氏。

伯颜察儿	丑闾 元统元年进士，授崇福司管勾。历知安陆府，赠河南行省参知政事。						

琏赤，亦唐兀氏，后居濮州鄄城县。

琏赤 山东宣慰司副都元帅。	阿荣 汀州总管，同知邵武路事，德庆府总管。	黄头 一名世雄，平江路达鲁花赤。	哈剌 兖州路同知。				
			脱脱木儿 东平等处民户总管。				
			元童 长州县达鲁花赤。				
			别帖木儿				

			保童 崇仁县达鲁花赤。				
			乃蛮歹				
			和尚				
			安童				
			赵安				
		山住					
		朵罗歹 京畿广卫仓使，黄头从弟。					

重福，亦唐兀氏。

重福 广西廉访使。	溥华 江西乡贡进士。						

哈石霸都儿，亦唐兀著族。

哈石 太祖赐名霸都。	述哥察儿 浚州达鲁花赤。	哈剌哈孙 同知江州路事，汉阳府知府。	脱因莅 江西行省宣使。 纳嘉德 安化县达鲁花赤。 教化 乡贡进				

			士。				

王氏，亦称唐兀氏。元初有从右丞昂吉下江淮者，以功授领兵千户，镇庐州，子孙因家焉。其孙曰也先不华。

也先不华袭千户。	那木罕一名翰，袭千户，改庐州路治中，终潮州路总管。						

也儿吉尼，唐兀氏。

也儿吉尼广西行省平章	不花帖木儿						

政事。							

福寿，唐兀氏。

福寿 江南行台御史大夫，追封卫国公，谥忠肃。							

康里氏，亦曰康邻。古高车之后，赤狄种也，以部落为氏。

虎里思	怯失里	曲律					
		牙牙 封康国	孛别舍儿				

		王，进封云中王。	和者吉追封荣王，谥忠武。	燕不怜辽阳行省平章政事，太保，兴国公，追封兴宁王，谥忠襄。			
				燕八思提大司农。			
				别不花岭北行省平章政事。			

				伯撒里 中书右丞相、永平王。			
			不别 遥授甘肃行省右丞。				
			斡秃蛮				
			阿沙不花 中书平章政事，太尉，右丞相，追封顺宁王，谥忠	海亦儿 顺宁府达鲁花赤。	托和直 阿沙不花孙。		
				伯嘉讷 翰林侍			

			烈。	读学士、中政院使			
			脱脱 中书左丞相，追封和宁王，谥忠献。	霸都 仁虞都总管府达鲁花赤。			
				铁木儿达识 中书平章政事，进左丞相，追封冀宁王，谥文忠。	拔都儿 袭领昔宝赤。	秃鲁 仁虞都总管府达鲁花赤。	
						完者帖木儿 海口屯	

						储侍卫亲军都指挥使。	
					天保奴		
				玉枢虎儿吐华 四川行省平章政事。			
				达识帖睦迩 江浙行省左丞相。	瓦咱剌失里		
				哈答不花			
				阿鲁辉帖			

				木儿			
				脱烈 太府太监	长寿安		
			哈达帖木儿 大都副留守。	万奴			
			汪家闾 同佥资政院事。	博罗帖木儿			

海蓝伯，世为康里部大人。

海蓝伯 追封河	燕真 追封晋	不忽木 昭文馆	回回 陕西行	祐童 济宁路	完者不花	也先帖木儿	

东郡公。	国公，谥忠献。	大学士，平章军国事，进封东平王。	省平章政事。	总管。			回回曾孙。	
				孛栾台				
				帖木列思江南行台治书侍御史。				
				孛罗河间路献州达鲁花赤。				
				脱脱木儿				
					大禧奴至正甲午进士，			

					太常礼仪院太祝。		
					福寿 以上三人，皆回回孙。		
			巙巙 翰林学士承旨，谥文忠。	维山 崇文太监。			
		野里审班					
			拜住 太子司经，海蓝伯之裔。				

秃忽鲁,亦康里氏。

亦纳	亚礼达石	秃忽鲁 江浙行省右丞,枢密副使,追封赵国公,谥文肃。	山僧 晋宁路总管。				

斡罗思,亦康里氏。

哈失伯要 庄圣太后牧官。	海都	明里帖木儿 太府少卿,封益国公。	斡罗思 四川行省平章政事,封益国公。	庆童 中书左丞相。 博罗普化 隆禧总			

				管府副达鲁花赤。			

艾儿拔都，亦康里氏。

艾儿拔都怯怜口阿答赤，孛可孙。	也速答儿钦察亲军都指挥使，追封威武郡公，谥显敏。						

也速斛儿，亦康里氏。

爱伯伯牙兀	也速斛儿管军万	教化的					

	户，钦察亲军指挥使。	黑厮 袭父职。 黑的 牧马同。 延寿 袭兄职。 拜颜 领哈剌赤。 完泽帖木儿 广德路万户府					

		达鲁花赤。 哈剌章					

塔里赤，亦康里氏。

也里里白 帐前总校。	塔里赤 福建浙东道宣慰使，追封临安郡公。	脱脱木儿 邵武汀州新军万户府达鲁花赤。 万奴 广西宣慰使、都元帅。					

明安，亦康里氏。

明安 贵赤亲军都指挥使司达鲁花赤。	帖哥台 中卫亲军都指挥使，进平章政事。	普颜忽里 贵赤亲军都指挥使司达鲁花赤。					
		善住 佥中卫亲军都指挥使司事。					
	孛兰奚 中卫亲军都指挥使，进	桑兀孙 中卫亲军都指挥使。					

脱迭出 贵赤亲军都指挥使司达鲁花赤。	太尉。	乞答海 中卫亲军都指挥使。					

哈麻，亦康里氏。

秃鲁 太尉，封冀国公。	哈麻 中书左丞相。 雪雪 御史大夫						

定住,亦康里氏。

定住 中书右丞相。							

乃蛮氏。亦称乃马氏,亦称耐满氏。其先太阳罕为乃蛮部主,太祖灭之。其国族称答禄氏,亦称达鲁,又称答鲁。又称朵鲁伯解氏。

曲书律	敞温	抄思 太宗时授万户,镇随州,移颍州。	教化的	拜的迷失			
			别的因 池州路、台州路达鲁花。	不花 岭南广西道廉访使事。			

				曩加斛 一名文主，赠秘书监。				
				燕真不花				
				延寿 汤阴县达鲁花赤。				
				掇落斛	阿马秃 彰德等路长宣官司达鲁花赤。			

		脱脱 兴涪县达鲁花赤。					
	脱因 襄阳县主簿。	猪狗					
	火你赤						
		孛兰奚 宣城县达鲁花赤。					
		守恭 天历三					

					年进士，曹州判官。		
					守礼 泰定四年进士，武州达鲁花赤。	与权 至正二年进士，别的因曾孙。	
					完哲 淮东宣慰司奏差。皆别的因孙。		

答禄之族，有帖木哥。

帖木哥 行台御史大夫。	普化帖木儿 行台御史大夫。						

曩加歹，乃蛮世族。

不兰伯	合折儿 一作哈直儿。追封梁国公，谥庄襄。	麻察 总管蒙古、汉军，追封梁国公，谥桓武。	曩加歹 同知枢密院事，河南行省平章政事，追封浚都王，谥忠武。	教化 山东河北蒙古军副都万户。 执礼和台 河南行省平章政事。			

				脱孙坚 山东河北军大都督。			

铁连，亦乃蛮氏。

伯不花 宗王拔都王傅。		铁连 绛州达鲁花赤。	答剌带 同知大同路总管府事。				

和尚，亦乃蛮氏。

海速 昔列木千户所蒙古军	兀鲁不花 后卫亲军百户。						

百户。	怯烈吉 袭百户。	和尚 后卫亲军副千户。					

月里麻思，亦乃蛮氏。

月里麻思	忽都哈思 答剌罕，上均州监战万户。						

也先不花，亦乃蛮氏。

也先不花 临江万户府上	买奴 江西湖东道廉	伯颜 袭祖职。					

千户所达鲁花赤。	访佥事。						

末赤,亦乃蛮氏。

昔不察	末赤 济南寇州新军万户府千户达鲁花赤。	寨腊	耐满特				
			明安达 袭祖职。				
		马僧					
		和尚 袭父职。					
		蒙斡特					
		丑驴					
			拓因				

			掇烈孛特				
			关奴				
			完撫都				
			孛罗				
			蔼叶尺				
			宝童				
			寿童				
			以上八人,皆末赤孙。				

察罕帖木儿,亦乃蛮氏,家于汝宁,改李氏。旧史《察罕帖木儿传》云系出北庭,误也,归旸《乃蛮公功德碑》可证。

阔阔台	乃蛮台	阿鲁温 封汝阳王，进封梁王。	察罕帖木儿 中书平章政事，知河南山东行枢密院事，追封颍川王，谥忠襄。	扩廓帖木儿 太傅，中书左丞相，河南王，本姓王，养以为子。 脱因帖木儿 陕西平章政事。			

雍古氏，本回鹘之别部，归于太祖。部人有黚公者，任金为群牧使，子按竺迩幼鞠于外大父术要甲家，声讹为赵家，子孙因以赵为氏。

黚公 金群牧	按竺迩 蒙古汉	彻里 袭父职，	步鲁合答 管军千	忙古不花 袭管军			

使,追封云中郡公,谥贞毅。	军征行元帅,追封秦国公,谥武宣,一作忠宣。	为元帅。	户,云南万户府达鲁花赤。	千户。				
		国宝 一名黑子,蒙古、汉军元帅,兼文州吐蕃万户府达鲁花赤,追封梁国公,谥忠定,一作忠宪。	赵世荣 一名那怀,袭蒙古、汉军元帅,进吐蕃宣慰使议事都元帅。					
			赵世延 中书平章政事,	野峻台 四川行省参知				

		国安 一名帖木儿。袭蒙古、	鲁国公，谥文忠。	政事，追封凉国公，谥忠壮。 月鲁 江浙行省理问官。 伯忽 夔州路总管，追封蜀国公，谥忠愍。			

		汉军元帅，改随州拔都万户。					

雍古有马氏，先世居净州之天山，锡礼吉思仕金为凤翔兵马判官，死节，官名有马，因以立氏。

帖穆尔越哥	把造马野礼属	锡礼吉思 一名庆祥，金凤翔兵马判官。	月合乃 一作月忽乃。封梁郡侯，谥忠懿。	世昌 行尚书省左右司郎中，追封梁郡侯。	润 彰州路同知，追封梁郡公。	祖常 御史中丞，追封魏郡公，谥文贞。	武子 湖广行省检校官。

文子秘书监著作郎。							
	祖义郊祀法物库使。						
惠子濠州钟离尉。	祖烈江浙行省宣使。						
	祖孝陈州判官。						
	祖信保德州同知。						
	祖谦昭功万户都总						

						使府知事。	
							献子
							懿子以上二人，皆润孙。
				世显通州知事。			
				世荣			
				世靖			
				世禄中山府织染提举。			
				世吉			

			绛州判官。				
			审 温台州、淮安、瑞州三路总管。				
	天合 监杭州盐仓。	节 人王屋山为道士。					
		礼 下砂盐司丞。					
		渊					

开 监在京仓。

遗

道

遵

通

迪

保 六赐提举都城所。

岳难 兰州路达鲁花赤。

雅古必吉男 兴国路同知。

祝饶 监富池茶场。以上十三人，皆月合乃孙。

易朔 南台察院书吏。

					祖元 信州路教授。 卤合 知行唐县。以上四人，皆月合乃曾孙。		

钦察氏，亦作奇卜察儿。其先曲出，自武平折连川徙居西北玉里伯里山，一作玉耳别里。因所居伯牙吾山，一作白野。为氏号。其国曰钦察。曲出生唆末纳，唆末纳生亦纳思，世为钦察部主。太祖讨钦察，亦纳思之子忽鲁速蛮遣使来归。

忽鲁速蛮 追封句	班都察 追封句	土土哈 同知枢	塔察儿 北庭元				

容郡王，谥刚毅。	容郡王，谥忠定，进封溧阳王。	密院事，钦察亲军都指挥使，进封升王，谥武毅。	帅。				
			太不花 御位下博儿赤。				
			床兀儿 知枢密院事，钦察亲军都指挥，追封句容国公，进封阳王。	小云失不花 钦察亲军千户。			
				燕赤不花 大司农卿。			
				燕帖木儿	唐其势		

				中书右丞相、答剌罕,封太平王,追封德王,谥忠武。	中书左丞相。		
					塔剌海		
						马马沙 钦察亲军指挥使,唐其势从子。	
				撒敦 中书左丞相,封荣王。			
				燕秃哈儿			

				答里 阑遗少监。一作答邻答里，太禧宗禋院使，袭句容郡王。			
				泼皮罕			
			别里不花 钦察亲军千户。				
			帖木儿不花 建廉庐	秃鲁			

			饶东路蒙古元帅,封武平郡王。	和上			
				亦怜真			
				阿鲁忽秃治书侍御史。			
			欢差钦察亲军千户。				
			岳里帖木儿佥武卫亲军都指挥使司事。				

			断古鲁班 钦察亲军都指挥使。				

忽都思，伯牙吾氏。

哈剌察儿	忽都思 赐号拔都鲁，管军千户，追封沅国公，谥武愍。	和尚 江南浙西道提刑按察使，追封沅国公，谥庄肃。	千奴 平章政事、商议枢密院事，追封卫国公，谥景宪。	龙宝 监察御史。			
				寿童 洪泽屯万户。			

				不兰奚 江南行台御史。 观音保 袭洪泽屯万户。 孛颜忽都 进士,翰林国史院经历。			

伯牙吾氏,又有泰不花。一作达普化。

塔不台 台州录事判官。	泰不花 江浙行省参知政事,追						

	封魏国公，谥忠介。						

完者都，钦察氏，内徙居彰德。

哈剌火者	完者都 江浙行省平章政事，追封林国公，谥武宣。	帖木秃古思 高邮上万户府达鲁花赤。 别里怯都 江浙行省右丞。 插都 无锡州	喜僧 袭高邮上万户府达鲁花赤。				

		达鲁花赤。 不花 别里 长兴州达鲁花赤。					
		御里帖木儿 高邮打捕屯田提举司达鲁花赤。 伯不花					

		幢合儿					
		出不昆					
		八剌					
		黑黑					
		潮潮					
		佛保					
		和尚					

昔都儿，亦钦察氏

秃孙 百户。	昔都儿 炮手军	也先帖木儿					

	匠万户府达鲁花赤。	袭父职。					

苦彻拔都儿，亦钦察氏

苦彻拔都儿 滁州路达鲁花赤。	脱欢 镇守无为滁州万户府达鲁花赤。	麻兀 滁州路达鲁花赤。 锁住 滁州万户府达鲁花赤。					

钦察人见于史传者有伯帖木儿。东路蒙古军上万户府上万户。又《秘书志》有买买，字子昭，至正十七年由中政院

同知迁秘书卿。称伯要氏，当即伯牙吾氏也。伯牙吾，亦作伯岳吾。成宗后，伯岳吾氏，驸马脱里思之女。

阿速氏，本西北部落。太祖时其国王杭忽思一作昂和思。来归，赐金符，为其部万户。

杭忽思 阿速部万户。	阿答赤 千户。	伯答儿 袭千户，授后卫亲军都指挥使。	斡罗思 隆镇卫都指挥使。	都丹 右阿速卫都指挥使。			
	按法普			福定 知枢密院事。			

阿儿思兰，亦阿速氏。

阿儿思兰	阿散真						
	捏古来	忽儿都答 管军百	忽都帖木儿				

		户。	左卫阿速亲军副都指挥使。				

玉哇失，亦阿速氏。

也烈拔都儿 阿速军千户。	也速歹儿 玉哇失 阿速军千户。前卫亲军都指挥使。	 亦乞里歹 袭千户。	 拜住 袭千户。				

口儿吉，亦阿速氏。

福得	口儿吉 左卫阿速亲军都指挥使。	的迷的儿 阿速亲军都指挥使。	香山				

拔都儿，亦阿速氏。

兀作儿不罕							
马塔儿沙							
拔都儿 后卫亲军副都指挥使。	别吉连	也连的					

失剌拔都儿，亦阿速氏。

月鲁达某充阿塔赤。	失剌拔都儿尚乘寺少卿，兼阿速千户。	那海产右卫阿速亲军都指挥使。					

彻里，亦阿速氏。

别吉八	彻里左阿速卫佥事。	失列门左卫阿速亲军都指挥使司佥事。					

又捏古剌者，亦阿速氏。

捏古剌 宪宗朝与也里牙阿速三十人来归。	阿答赤 左阿速卫千户。	教化 章佩卿。	者燕不花 兵部尚书大司农丞。				

迦叶弥儿氏，本西域筑乾国。或作乞失迷儿，又作乞石弥，皆声之转。其族有伽乃氏铁哥，最知名。

斡脱赤 领迦叶弥儿万户，追封代国公，谥忠遂。	铁哥 中书平章政事，追封延安王，谥忠献。	忽察 淮东宣慰使。	伯颜 中书平章政事，铁哥孙。				
		平安奴 太平路					

		达鲁花赤。					
		也识哥同知山东宣慰使事。					
		虎里台同知真定路总管府事。					
		亦可麻一作益马，同知都护府事。					

那摩 习浮屠法，授国师，统天下释教。		重喜 隆禧院副使。	伯颜察儿 字文卿，秘书监著作郎，亦铁哥孙，见《秘书志》。				

赛夷氏，即赛易氏。赛夷，西域部之族长也，因以为氏。

札八儿火者 都达鲁花赤，追	阿里罕 天下质子兵马都元帅。	哈只 湖南宣慰使，追封凉国	养安 陕西行省平章政事。	阿葩实 太仆寺卿。			

封凉国公，谥武定。		公，谥安惠。		阿思兰 太府监丞。			
				补孛 太仆寺丞。			
	明里察 追封凉国公，谥康懿。	亦不剌金 户部尚书。					
		哈剌 陕西行省参知政事。					

土波思乌思藏掇族氏，其先世臣附于宋，赐姓赵氏，世居临洮。

巴命	阿哥潘 金熙河	阿哥潘 临洮府	重喜 临洮府	官桌斯结 袭临洮	德寿 云南行		

	节度使，元垒州安抚使。	元帅，谥桓勇。	达鲁花赤，巩昌二十四处宣慰使，谥桓襄。	府达鲁花赤。	省左丞。		

土蕃萨斯迦，有帝师八思巴，为族颖氏。

朵栗赤		八思巴国师。 亦怜真袭国师。					

土蕃突甘斯旦麻人，有胆巴国师。突甘斯即朵甘思。

西域感木鲁人，有必兰纳识里国师。感木鲁即甘木鲁，陶宗仪所称色目三十一种之一。

回回者，本宗教之名，其徒因以为氏，其别曰答失蛮，曰迭里威失，曰木速鲁蛮，曰木忽。回回贵族曰赛典赤，其先别庵伯尔，行教国中，称为圣人，子孙仕宦显者，或称赛典赤而不名。

苦鲁马丁号赛典赤。	赡思丁号赛典赤，云南行省平章政事，追封咸阳王，谥忠惠。	纳速剌丁号赛典赤，云南、陕西行省平章政事，追封延安王，谥宣靖。	伯颜号赛典赤，中书平章政事。				
			乌马儿江浙行省平章政事。	也列失孟州达鲁花赤。			
			剳法儿荆湖宣慰使。				
			忽先云南行				

省平章政事。

沙的 云南行省左丞。

阿容 太常礼仪院使。

伯颜察儿 中书平章政事，赠太师、中书左丞相，追封奉元王，谥

			忠宪，一作忠宣。				
		哈散 广东道宣慰使、都元帅。					
		忽辛 江西行省平章政事，追封雍国公，谥忠简。	伯杭 中庆路达鲁花。				
			曲列 湖南道宣慰使。				
		苦速丁 元默里建昌路总管。					

		马速忽 云南行省平章政事。					

乌巴都刺，亦回回人。

木沙刺福丁	札刺鲁丁 北京路木忽里兀察必，追封吉国公，谥明襄。	亦福的哈鲁丁 翰林学士承旨，追封吉国公，谥忠简。	乌巴都刺 中书参知政事。				

倒刺沙，亦回回人。

马某沙 湖南行省左丞。							
倒剌沙 中书左丞相。	泼皮						
	木八剌沙						

阿合马，亦回回人。

阿合马 中书平章政事。	忽辛 大都路总管，行中书省左丞。						
	抹速忽 杭州路						

达鲁花赤。

阿散

忻都

别都鲁丁 河南宣慰使,行省参知政事。

苫思丁

辛奴丁 以上三人,皆阿合马之任,不详

	其父名。						

奕赫抵雅尔丁，亦回回氏。

亦速马因 大都南北两城兵马都指挥使。	奕赫抵雅尔丁 参议中书省事。						

爱薛，旧史《世祖纪》以为回回人。

不阿里	不鲁麻失	爱薛 翰林学士承旨，平章政事，封秦国公，追	也里牙 崇福使，秦国公。 腆合 一作典	宝哥			

		封拂林王,谥忠献。	合翰林学士承旨。				
			黑厮光禄卿。				
			阔里吉思同知泉府院事。				
			鲁合广惠司提举。				
			咬难				
				宣哥			

				安童 以上三人，皆爱薛孙。			

赡思丁，一作苫思丁。亦回回人。

赡思丁 集贤大学士，大司徒，提调回回司天台事。	布八 元统二年，代父为秘书。						

阿老瓦丁，亦回回氏，西域木发里人。

阿老瓦丁	富谋只	马哈沙					

回回炮手军匠上万户府副万户。	袭副万户。	袭副万户。					

亦思马因，亦回回氏，西域旭烈人。

亦思马因 回回炮手总管。	布伯 回回炮手元帅军匠万户府万户，刑部尚书，淮东宣慰使。	哈散 高邮府同知。					
	亦不剌金 军匠万	亚古 袭父职。					

	户。						

剌马丹，于阗氏，亦回回人。

斡儿别亦 思八撒剌	迷儿阿里 大名宣课提领。	剌马丹 字勘马剌丁，以字行，始以于阗为氏，广海盐课司提举。	沙不剌丁 哈八赤 佥浙西道察司事。				

雅老瓦实，于阗人。于阗一名斡端。

雅老瓦实 燕京大断事官。	阿里伯 一作阿里别。						

	江淮行省平章政事，谥忠节。						

马合麻，亦于阗人，姓不花剌氏。

马合麻洪城屯卫百户。	撒的迷失赠咸阳郡人。	阿合麻赠咸阳郡人。	买述丁中政院使，海道万户府达鲁花赤。				
			闾闾集贤院经历。				
	哈散袭百户。						

	乌马儿						

哈八石，回回于阗人，世居大都宛平县，以丁为氏，子孙或居杭州路。

迷儿阿里 宣课提领。	勘马剌丁 封奉训大夫、渔阳县男。	哈八石 延祐二年进士，廉访佥事。	慕咼 元统元年进士，授天临路同知湘阴州事。				

乌马儿，回回阿里马里人，居大名路。

阿散 达鲁花赤。	木八儿沙 忠翊校尉。	阿思兰沙	乌马儿 元统元年进士，授国史				

			院编修官。				

阿都剌，回回昔马里人，居中兴路录事司。

答木丁 嘉议大夫。	阿里 奉训大夫。	洒不丁 务大使。	阿都剌 元统元年进士，授湖广省照磨。				

穆古必立，回回氏

沙的	忻都 奉议大夫。	捏古伯 登仕郎。	穆古必立 字永叔，一作永初。 元统元				

			年进士，授秘书郎。				

刺马丹，回回氏，初居冀宁路，后居绍兴路新昌县。

伯八剌黑	马合谋 亦思八撒剌儿监榷官。	哈黑丁 新昌主簿。	剌马丹 元统元年进士。授温州路录事司达鲁花赤。				

获独步丁，回回氏，兄弟三人，皆死节。

穆鲁丁 官建康。							

海鲁丁官信州。获独步丁进士，广东廉访佥事。							

也黑迭儿，大食国人。

也黑迭儿茶迭儿局诸色人匠总管府达鲁花赤，追封赵国公，谥	马合马沙遥授工部尚书，领茶迭儿局诸色人匠总管府达鲁花	乌马儿扬州织染局提举。 木八剌沙工部尚					

忠敏。	赤，追封赵国公，谥忠靖。	书。 忽都鲁沙户部尚书。 阿鲁浑沙	蔑里沙茶迭儿总管府达鲁花赤。				

赡思，亦大食国人，内附后居丰州，又徙真定。

鲁坤真定、济南等路监榷课税使。	斡直	赡思江东廉访副使，追封恒山郡侯，谥文孝。					

阿剌瓦而思者，回回八瓦耳氏。

阿剌瓦而思	阿剌瓦丁	赡思丁	乌马儿陈州达鲁花赤。	斡都蛮袭隆镇卫都指挥使，佥枢密院事。			
			不别隆镇卫都指挥使。				
			忻都监察御史。				
			阿合马拱卫直司都指挥使。				

			阿散				

耶尔脱忽璘者，回回古速鲁氏。

耶尔脱忽璘 太祖时雅刺瓦赤。	雍吉脱忽璘	脱烈 御位下怯里马赤，功德使。	达里麻吉而的 福建宣慰使都元帅。	丑闾 泗州达鲁花赤。	介寿		
				观驴 杭州路达鲁花赤。			
				普寿 盱眙县丞。	景初		

					善惠 六十八 六合 斗奴 以上六人，皆达里麻吉而的孙。		

曲枢，一作曲出。史称西土人，不言其国族。

达不台	阿达台 追封祈连王。	质理花台 追封祈连王。	曲枢 太保、录军国重事、集贤大学士，	伯都 中书参知政事，进右丞。			

			封应国公，追封广阳王，谥忠惠。	伯帖木儿 翰林学士承旨，追封文安王，谥忠宪。	桓泽都 又作完者都。秘书卿。 蛮子		

别罗沙，西域别失八里人，居龙兴路录事司，其母回回氏，妻答失蛮氏，亦回回也。

木八剌 管领纳失失户计。	别鲁沙 管领织匠户计。	苫思丁 兵部尚书。	默理契沙 泰定元年进士。 别罗沙 字彦诚，元统元年进士，授吉安				

			路同知□州事。				

也里可温氏。也里可温本基督教之称，其徒因以为氏。

失列门秘书监。							
马世德淮南廉访佥事。							

木速蛮氏，回回之一种也。

节歇儿的秘书少监。							

木八剌吉，亦木速蛮氏。

木八剌吉 秘书卿。							

木速鲁蛮氏，即木速蛮氏，有脱颖者，居南康路。

剌哥 路达鲁花赤。	囊家台 治中。	教化的	脱颖 元统元年进士，授抚州路临川县丞。				

伯德那，居板纥城，亦回回族也。其子察罕，仁宗赐姓白氏。

伯德那 河东民	察罕 中书平	外家奴 武冈路	阔阔不花				

赋副总管,赠宣慰使,追封芮国公。	章政事。	总管。					
		李家奴					
		忽都笃 高邮府判官。					
			哈散 皆察罕孙。				
	博罗						
	博罗察儿 百户。						
	博兰台 湖广行						

	省宣使。						
	博除太仓令。						
	只儿瓦台宝庆路达鲁花赤。						
	朵罗台以孝行旌门。						
	乃蛮台邵阳县达鲁花赤。						

曷思麦里，居谷则斡儿朵，回回族也。

曷思麦里 袭孟、河南二十八处都达鲁花赤。	捏只必 袭怀孟达鲁花赤。 密里吉 袭必阇赤、怀孟达鲁花赤。						

塔本，居伊吾庐，回回族也。

宋五设托陀 托陀者，其国王	塔本 兴平行省都元帅，追封	阿里乞失帖木儿 兴平行	阿台 平滦路达鲁花赤，追封	迭里威失 辽阳行省参知政事。	锁咬儿哈的迷失 监察御史，追封		

赐号,汉言国老也。	营国公,谥忠武。	省都元帅,追封营国公,谥武襄。	永平郡公,谥忠亮。		永平郡公,谥贞愍。		

哈剌鲁氏,亦称罕禄鲁氏。本西域部落。太祖西征,其国主阿儿厮兰来降,封为郡王,统其部众,其裔孙帖木迭儿,惠宗之外王父也。

也列里述兀	帖木迭儿追封威宁王。	怯烈该集贤大学士,兼内史,封丰国公。 老的沙平章政事,封雍王。					

答失蛮，亦哈剌鲁氏。

马马 追封中山郡公。	阿里 追封中山郡公。	哈只 宝儿赤，追封定国公。	答失蛮 中书参知政事，宣徽使，追封定国公，谥忠亮。	买奴 翰林学士承旨。	亦老答而 阑遗少监。		
					不兰奚		
				忻都 上都留守。	哈八失 同知河东都转运盐使司事。		
				怯来 同知宣徽院事。	黑驴		
					王家驴		
					木八剌		

匣剌鲁氏，即哈剌鲁氏，匣答儿密立以斡思坚部哈剌鲁三千人，降于太祖。

匣答儿密立千户。	密立火者万户府达鲁花赤。	也罕的斤四川行院副使。	火你赤的斤云南都元帅。 也连阿万户。				

哈儿鲁氏，即哈剌鲁氏，有大吉慈者，以真定路籍登进士。

阿□□郡公。	阿□□中奉大夫，郡公。		大吉慈元统元年进士。				

丑间,哈剌鲁氏,河南淮北蒙古军户。

霍哻 南阳郡伯。	阿□	喜生	丑间 元统元年进士,授保定路遂州判官。				

托木,哈剌鲁氏,居大名路濮阳县。

忽都鲁 管军百户。	唆郎呵歹 百户。	那海 忠显校尉。	托木 元统元年进士,授将作院照磨。				

沙全，亦哈剌鲁氏。

沙的	沙全 一名抄儿赤，隆兴万户府达鲁花赤。						

马氏，亦哈剌鲁氏，居金山之西，后散内地。

塔海 仲良 乃贤							

伯颜，亦哈剌鲁氏，世居开州濮阳县。

曲出 伯颜 翰林待制，江西佥事，谥文节。							

合鲁氏，亦称葛逻禄氏。逻禄，译言马也。亦哈剌鲁之异译，其族散处内地，哈剌䚟其一也。

八合 赐名奥栾拔都，赐沿海翼管军万户。	哈剌䚟 云南行省右丞，追封巩国公，谥武惠。	不禄 忽□不花	安坦 沿海万户，哈剌䚟孙。				

		沿海上万户府达鲁花赤。					
		哈剌不花 沿海万户府达鲁花赤。					
		脱脱					
		孛兰奚					
		丑丑					

乃贤，亦合鲁氏，自南阳徙居浙东。

塔海 字仲良，							

官宣慰使。							
乃贤 字易之。							

铁迈赤，亦合鲁氏。

铁迈赤 蒙古诸万户府奥鲁总管。	阿里						
	虎都铁木禄 一名汉卿，从母姓刘，荆湖北路宣慰使。						
	塔海						

	佥书枢密院事、大都督，汉卿兄子。						

迭里弥实，亦合鲁温氏。

满速儿 大都路治中。	默里马合麻 安庆路治中。	迭里弥实 漳州路达鲁花赤。	六十 速古儿赤。 普颜帖木儿 江西行省通事。				

阿鲁浑氏，亦称阿儿浑氏，亦称阿剌温氏。本西域部族。

也速兀阑 领天下诸匠、弓夫、炮手。	忽答夫兀阑 东平都达鲁花赤。	补伯 婺州宣课司达鲁花赤。	马合谋 福州路同知。	捏古歹 莆田达鲁花赤。	阿里沙 江西宪史。		

哈只哈心，阿鲁浑氏，后改苟氏。

哈只哈心 领怯怜口。	阿合马						
	阿散						
		苟暗都剌 改姓苟氏，大都路警巡院达鲁	安童				

		花赤。 苟凯霖 临潼路达鲁花赤。 捏伯古 内黄税使。	顽童				

阿鲁温氏，即阿鲁浑氏。

彻里帖木儿 中书平章政事。							

哈散，亦阿鲁温氏。

哈散 礼部尚书。	掌机沙						

尼波罗氏，本西域国名。阿尼哥，其国人也。

密乃迩 追封汉中郡公。	腊可纳 追封汉中郡公。	阿尼哥 大司徒，领将作院事，追封凉国公。	阿僧哥 大司徒。 阿述腊 诸色人匠总管府达鲁花赤。 阿出哥	阿咱腊			

			阿珀哥 阿凯哥 起阿腊	永安 以上二人，皆阿尼哥孙。			

忽鲁木石氏，又作忽里谟思。本西域地名，以地为氏。

牙剌洼赤燕京行省札鲁忽赤。	马思忽惕别失八里行尚书省事。						